Langenscheidt Wörterbuch

MW01077027

Deutsch
als Fremdsprache
Bild für Bild

Langenscheidt
München · Wien

DANKSAGUNG

QA International möchte sich bei den folgenden Personen für ihren Beitrag zu den verschiedenen Ausgaben des Bildwörterbuchs bedanken:

Jean-Yves Ahern, Danielle Bader, Sophie Ballarin, Stéphane Batigne, Jean Beaumont, Sylvain Bélanger, Manuela Bertoni, Pascal Bilodeau, Marthe Boisjoly, Yan Bohler, Mélanie Boivin, Guy Bonin, Catherine Briand, Carole Brunet, Julie Cailliau, Érica Charest, Jessie Daigle, Serge D'Amico, Jeanne Dompierre, Gesa Füßle, François Fortin, Éric Gagnon, Helen Galloway, Jocelyn Gardner, Hélène Gauthier, Catherine Gendreau, Mélanie Giguère-Gilbert, Pascal Goyette, Benoît Grégoire, Guillaume Grégoire, Nathalie Guillo, Anik Lafrenière, Claude Laporte, Martin Lemieux, Alain Lemire, Rielle Lévesque, Hélène Mainville, Raymond Martin, Émilie McMahon, Philippe Mendes Campeau, Patrick Mercure, Tony O'Riley, Carl Pelletier, Johanne Plante, Sylvain Robichaud, Kathe Roth, Anne Rouleau, Michel Rouleau, Claude Thivierge, Gabriel Trudeau-St-Hilaire, François Turcotte-Goulet, Gilles Vézina, Jordi Vinals, Thomas Weidhaas, Christiane Wirth, Kathleen Wynd.

Ein weiterer Dank geht an Jean-Claude Corbeil und Ariane Archambault, den Autoren der ursprünglichen französischen Stichwortauswahl des *Visual Dictionary*, von der ein Teil in diese Ausgabe übernommen wurde.

VERLAG

Präsident: Jacques Fortin
Geschäftsführung: Caroline Fortin
Redaktionsleitung: Martine Podesto
Künstlerische Leitung: Nathalie Caron

REDAKTION

Projektleitung QA International: Marie-Anne Legault
Projektleitung Langenscheidt Verlag: Evelyn Glose
Any Guindon
Myriam Caron Belzile
Margot Froehlich

NEUE ILLUSTRATIONEN

Anouk Noël

HERSTELLUNG

Herstellungsleitung: Véronique Loranger

LAYOUT

Nicolas Ménard

DATENVERARBEITUNG UND DRUCKVORSTUFE

François Hénault
Marylène Plante-Germain
John Sebastián Díaz Álvarez

PHONETIK

Langenscheidt GmbH & Co. KG

LEKTORAT

Locordia Communications

Idee und Layout:
QA International, a division of
Les Éditions Québec Amérique inc.
329, Rue de la Commune Ouest, 3rd floor
Montréal (Québec) H2Y 2E1 Canada
Tel.: 514 499 3000 Fax: 514 499 3010
www.ikonet.com
www.qa-international.com

Druck und Bindung in Malaysia.

ISBN 978-3-468-11602-5

Langenscheidt GmbH & Co. KG, München
www.langenscheidt.de

6 5 4 3 2 1 20 19 18 17 16
625 version 1.0.0

BILDNACHWEIS

Redaktioneller Grundgedanke

Das *Wörterbuch Deutsch als Fremdsprache Bild für Bild* ist ein nach Themen angeordnetes Wörterbuch. Es ist kompakt und einfach zu handhaben, sodass man sich Wortschatz schnell aneignen kann. Das Buch zeigt die häufigsten Gegenstände und Phänomene des täglichen Lebens und benennt sie, indem es Bezeichnungen mit äußerst realistischen Bildern kombiniert. Die vorliegende Ausgabe zeichnet sich durch zahlreiche Wendungen und Schlüsselsätze aus, die dem Nutzer in vielen verschiedenen Situationen auf Reisen und im Alltag hilfreich sind.

Aufbau des *Wörterbuchs Deutsch als Fremdsprache Bild für Bild*

Das Werk besteht aus drei Teilen:

- der Einführung mit einer Liste der Kapitel und dem Inhaltsverzeichnis
- dem Hauptteil, der die einzelnen Themen ausführlich behandelt
- dem alphabetisch geordneten Index

Die Inhalte sind hierarchisch geordnet, vom Abstrakten zum Konkreten: Kapitel, Unterkapitel, Titel, Untertitel, Illustration, Begriff.

Das *Wörterbuch Deutsch als Fremdsprache Bild für Bild* ist in 12 **THEMENBEREICHE** unterteilt, die wiederum in speziellere **UNTERTHEMEN** unterteilt sind. So ist zum Beispiel das Kapitel „Menschen und Beziehungen" in sechs Unterthemen unterteilt: Verwandtschaftsbeziehungen, Personalien und Altersstufen, Beziehungen, Ereignisse und Feiern, Gefühle und Persönlichkeit, Aussehen.

Die **ILLUSTRATION** oder das **FOTO** zeigt realistisch und sehr genau einen Gegenstand, eine Person, einen Vorgang oder ein Phänomen mit den wichtigsten Details. Es ist eine visuelle Erklärung des entsprechenden Begriffs.

Die **STICHWÖRTER** wurden sorgfältig ausgewählt, indem hochwertige Korpora ausgewertet und die Grundbedürfnisse beim Erwerb einer neuen Sprache oder auf Reisen berücksichtigt wurden. Manchmal wird ein Gegenstand mit verschiedenen Begriffen bezeichnet. In solchen Fällen wurde der am häufigsten in anerkannten Quellen genannte Begriff gewählt.

In den **KÄSTEN** werden ganze Sätze und Wendungen angegeben, die vor allem auf Reisen hilfreich sind. Sie wurden im Hinblick auf alltägliche Kommunikationsbedürfnisse ausgewählt. Der Kasten lässt sich in vier Abschnitte unterteilen: Alltagswortschatz, Wendungen, ganze Sätze und Verweise auf andere Seiten mit dem gleichen Thema.

Im **INDEX** werden die Begriffe des Wörterbuchs in alphabetischer Reihenfolge aufgeführt. Viele Begriffe wurden zusammengefasst, um die Suche nach speziellen Illustrationen oder Themen zu erleichtern. Über den Index lässt sich auch der Inhalt der Kästen finden.

Hinweise für die Benutzer

Sie können das *Wörterbuch Deutsch als Fremdsprache Bild für Bild* auf verschiedene Arten nutzen:

- Über die Liste der **THEMEN** am Ende der Einführung oder über das detaillierte **INHALTSVERZEICHNIS**.
- Über den **INDEX**, wenn Sie einen bestimmten Begriff näher erläutert haben oder ihn überprüfen möchten, indem Sie sich die entsprechende Illustration ansehen.
- Aufgrund der hierarchischen Struktur der Illustrationen und Themen können Sie einen Begriff finden, auch wenn Sie nur eine vage Vorstellung davon haben.
- Die Schreiblinien unterstützen Sie beim Lernen: Notieren Sie sich die Übersetzung eines Begriffs in Ihrer Muttersprache, schreiben Sie die deutschen Buchstaben nach oder nutzen Sie den Platz für hilfreiche Notizen.

Farbleitsystem

Jedem Thema ist eine Farbe zugeordnet, um einen schnellen Zugriff auf den entsprechenden Teil des Buches zu gewährleisten.

Thema

Das Thema ist auf Deutsch im Farbbalken angegeben.

Unterthema

Themen sind in Unterthemen gegliedert.

Illustration oder Foto

Illustrationen und Fotos dienen als visuelle Beschreibung der damit verbundenen Begriffe.

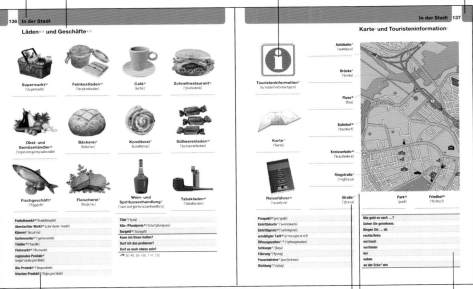

Läden und Geschäfte

Supermarkt [ˈzuːpɐmaʁkt]

Feinkostladen [ˈfaɪnkɔstlaːdən]

Café [kaˈfeː]

Schnellrestaurant [ˈʃnɛlʁɛstoˌʁãː]

Obst- und Gemüsehändler [ˈoːpst ʊnt ɡəˈmyːzəhɛndlɐ]

Bäckerei [bɛkəˈʁaɪ]

Konditorei [kɔnd
itoˈʁaɪ]

Süßwarenladen [ˈzyːsvaːʁənlaːdən]

Fischgeschäft [ˈfɪʃɡəʃɛft]

Fleischerei [flaɪʃəˈʁaɪ]

Wein- und Spirituosenhandlung [vaɪn ʊnt ʃpiʁiˈtuːoːzənhandlʊŋ]

Tabakladen [ˈtabaklaːdən]

Freiluftmarkt [ˈfʁaɪlʊftmaʁkt]
überdachter Markt [yˈbɐˈdaxtɐ ˈmaʁkt]
Käserei [kɛːzəˈʁaɪ]
Gartencenter [ˈɡaʁtənsɛntɐ]
Trödler [ˈtʁøːdlɐ]
Flohmarkt [ˈfloːmaʁkt]
regionales Produkt [ʁeɡi̯oˈnaːləs pʁoˈdʊkt]
Bio-Produkt [ˈbiːopʁoˌdʊkt]
frisches Produkt [ˈfʁɪʃəs pʁoˈdʊkt]

Tüte [ˈtyːtə]
Kilo- /Pfundpreis [ˈkiːloˈpfʊntpʁaɪs]
Bargeld [ˈbaːɐɡɛlt]
Kann ich Ihnen helfen?
Darf ich das probieren?
Darf es noch etwas sein?
➔ 82–98, 99–106, 114, 130

Karte und Touristeninformation

Touristeninformation [tuˈʁɪstənɪnfɔʁmaˈtsi̯oːn]

Karte [ˈkaʁtə]

Reiseführer [ˈʁaɪzəfyːʁɐ]

Autobahn [ˈaʊtobaːn]

Brücke [ˈbʁʏkə]

Fluss [flʊs]

Bahnhof [ˈbaːnhoːf]

Kreisverkehr [ˈkʁaɪsfɛɐkeːɐ]

Ringstraße [ˈʁɪŋʃtʁaːsə]

Straße [ˈʃtʁaːsə]

Park [paʁk]

Friedhof [ˈfʁiːthoːf]

Prospekt [pʁoˈspɛkt]
Eintrittskarte [ˈaɪntʁɪtskaʁtə]
Eintrittspreis [ˈaɪntʁɪtspʁaɪs]
ermäßigter Tarif [ɛɐˈmɛːsiçtɐ taˈʁiːf]
Öffnungszeiten [ˈœfnʊŋstsaɪtən]
Schlange [ˈʃlaŋə]
Führung [ˈfyːʁʊŋ]
Pauschalreise [pauˈʃaːlʁaɪzə]
Richtung [ˈʁɪçtʊŋ]

Wie geht es nach …?
Gehen Sie geradeaus.
Biegen Sie … ab.
rechts/links
vor/nach
vor/hinter
bei
neben
an der Ecke/von

Genus und Numerus

F: Femininum
M: Maskulinum
N: Neutrum
M/F: Maskulinum und/oder Femininum
PL: Plural

Das Geschlecht (Genus) wird bei jedem Stichwort angegeben. Bei deutschen Begriffen, die sich aus mehreren Wörtern zusammensetzen (Komposita), gilt das Genus des letzten Wortes für den ganzen Begriff. So ist zum Beispiel *Strumpfhose* feminin, da *Hose* feminin ist. Im Wörterbuch werden sowohl Männer als auch Frauen dargestellt. Aus Platzgründen wurde meist die Maskulinform angegeben mit Ausnahme der Begriffe, bei denen beide Geschlechter zutreffen. In diesen Fällen steht *M/F*. Bei Begriffen, die im Plural angegeben sind, steht *PL* hinter der Genusangabe.

Stichwort und Aussprache

Jedes Stichwort wird im Index aufgeführt mit einem Verweis auf die Seiten, auf denen es vorkommt. Meistens wird die Singularform angegeben, es sei denn, das Wort existiert nur im Plural (z. B. *Shorts*) oder ist in der Pluralform geläufiger (z. B. *Kaffeebohnen*). Zu jedem Stichwort ist die Aussprache in der internationalen Lautschrift (IPA) angegeben.

Kästen

Hier werden Wendungen und wichtige Sätze angegeben.

Gestrichelte Linie

Sie verbindet einen Begriff mit dem Teil der Illustration, den er bezeichnet.

6

Inhalt

Verwandtschaftsbeziehungen^{F, PL}

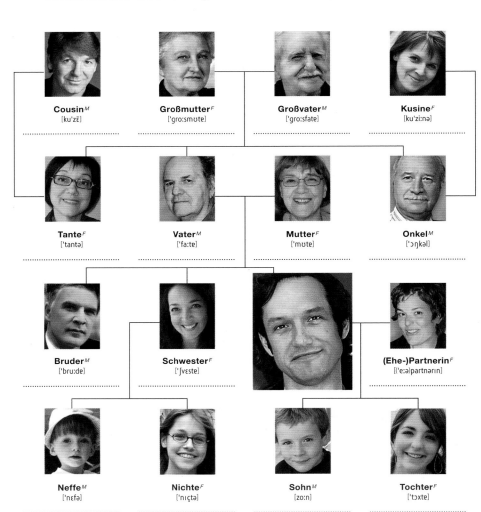

Cousin^M
[ku'zɛ̃]

....

Großmutter^F
['gro:smʊtɐ]

....

Großvater^M
['gro:sfatɐ]

....

Kusine^F
[ku'zi:nə]

....

Tante^F
['tantə]

....

Vater^M
['fa:tɐ]

....

Mutter^F
['mʊtɐ]

....

Onkel^M
['ɔŋkəl]

....

Bruder^M
['bru:dɐ]

....

Schwester^F
['ʃvɛstɐ]

....

(Ehe-)Partnerin^F
[('e:ə)partnərɪn]

....

Neffe^M
['nɛfə]

....

Nichte^F
['nɪçtə]

....

Sohn^M
[zo:n]

....

Tochter^F
['tɔxtɐ]

....

Verwandtschaftsbeziehungen ^{F, PL}

Familie ^F
[fa'mi:liə]

Jüngster ^M **(Nesthäkchen** ^N**)**
['jʏŋstɐ ('nɛsthɛ:kçən)]

Eltern ^{PL}
['ɛlten]

Zwillinge ^{M, PL}
['tsvɪlɪŋə]

Kinder ^{N, PL}
['kɪndɐ]

Ältester ^M
['ɛltəstɐ]

Adoption ^F
[adɔp'tsjo:n]

Großeltern ^{PL}
['gro:s?ɛltɐn]

Enkelin ^F
['ɛŋkəlin]

Enkel ^M
['ɛŋkəl]

Enkelkinder ^{N, PL}
['ɛŋkəlkɪndɐ]

Urgroßeltern ^{PL} ['u:egros?ɛltɐn]
Urenkel ^{M, PL} ['u:e?ɛnkəl]
Schwiegervater ^M ['ʃvi:gefa:tɐ]
Schwiegermutter ^F ['ʃvi:gemʊtɐ]
Schwiegersohn ^M ['ʃvi:gezo:n]
Schwiegertochter ^F ['ʃvi:getɔxtɐ]
Schwager ^M ['ʃva:gɐ]
Schwägerin ^F ['ʃvɛ:gərɪn]
Halbbruder ^M ['halpbru:dɐ]
Halbschwester ^F ['halpʃvɛstɐ]
Partner ^M **der Mutter** ^F ['partnɐ de:ɐ 'mʊtɐ]
Partnerin ^F **des Vaters** ^M
['partnərɪn dəs 'fa:tɐs]

Stiefbruder ^M ['ʃti:fbrudɐ]
Stiefschwester ^F ['ʃti:fʃvɛstɐ]
Patenonkel ^M, **Pate** ^M ['pa:tən?ɔŋkəl, 'pa:tə]
Patentante ^F, **Patin** ^F ['pa:təntantə, 'pa:tɪn]
Patenkind ^N ['pa:tənkɪnt]

Personalien[F, PL] und Altersstufen[F, PL]

Kind[N]
[kɪnt]

....

Baby[N]
['be:bi]

....

Junge[M]
['jʊŋə]

....

Mädchen[N]
['mɛ:tçən]

....

junge Frau[F]
['jʊŋə 'frau]

....

Jugendlicher[M]
['ju:gəntlɪçe]

....

Mann[M]
[man]

....

Frau[F]
[frau]

....

Herr[M]
[hɛr]

....

Erwachsener[M]
[ɛɛ'vaksəne]

....

Dame[F]
['da:mə]

....

Rentner[M]
['rɛntne]

....

ältere Person[F]
['ɛltərə pɛr'zo:n]

....

Personalausweis[M] [pɛrzo'na:lausvaɪs]	
Pass[M] [pas]	
Führerschein[M] ['fy:reʃaɪn]	
Familienname[M] [fa'mi:liənna:mə]	
Vorname[M] ['fo:ena:mə]	
Nationalität[F] [natsjonali'tɛ:t]	
Adresse[F] [a'drɛsə]	
Geburtsdatum[N] [gə'bu:etsda:tʊm]	
Geschlecht[N] [gə'ʃlɛçt]	
weibliches Geschlecht[N] ['vaɪplɪçəs gə'ʃlɛçt]	
männliches Geschlecht[N] ['mɛnlɪçəs gə'ʃlɛçt]	
Familienstand[M] [fa'mi:liənʃtant]	
ledig ['le:dɪç]	
Lebensgefährte[M]**/Lebensgefährtin**[F] ['le:bənsgəfɛ:etə/'le:bənsgəfɛ:etɪn]	
verheiratet [fɛɛ'haɪra:tət]	
getrennt [gə'trɛnt]	
geschieden [gə'ʃi:dən]	
Witwer[M]**/Witwe**[F] ['vɪtve/'vɪtvə]	
Unterschrift[F] ['ʊnteʃrɪft]	

Beziehungen^{F, PL}

Nachbar^M
['naxbaːɐ]

....

Kollege^M
[kɔ'leːgə]

....

Arbeitnehmer^M
['arbaɪtneːmɐ]

....

Arbeitgeber^M
['arbaɪtgeːbɐ]

....

Freund^M
[frɔynt]

....

(Liebes-)Paar^N
[('liːbəs)paːɐ]

....

Vorstellung^F
['foːɐʃtɛlʊŋ]

....

Händedruck^M
['hɛndədrʊk]

....

fester Freund^M**/feste Freundin**^F
[fɛstə 'frɔynt/fɛstə 'frɔyndɪn]

Bekanntschaft^F [bə'kantʃaft]

Geschäftspartner^M [gə'ʃɛftspartnɐ]

ja^N**/nein**^N [jaː/naɪn]

Entschuldigen Sie.

Bitte.

Danke!

Gern geschehen!

Herzlich willkommen!

Hallo!

Guten Morgen!

Guten Tag!

Guten Abend!

Gute Nacht!

Auf Wiedersehen!

Wie ist Ihr Name?

Ich heiße …

Wie geht es Ihnen?

Mir geht es gut, danke.

Winken^N
['vɪŋkən]

....

Umarmung^F
[ʊm'ʔarmʊŋ]

....

Küsschen^N
['kʏsçən]

....

Verbeugung^F
[fɛɐ'bɔygʊŋ]

....

Ereignisse^{N. PL.} und Feiern^{F. PL.}

Fasching^M**/Karneval**^M
['faʃɪŋ/'karnəval]

Neujahr^N
['nɔyjaːɐ]

Feuerwerk^N
['fɔyevɛrk]

Weihnachtsbaum^M
['vaɪnaxtsbaum]

Geschenk^N
[gə'ʃɛŋk]

Verkleidung^F
[fɛɐ'klaɪdʊŋ]

Weihnachten^N
['vaɪnaxtən]

Kuchen^M
['kuːxən]

Glückwunschkarte^F
['glʏkvʊnʃkartə]

Geburtstag^M
[gə'buːɐtstaːk]

Halloween^N
['hɛloviːn]

Valentinstag^M
['valɛntiːnstaːk]

Aprilscherz^M
['a'prɪlʃɛrts]

Ostern^N
['oːsten]

Spielmannszug^M
['ʃpiːlmanstsuːk]

Flagge^F**/Fahne**^F
['flagə/'faːnə]

Nationalfeiertag^M
[natsjoˈnaːlfaɪetaːk]

Feiertag^M ['faɪetaːk]

Tag^M **der Arbeit**^F [taːk deːɐ 'aːɐbaɪt]

Erntedankfest^N [ɛrntə'daŋkfɛst]

Muttertag^M ['mʊtetaːk]

Vatertag^M ['faːtetaːk]

religiöser Feiertag^M [reliˈgiøːze 'faɪetaːk]

Schmuck^M**/Dekoration**^F
[ʃmʊk/dekoraˈtsjoːn]

Gebet^N [gəˈbeːt]

Gotteshaus^N ['gɔtəshaus]

Ramadan^M [ramaˈdaːn]

Zuckerfest^N ['tsʊkefɛst]

Jom Kippur^N [joːm kɪ'puːɐ]

Passah^N ['pasa]

Diwali^N**/Lichterfest**^N [diˈvaːli/'lɪçtefɛst]

Vesakhfest^N [vɛ'zakfɛst]

Frohe Festtage!

Herzlichen Glückwunsch zum Geburtstag!

→ 138-139

Ereignisse^{N, Pl} und Feiern^{F, Pl}

Geburt^F
[gə'buːɐt]

erster Schultag^M
['eːɐstɐ 'ʃuːltaːk]

Abschlussfeier^F
['apʃlʊsfaɪɐ]

sich verlieben
[zɪç fɛɐ'liːbən]

Ehemann^M
['eːəman]

Ehefrau^F
['eːəfrau]

Verlobung^F
[fɛɐ'loːbʊŋ]

Hochzeit^F
['hɔxtsaɪt]

Schwangerschaft^F
['ʃvaŋɐʃaft]

Party^F
['paːɐti]

Umzug^M
['ʊmtsuːk]

Blumen^{F, Pl}
['bluːmən]

Sarg^M
[zaːɐk]

Beerdigung^F
[bə'ʔeːɐdɪgʊŋ]

Heiratsantrag^M ['haɪraːts'ʔantraːk]	**erstes Kind**^N ['eːɐstəs 'kɪnt]
Ehering^M ['eːərɪŋ]	**Geburtsurkunde**^F [gə'buːɐts'ʔuːɐkʊndə]
Brautkleid^N ['brautklaɪt]	**Testament**^N [tɛsta'mɛnt]
Flitterwochen^{F, Pl} ['flɪtɐvɔxən]	**Feier**^F/**Zeremonie**^F ['faɪɐ/tseremo'niː]
Hochzeitstag^M ['hɔxtsaɪtstaːk]	**volljährig werden**
Trennung^F ['trɛnʊŋ]	**Eigentum**^N **erwerben**
Scheidung^F ['ʃaɪdʊŋ]	**Herzlichen Glückwunsch**^M!
Todesfall^M ['toːdəsfal]	**Alles Gute**^N!
	Mein Beileid^N.

Gefühle*N, PL* und Persönlichkeit*F*

glücklich sein
['glʏklɪç zaɪn]

....

wütend sein
['vy:tənt zaɪn]

....

traurig sein
['traʊrɪç zaɪn]

....

ängstlich sein
['ɛŋstlɪç zaɪn]

....

verlegen sein
[fɛɐ'le:gən zaɪn]

....

überrascht sein
[y:be'raʃt zaɪn]

....

stolz sein
['ʃtɔlts zaɪn]

....

schüchtern sein
['ʃʏçten zaɪn]

....

selbstsicher sein
['zɛlpstzɪçe zaɪn]

....

gelangweilt sein
[gə'laŋvaɪlt zaɪn]

....

nett sein ['nɛt zaɪn]
großzügig sein ['gro:stsy:gɪç zaɪn]
ehrlich sein ['e:elɪç zaɪn]
neugierig sein ['nɔygi:rɪç zaɪn]
geduldig sein [gə'dʊldɪç zaɪn]
tolerant sein [tole'rant zaɪn]
faul sein ['faʊl zaɪn]
eifersüchtig sein ['aɪfezʏçtɪç zaɪn]
beschämt sein [bə'ʃɛ:mt zaɪn]
schreien ['ʃraɪən]
weinen ['vaɪnən]
seufzen ['zɔyftsən]
gähnen ['gɛ:nən]
die Stirn*F* runzeln [di: 'ʃtɪrn rʊntsəln]
lächeln ['lɛçəln]
lachen ['laxən]
das Gesicht*N* verziehen [das gə'zɪçt fɛɐ'tsi:ən]
Ich bin zufrieden/unzufrieden.

aufgeregt sein
['aʊfgəre:kt zaɪn]

....

nervös sein
[nɛr'vø:s zaɪn]

....

das Aussehen^N

jung sein
['jʊŋ zaɪn]

alt sein
['alt zaɪn]

Alter^N
['alte]

groß sein
['groːs zaɪn]

klein sein
['klaɪn zaɪn]

Größe^F
['grøːsə]

dünn sein
['dʏn zaɪn]

korpulent sein
[kɔrpu'lɛnt zaɪn]

Gewicht^N
[gə'vɪçt]

dunkelhäutig
['dʊŋkəlhɔytɪç]

hellhäutig
['hɛlhɔytɪç]

Akne^F ['aknə]	
Narbe^F ['narbə]	
Piercing^N ['piːesɪŋ]	
Zahnspange^F ['tsaːnʃpaŋə]	
blaue Augen^{N, PL} [blauə 'augən]	
grüne Augen^{N, PL} [gryːnə 'augən]	
braune Augen^{N, PL} [braunə 'augən]	
blaugrüne Augen^{N, PL} ['blaugryːnə 'augən]	
rote Haare^{N, PL} [roːtə 'haːrə]	
blonde Haare^{N, PL} [blɔndə 'haːrə]	
braune Haare^{N, PL} [braunə 'haːrə]	
schwarze Haare^{N, PL} [ʃvartsə 'haːrə]	
graue Haare^{N, PL} [grauə 'haːrə]	
weiße Haare^{N, PL} [vaɪsə 'haːrə]	
kahl sein ['kaːl zaɪn]	
hübsch sein ['hʏpʃ zaɪn]	
hässlich sein ['hɛslɪç zaɪn]	
süß sein [zyːs zaɪn]	

→ 18-21, 41, 215

tätowierter Körper^M
[tɛto'viːete 'kœrpe]

muskulöser Körper^M
[mʊsku'løːze 'kœrpe]

einen Bart^M **tragen**
[aɪnən 'baːet traːgən]

einen Schnurrbart^M
tragen
[aɪnən 'ʃnʊrbaːet traːgən]

menschlicher Körper ^M

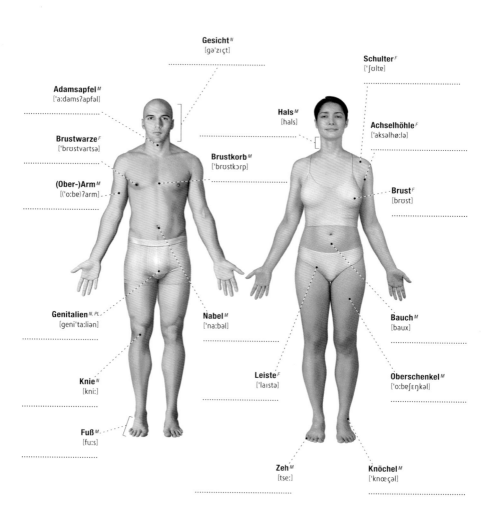

Gesicht ^N
[gə'zɪçt]

Schulter ^F
['ʃʊltɐ]

Adamsapfel ^M
['aːdamsʔapfəl]

Hals ^M
[hals]

Achselhöhle ^F
['aksəlhøːlə]

Brustwarze ^F
['brʊstvartsə]

Brustkorb ^M
['brʊstkɔrp]

(Ober-)Arm ^M
[('oːbɐ)ʔarm]

Brust ^F
[brʊst]

Genitalien ^{N, PL.}
[geni'taːliən]

Nabel ^M
['naːbəl]

Bauch ^M
[baux]

Knie ^N
[kniː]

Leiste ^F
['laɪstə]

Oberschenkel ^M
['oːbɐʃɛŋkəl]

Fuß ^M
[fuːs]

Zeh ^M
[tseː]

Knöchel ^M
['knœçəl]

menschlicher Körper *M*

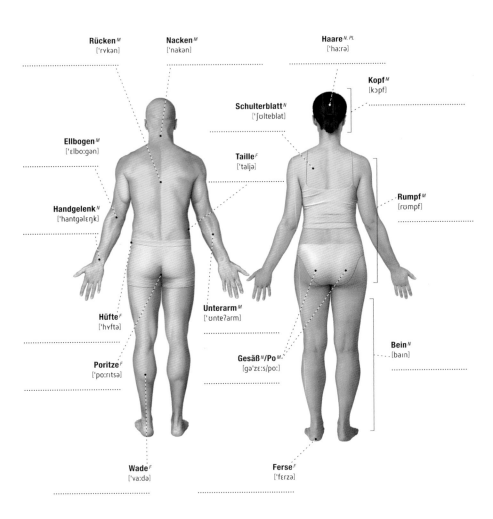

Rücken *M*
['rʏkən]

Nacken *M*
['nakən]

Haare *N, PL*
['haːrə]

Kopf *M*
[kɔpf]

Schulterblatt *N*
['ʃʊlteblat]

Ellbogen *M*
['ɛlboːgən]

Taille *F*
['taljə]

Rumpf *M*
[rʊmpf]

Handgelenk *N*
['hantgəlɛŋk]

Hüfte *F*
['hʏftə]

Unterarm *M*
['ʊnteʔarm]

Bein *N*
[baɪn]

Poritze *F*
['poːrɪtsə]

Gesäß *N*/Po *M*
[gəˈzɛːs/poː]

Wade *F*
['vaːdə]

Ferse *F*
['fɛrzə]

menschlicher Körper^M

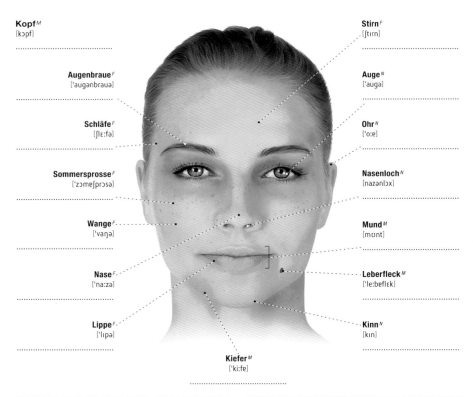

Kopf^M
['kɔpf]

Stirn^F
['ʃtɪrn]

Augenbraue^F
['augənbrauə]

Auge^N
['augə]

Schläfe^F
['ʃlɛːfə]

Ohr^N
['oːɐ]

Sommersprosse^F
['zɔmeʃprɔsə]

Nasenloch^N
[nazənlɔx]

Wange^F
['vaŋə]

Mund^M
[mʊnt]

Nase^F
['naːzə]

Leberfleck^M
['leːbeflɛk]

Lippe^F
['lɪpə]

Kinn^N
[kɪn]

Kiefer^M
['kiːfe]

Sinn^M [zɪn]	**Haut**^F [haut]
Sehvermögen^N ['zeːfɛɐmøːgən]	**Bräune**^F ['brɔynə]
Gehör^N [gə'høːɐ]	**Tattoo**^N/**Tätowierung**^F [ta'tu/tɛto'viːrʊŋ]
Geruchssinn^M [gə'rʊxszɪn]	**Schweiß**^M [ʃvaɪs]
Geschmackssinn^M [gə'ʃmakszɪn]	**Falte**^F ['faltə]
Tastsinn^M ['tastzɪn]	**Grübchen**^N ['gryːpçən]
Gleichgewicht^N [glaɪçgəvɪçt]	**Faust**^F [faust]

➤ 34-43

menschlicher Körper ^M

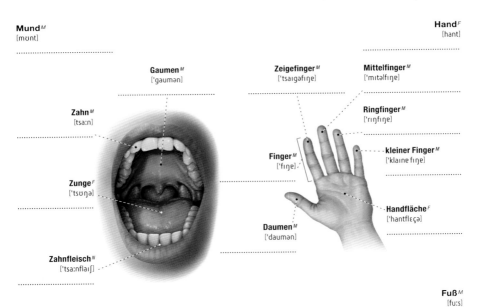

Mund ^M
[mʊnt]

Gaumen ^M
['gaumən]

Zahn ^M
[tsaːn]

Zunge ^F
['tsʊŋə]

Zahnfleisch ^N
['tsaːnflaɪʃ]

Hand ^F
[hant]

Zeigefinger ^M
['tsaɪgəfɪŋe]

Mittelfinger ^M
['mɪtəlfɪŋe]

Ringfinger ^M
['rɪŋfɪŋe]

Finger ^M
['fɪŋe]

kleiner Finger ^M
['klaɪne fɪŋe]

Daumen ^M
['daumən]

Handfläche ^F
['hantflɛçə]

Fuß ^M
[fuːs]

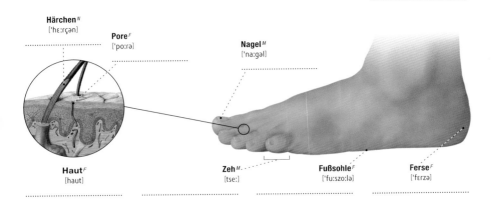

Härchen ^N
['hɛːrçən]

Pore ^F
['poːrə]

Nagel ^M
['naːgəl]

Haut ^F
[haut]

Zeh ^M
[tseː]

Fußsohle ^F
['fuːszoːlə]

Ferse ^F
['fɛrzə]

Muskeln M. Pl.

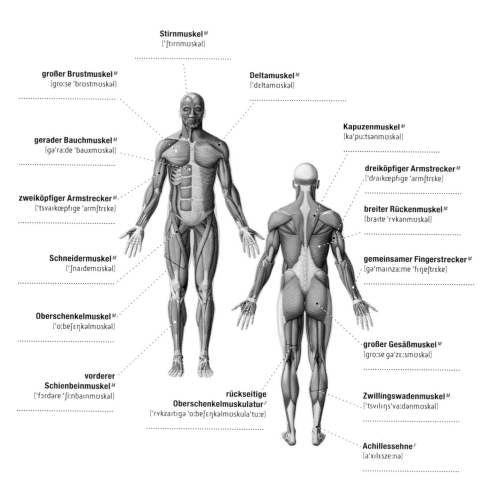

Stirnmuskel M
['ʃtɪrnmʊskəl]

großer Brustmuskel M
[groːsə 'brʊstmʊskəl]

Deltamuskel M
['dɛltamʊskəl]

gerader Bauchmuskel M
[gəˈraːdə 'bauxmʊskəl]

Kapuzenmuskel M
[kaˈpuːtsənmʊskəl]

zweiköpfiger Armstrecker M
['tsvaɪkœpfɪgə 'armʃtrɛkə]

dreiköpfiger Armstrecker M
['draɪkœpfɪgə 'armʃtrɛkə]

breiter Rückenmuskel M
[braɪtə 'rʏkənmʊskəl]

Schneidermuskel M
['ʃnaɪdemʊskəl]

gemeinsamer Fingerstrecker M
[gəˈmaɪnzaːmə 'fɪŋəʃtrɛkə]

Oberschenkelmuskel M
['oːbeʃɛŋkəlmʊskəl]

großer Gesäßmuskel M
[groːsə gəˈzɛːsmʊskəl]

vorderer Schienbeinmuskel M
['fɔrdərə 'ʃiːnbaɪnmʊskəl]

rückseitige Oberschenkelmuskulatur F
['rʏkzaɪtɪgə 'oːbeʃɛŋkəlmʊskulaˈtuːɐ]

Zwillingswadenmuskel M
['tsvɪlɪŋsˈvaːdənmʊskəl]

Achillessehne F
[aˈxɪlɛszeːnə]

Skelett^N

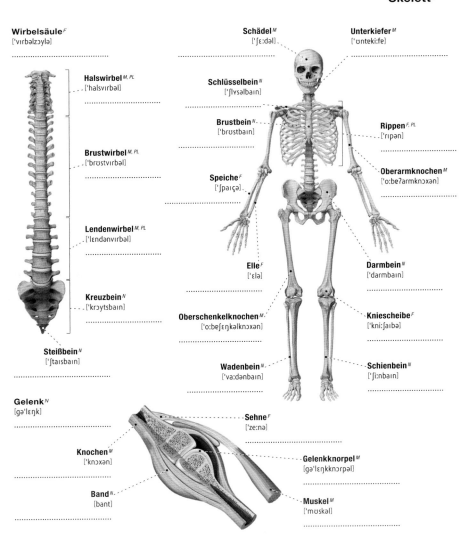

Wirbelsäule^F
['vɪrbəlzɔylə]

Halswirbel^{M, PL}
['halsvɪrbəl]

Brustwirbel^{M, PL}
['brʊstvɪrbəl]

Lendenwirbel^{M, PL}
['lɛndənvɪrbəl]

Kreuzbein^N
['krɔytsbaɪn]

Steißbein^N
['ʃtaɪsbaɪn]

Schädel^M
['ʃɛːdəl]

Unterkiefer^M
['ʊnteːkiːfe]

Schlüsselbein^N
['ʃlʏsəlbaɪn]

Brustbein^N
['brʊstbaɪn]

Rippen^{F, PL}
['rɪpən]

Oberarmknochen^M
['oːbeʔarmknɔxən]

Speiche^F
['ʃpaɪçə]

Elle^F
['ɛlə]

Darmbein^N
['darmbaɪn]

Oberschenkelknochen^M
['oːbeʃɛŋkəlknɔxən]

Kniescheibe^F
['kniːʃaɪbə]

Wadenbein^N
['vaːdənbaɪn]

Schienbein^N
['ʃiːnbaɪn]

Gelenk^N
[gə'lɛŋk]

Knochen^M
['knɔxən]

Band^N
[bant]

Sehne^F
['zeːnə]

Gelenkknorpel^M
[gə'lɛŋkknɔrpəl]

Muskel^M
['mʊskəl]

Organe^{N, PL} und Systeme^{N, PL}

Verdauungsapparat^M
[fɛɐ'dauʊŋs?apa'ra:t]

....

Luftwege^{M, PL}
['lʊftveːgə]

....

Speiseröhre^F
['ʃpaɪzərøːrə]

Magen^M
['maːgən]

Rachen^M
['raxən]

....

Leber^F
['leːbe]

Kehlkopf^M
['keːlkɔpf]

....

Dickdarm^M
['dɪkdarm]

....

Dünndarm^M
['dʏndarm]

Luftröhre^F
['lʊftrøːrə]

....

After^M
['afte]

Lunge^F
['lʊŋə]

Bronchie^F
['brɔnçiə]

....

....

Herz-Kreislauf-System^N
[hɛrts'kraɪslaufzʏs'teːm]

....

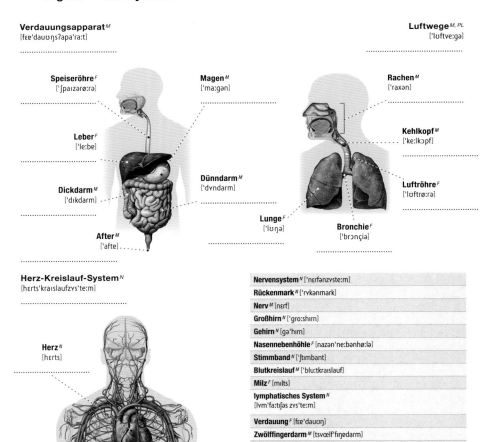

Herz^N
[hɛrts]

....

Vene^F
['veːnə]

Arterie^F
[ar'teːriə]

....

....

Nervensystem^N	['nɛrfənzʏsteːm]
Rückenmark^N	['rʏkənmark]
Nerv^M	[nɛrf]
Großhirn^N	['groːshɪrn]
Gehirn^N	[gə'hɪrn]
Nasennebenhöhle^F	[nazən'neːbənhøːlə]
Stimmband^N	['ʃtɪmbant]
Blutkreislauf^M	['bluːtkraɪslauf]
Milz^F	[mɪlts]
lymphatisches System^N [lʏm'faːtɪʃəs zʏs'teːm]	
Verdauung^F	[fɛɐ'dauʊŋ]
Zwölffingerdarm^M	[tsvœlf'fɪŋedarm]
Gallenblase^F	['galənblaːzə]
Hormonsystem^N	[hɔr'moːnzʏsteːm]
Drüse^F	['dryːzə]
Bauchspeicheldrüse^F	['bauxʃpaɪçəldryːzə]
Hormon^N	[hɔr'moːn]
Harnapparat^M	['harn?apa'ra:t]
Niere^F	['niːrə]

Organe^{N, PL} und Systeme^{N, PL}

**weibliche
Geschlechtsorgane**^{N, PL}
['vaɪplɪçə ɡə'ʃlɛçts?ɔrgaːnə]

Gebärmutter^F
[ɡə'bɛːemʊtɐ]

Blase^F
['blaːzə]

Klitoris^F
['kliːtorɪs]

Schamlippe^F
['ʃaːmlɪpə]

Harnröhre^F
['harnrøːrə]

Eileiter^M
['aɪlaɪtɐ]

Eierstock^M
['aɪeʃtɔk]

Mastdarm^M
['mastdarm]

Gebärmutterhals^M
[ɡə'bɛːemʊtehals]

Scheide^F
['ʃaɪdə]

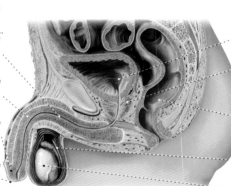

**männliche
Geschlechtsorgane**^{N, PL}
['mɛnlɪçə ɡə'ʃlɛçts?ɔrgaːnə]

Harnröhre^F
['harnrøːrə]

Penis^M
['peːnɪs]

Eichel^F
['aɪçəl]

Vorhaut^F
['foːehaut]

Hodensack^M
['hoːdənzak]

Blase^F
['blaːzə]

Prostata^F
['prɔstata]

Mastdarm^M
['mastdarm]

Samenleiter^M
['zaːmənlaɪtɐ]

Hoden^M
['hoːdən]

Symptome^{N, PL} und Krankheiten^{F, PL}

krank sein
['kraŋk zaɪn]

Fieber^N
['fi:bɐ]

Kopfschmerzen^{M, PL}
['kɔpfʃmɛrtsən]

Husten^M
['hʊstən]

Schwindelgefühl^N
['ʃvɪndəlgəfy:l]

Juckreiz^M
['jʊkraɪts]

Rötung^F
['rø:tʊŋ]

Ödem^N
[ø'de:m]

Infektion^F**/Krankheit**^F
[ɪnfɛk'tsjo:n/'kraŋkhaɪt]

Hautausschlag^M ['haʊtʔaʊsʃla:k]

Ekzem^N [ɛk'tse:m]

nasale Kongestion^F**/verstopfte Nase**^F
[na'za:lə kɔŋɛs'tjo:n/fɛɐ'ʃtɔpftə 'na:zə]

Halsschmerzen^{M, PL} ['halsʃmɛrtsən]

Niesen^N ['ni:zən]

Übelkeit^F ['y:bəlkaɪt]

Erbrechen^N [ɛɐ'brɛçən]

Durchfall^M ['dʊrçfal]

Verstopfung^F [fɛɐ'ʃtɔpfʊŋ]

Krämpfe^{M, PL} ['krɛmpfə]

Magenschmerzen^{M, PL} ['ma:gənʃmɛrtsən]

Rückenschmerzen^{M, PL} ['rʏkənʃmɛrtsən]

Migräne^F [mi'grɛ:nə]

Müdigkeit^F ['my:dɪçkaɪt]

Depression^F [deprɛ'sjo:n]

Schlaflosigkeit^F ['ʃla:flo:zɪçkaɪt]

Menstruation^F [mɛnstrua'tsjo:n]

Menopause^F ['me:nopauzə]

Schnupfen^M ['ʃnʊpfən]

Grippe^F ['grɪpə]

Bronchitis^F [brɔn'çitɪs]

Asthma^N ['astma]

Heuschnupfen^M ['hɔyʃnʊpfən]

Allergie^F [alɛr'gi:]

Nahrungsmittelunverträglichkeit^F
['na:rʊŋsmɪtəl'ʔʊnfɛɐtrɛ:klɪçkaɪt]

Magen-Darm-Grippe^F
[ma:gən'darmgrɪpə]

Krebs^M [kre:ps]

Blutarmut^F ['blu:tʔarmu:t]

Diabetes^M [dia'be:təs]

Rheuma^N ['rɔyma]

Epilepsie^F [epilɛ'psi:]

Windpocken^{F, PL} ['vɪntpɔkən]

Mumps^M [mʊmps]

Masern^{PL} ['mazen]

sexuell übertragbare Krankheit^F
[zɛ'ksuɛl y:bɐ'tra:kba:rə 'kraŋkhaɪt]

Sprechzimmer^N

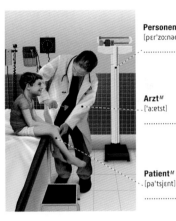

Personenwaage^F
[pɛr'zoːnənvaːɡə]

Arzt^M
['aːetst]

Patient^M
[pa'tsjɛnt]

Blutdruckmessgerät^N
['bluːtdrʊk'mɛsɡərɛːt]

Blutdruckmessung^F
['bluːtdrʊk'mɛsʊŋ]

Stethoskop^N
[ʃteto'skoːp]

Digitalthermometer^N
[digi'taːltɛrmomeːte]

Termin^M [tɛr'miːn]

Wartezimmer^N ['vartətsimɐ]

Untersuchung^F [ʊntɐ'zuːxʊŋ]

Symptom^N [zʏmp'toːm]

Diagnose^F [dia'ɡnoːzə]

Behandlung^F [bə'handlʊŋ]

Rezept^N [re'tsɛpt]

Krankenversicherung^F
['kraŋkənfɛɐzɪçərʊŋ]

Krankschreibung^F ['kraŋkʃraɪbʊŋ]

Ich muss zum Arzt.

Ich fühle mich krank.

Wo tut es weh?

Hier tut es weh.

Nehmen Sie Medikamente?

Haben Sie Allergien?

Sind Sie schwanger?

➜ 28-31, 39, 44-45

Abschnürbinde^F
['apʃnyːɐbɪndə]

Blutabnahme^F
['bluːtʔapnaːmə]

Impfstoff^M
['ɪmpfʃtɔf]

Kanüle^F
[ka'nyːlə]

Spritze^F
['ʃprɪtsə]

Verletzungen*F, PL* und erste Hilfe*F*

Wunde*F*
['vʊndə]

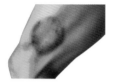

Bluterguss*M*
['blu:t?ɛrgʊs]

Stich*M*
[ʃtɪç]

Bruch*M*
[brʊx]

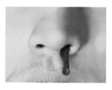

Blutung*F*
['blu:tʊŋ]

Verbrennung*F*
[fɛɐ'brɛnʊŋ]

Sonnenbrand*M*
['zɔnənbrant]

Krampf*M*
[krampf]

Schmerz*M* [ʃmɛrts]

Schwächeanfall*M* ['ʃvɛçə?anfal]

Splitter*M* ['ʃplɪte]

Blase*F* ['bla:zə]

Verstauchung*F* [fɛɐ'ʃtauxʊŋ]

Verrenkung*F* [fɛɐ'rɛŋkʊŋ]

Muskelverletzung*F* ['mʊskəlfɛɐlɛtsʊŋ]

Schwellung*F* ['ʃvɛlʊŋ]

Biss*M* [bɪs]

Entzündung*F* [ɛnt'tsʏndʊŋ]

Erfrierung*F* [ɛɐ'fri:rʊŋ]

Unterkühlung*F* [ʊnte'ky:lʊŋ]

Dehydration*F* [dehʏdra'tsjo:n]

Sonnenstich*M* ['zɔnənʃtɪç]

Vergiftung*F* [fɛɐ'gɪftʊŋ]

Atemnot*F* ['a:təmno:t]

Bewusstlosigkeit*F*/**Ohnmacht***F*
[bə'vʊstlo:zɪçkaɪt/'o:nmaxt]

Herzinfarkt*M* ['hɛrtsɪnfarkt]

Schlaganfall*M* ['ʃla:k?anfal]

Unfall*M* ['ʊnfal]

Sturz*M* [ʃtʊrts]

Atmung*F* ['a:tmʊŋ]

Atemnot*F* ['a:təmno:t]

Puls*M* [pʊls]

Eis*N* [aɪs]

Gegengift*N* ['ge:gəngɪft]

Kopfverletzung*F* ['kɔpffɛɐlɛtsʊŋ]

Verletzung*F* **an der Wirbelsäule***F*
[fɛɐ'lɛtsʊŋ an de:ɐ 'vɪrbəlzɔylə]

Ruhigstellung*F* ['ru:ɪçʃtɛlʊŋ]

Wiederbelebung*F* ['vi:debə'le:bʊŋ]

Ich bin verletzt, helfen Sie mir!

Ich kann erste Hilfe leisten.

Rufen Sie den Notarzt!

➔ 18-23, 27, 30-33

Verletzungen^{F, Pl.} und erste Hilfe^F

Salbe^F
['zalbə]

Watte^F
['vatə]

Inhalator^M
[ɪnha'la:toːɐ]

Injektionsstift^M
['ɪnjɛk'tsjoːnsʃtɪft]

Pflaster^N
['pflastɐ]

Wattestäbchen^N
['vatəʃtɛːpçən]

Dreiecktuch^N
['draɪʔɛktuːx]

Schiene^F
['ʃiːnə]

Antiseptikum^N
[anti'zɛptikʊm]

Erste-Hilfe-Kasten^M
['eːɐstə'hɪlfəkastən]

sterile Kompresse^F
[ʃteˈriːlə kɔmˈprɛsə]

Pinzette^F
[pɪn'tsɛtə]

Acetylsalicylsäure^F
['atseˈtyːlzaliˈtsyːlzɔyrə]

Heftpflaster^N
['hɛftpflastɐ]

elastische Binde^F
[e'lastɪʃə 'bɪndə]

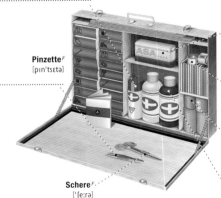

Mullverband^M
['mʊlfɛɐbant]

Schere^F
['ʃeːrə]

Wasserstoffperoxid^N
[vaseˈʃtɔf'pɛrʔɔksiːt]

Apotheke*F* und Fortbewegungshilfen*F, PL*

Gelkapsel*F*
['ge:lkapzəl]

Tablette*F*
[ta'blɛtə]

Kapsel*F*
['kapzəl]

Ampulle*F*
[am'pʊlə]

Sirup*M*
['ziʀʊp]

Lutschtablette*F*
['lʊtʃtablɛtə]

Nasenspray*N*
['na:zənʃpre:]

Zäpfchen*N*
['tsɛpfçən]

Talkumpuder*M*
['talkʊmpu:dɐ]

Tropfen*M, PL*
['trɔpfən]

Sonnencreme*F*
['zɔnənkre:m]

Insektenmittel*N*
[ɪn'zɛktənmɪtəl]

Papiertaschentuch*N*
[pa'pi:etaʃəntu:x]

Feuchttuch*N*
['fɔyçttu:x]

Toilettenpapier*N*
[twa'lɛtənpapi:ɐ]

Feuchtigkeitscreme*F*
['fɔyçtɪçkaɪtskre:m]

Apotheke*F* und Fortbewegungshilfen*F, PL*

Orthese*F*
[ɔr'teːzə]

Achselkrücke*F*
['aksəlkrʏkə]

Gehkrücke*F*
['geːkrʏkə]

Spazierstock*M*
[ʃpaˈtsiːeʃtɔk]

Gehstock*M* **mit
anatomischem Handgriff***M*
['geːʃtɔk mɪt anaˈtoːmɪʃəm 'hantɡrɪf]

Gehhilfe*F*
['geːhɪlfə]

Rollstuhl*M*
['rɔlʃtuːl]

Elektromobil*N*
[eːlɛktromoˈbiːl]

Binde*F*
['bɪndə]

Schwangerschaftstest*M*
['ʃvaŋəʃaftstɛst]

Apotheker *M* [apoˈteːkɐ]	
Dosierung *F* [doˈziːrʊŋ]	
Nebenwirkungen *F, PL* ['neːbənvɪrkʊŋən]	
Verfallsdatum *N* [fɛɐ'falsdaːtʊm]	
Schmerzmittel *N* ['ʃmɛrtsmɪtəl]	
Entzündungshemmer *M* [ɛnt'tsʏndʊŋshɛmɐ]	
Antihistaminikum *N* [antihɪstaˈmiːnikʊm]	
Mittel *N* **gegen Übelkeit** *F* ['mɪtəl ɡeːɡən 'yːbəlkaɪt]	
Schlaftablette *F* ['ʃlaːftablɛtə]	
Beruhigungsmittel *N* [bəˈruːɪɡʊŋsmɪtəl]	
Abführmittel *N* ['apfyːrmɪtəl]	
Durchfallmittel *N* ['dʊrçfalmɪtəl]	
Vitamin *N* [vitaˈmiːn]	
Nahrungsergänzungsmittel *N* [naːrʊŋsʔɛrˈɡɛntsʊŋsmɪtəl]	
Insulin *N* [ɪnzuˈliːn]	
Verhütungsmittel *N* [fɛɐˈhyːtʊŋsmɪtəl]	
Desinfektionsmittel *N* [desʔɪnfɛkˈtsjoːnsmɪtəl]	
Inkontinenzbinde *F* [ɪnkɔntiˈnɛntsbɪndə]	

Tampon*M*
['tampɔŋ]

Verhütungspflaster*N*
[fɛɐˈhyːtʊŋspflastɐ]

➤ 29, 35, 37-39, 40-47

Krankenhaus^N und besondere Pflege^F

Rettungswagen^M
['rɛtʊŋsvaːgən]

Krankentrage^F
['kraŋkəntraːgə]

Sauerstoff-Atemmaske^F
['zaʊɐʃtɔf'ʔaːtəmmaskə]

Nackenstütze^F
['nakənʃtʏtsə]

Vollnarkose^F
['fɔlnarkoːzə]

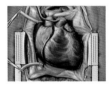

Operation^F
[opəra'tsjoːn]

Naht^F
[naːt]

Prothese^F
[pro'teːzə]

Intensivstation^F
[ɪntɛn'ziːfʃta'tsjoːn]

Infusion^F**/Tropf**^M
[ɪnfu'zjoːn/trɔpf]

Beatmungsgerät^N
[bə'ʔaːtmʊŋsgarɛːt]

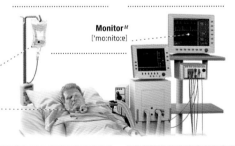

Monitor^M
['moːnitoːɐ]

Bluttransfusion^F
['bluːttransfu'zjoːn]

Latexhandschuh^M ['laːtɛks'hantʃuː]	**Einweisung**^F ['aɪnvaɪzʊŋ]
Bluttest^M ['bluːtɛst]	**Koma**^N ['koːma]
Blutspende^F ['bluːtʃpɛndə]	**Bettlägerigkeit**^F ['bɛtlɛːgəriçkaɪt]
Biopsie^F [biɔ'psiː]	**Heilung**^F ['haɪlʊŋ]
lokale Betäubung^F [loˈkaːlə bə'tɔybʊŋ]	**Genesung**^F [gə'neːzʊŋ]
Gips^M [gɪps]	**Ruhe**^F ['ruːə]
Privatzimmer^N [pri'vaːttsɪmɐ]	**Todesfall**^M ['toːdəsfal]
Notfallklingel^F ['noːtfalklɪŋəl]	**Organspende**^F [ɔr'gaːnʃpɛndə]
Besuchszeit^F [bə'zuːxstsaɪt]	

➜ 24-31, 34-39, 44-47

Krankenhaus^N und besondere Pflege^F

Röntgenaufnahme^F
['rœntgən?aufna:mə]

Assistenzärztin^F
[asɪs'tɛnts?ɛ:etstɪn]

Arzt^M
['a:etst]

Krankenzimmer^N
['kraŋkəntsɪmɐ]

Dialyse^F
[dia'ly:zə]

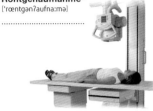

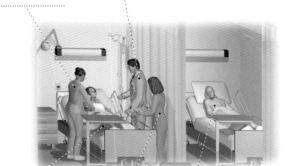

Krankenhausbett^N
['kraŋkənhausbɛt]

Krankenschwester^F
['kraŋkənʃvəstɐ]

Patient^M
[pa'tsjɛnt]

Elektrokardiogramm^N **(EKG**^N)
[e'lɛktrokardio'gram (e:ka:'ge:)]

Defibrillator^M
[defɪbrɪ'la:to:ɐ]

Magnetresonanztomografie^F **(MRT**^N)
[ma'gne:trezo'nantstomogra'fi: (ɛm?ɛr'te:)]

Aufnahme^F ['aufna:mə]	**Neurologie**^F [nɔyrolo'gi:]
Wartezimmer^N ['va:etətsɪmə]	**Psychiatrie**^F [pzvçia'tri:]
Operationsabteilung^F [opəra'tsjo:ns?aptailʊŋ]	**Hals-Nasen-Ohren-Abteilung**^F [halsna:zən'?o:rən'?aptailʊŋ]
Entbindungsstation^F [ɛnt'bɪndʊŋʃta'tsjo:n]	
Pädiatrie^F [pɛdia'tri:]	**Onkologie**^F [ɔŋkolo'gi:]
Radiologie^F [radjolo'gi:]	**Bestrahlung**^F [bə'ʃtra:lʊŋ]
Kardiologie^F [kardiolo'gi:]	**Chemotherapie**^F ['çe:motera'pi:]
Gynäkologie^F [gynɛkolo'gi:]	**Orthopädie**^F [ɔrtopɛ'di:]
Dermatologie^F [dɛrmatolo'gi:]	**Rehabilitation**^F **(Reha**^F) [rehabilita'tsjo:n ('re:ha:)]

Zähne^{M, PL} und Zahnpflege^F

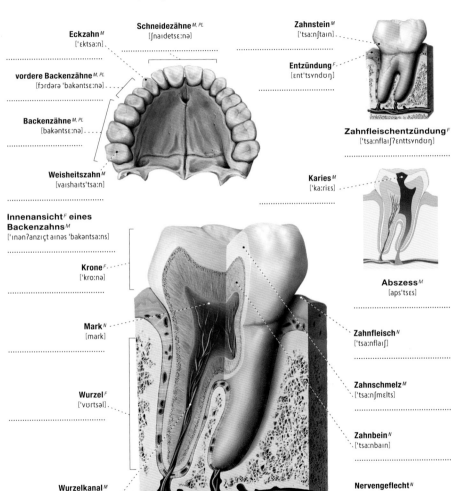

Eckzahn^M
['ɛktsaːn]

Schneidezähne^{M, PL}
[ʃnaɪdetsɛːnə]

Zahnstein^M
['tsaːnʃtaɪn]

vordere Backenzähne^{M, PL}
[fɔrdərə 'bakəntsɛːnə]

Entzündung^F
[ɛnt'tsʏndʊŋ]

Backenzähne^{M, PL}
[bakəntsɛːnə]

Zahnfleischentzündung^F
['tsaːnflaɪʃʔɛnttsʏndʊŋ]

Weisheitszahn^M
[vaɪshaɪts'tsaːn]

Karies^M
['kaːriɛs]

Innenansicht^F **eines**
Backenzahns^M
['ɪnənʔanzɪçt aɪnəs 'bakəntsaːns]

Krone^F
['kroːnə]

Abszess^M
[aps'tsɛs]

Mark^N
[mark]

Zahnfleisch^N
['tsaːnflaɪʃ]

Zahnschmelz^M
['tsaːnʃmɛlts]

Wurzel^F
['vʊrtsəl]

Zahnbein^N
['tsaːnbaɪn]

Wurzelkanal^M
['vʊrtsəlkanaːl]

Nervengeflecht^N
['nɛrfəngə'flɛçt]

Zähne^{M, PL} und Zahnpflege^F

Zahnprothese^F/dritte Zähne^{M, PL}
['tsaːnproteːzə/'drɪtə 'tsɛːnə]

künstliche Krone^F
['kʏnstlɪçə 'kroːnə]

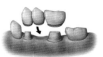

Brücke^F
['brʏkə]

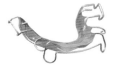

Zahnspange^F
['tsaːnʃpaŋə]

Zahnbürste^F
['tsaːnbʏrstə]

Zahnpasta^F
['tsaːnpasta]

Mundwasser^N
['mʊntvasɐ]

Zahnseide^F
[tsaːn'zaɪdə]

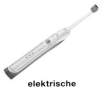

elektrische Zahnbürste^F
[e'lɛktrɪʃə 'tsaːnbʏrstə]

Zahnseidenhalter^M
['tsaːnzaɪdənhalte]

Zahnheilkunde ^F ['tsaːnhaɪlkʊndə]	
Zahnarzt ^M ['tsaːnʔaːɐtst]	
Zahnchirurg ^M ['tsaːnçiˈrʊrk]	
Dentalhygieniker ^M [dɛnˈtaːlhyˈgieːnike]	
Zahnuntersuchung ^F [tsaːnʔʊntezuːxʊŋ]	
Zahnsteinentfernung ^F ['tsaːnʃtaɪnʔɛntˈfɛrnʊŋ]	
Röntgenaufnahme ^F ['rœntgənʔaufnaːmə]	
Milchzahn ^M **(vorläufiger Zahn** ^M**)** ['mɪlçtsaːn ('foːɐlɔyfɪge tsaːn)]	
bleibender Zahn ^M ['blaɪbəndə tsaːn]	
kariöser Zahn ^M [ka'rɪøːze tsaːn]	
gebrochener Zahn ^M [gə'brɔxəne tsaːn]	
empfindlicher Zahn ^M [ɛm'pfɪntlɪçe tsaːn]	
Zahnschmerzen ^{M, PL} ['tsaːnʃmɛrtsən]	
Zähneziehen ^N ['tsɛːnətsiːən]	
Implantat ^N [ɪmplanˈtaːt]	
Zahnversicherung ^F ['tsaːnfɛɐzɪçərʊŋ]	

Zähneputzen^N
['tsɛːnəpʊtsən]

Interdentalbürste^F
['ɪntedɛnˈtaːlbʏrstə]

➔ 21, 26-29, 30-31

Auge[N] und Augenpflege[F]

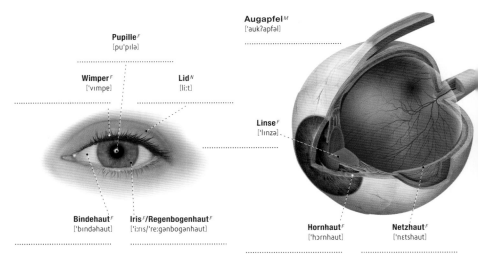

Pupille[F]
[pu'pɪlə]

Augapfel[M]
['auk?apfəl]

Wimper[F]
['vɪmpɐ]

Lid[N]
[liːt]

Linse[F]
['lɪnzə]

Bindehaut[F]
['bɪndəhaut]

Iris[F]**/Regenbogenhaut**[F]
['iːrɪs/'reːɡənboɡənhaut]

Hornhaut[F]
['hɔrnhaut]

Netzhaut[F]
['nɛtshaut]

Bindehautentzündung[F]
['bɪndəhaut?ɛnttsʏndʊŋ]

Gerstenkorn[N]
['ɡɛrstənkɔrn]

grauer Star[M]
[ɡrauɐ 'ʃtaːɐ]

Schielen[N]
['ʃiːlən]

Optiker[M] ['ɔptikɐ]	
Augenarzt[M] ['auɡən?aːɐtst]	
Optometrist[M] [ɔptome'trɪst]	
Fassung[F] ['fasʊŋ]	
Korrekturglas[N] [kɔrɛk'tuːɐɡlas]	
Gleitsichtglas[N] ['ɡlaɪtsɪçtɡlaːs]	
bifokales Glas[N] [bifo'kaːləs ɡlaːs]	
Kurzsichtigkeit[F] ['kʊrtsɪçtɪçkaɪt]	
Altersweitsichtigkeit[F] ['altɐsvaɪtsɪçtɪçkaɪt]	
Weitsichtigkeit[F] ['vaɪtsɪçtɪçkaɪt]	
Hornhautverkrümmung[F] ['hɔrnhautfɛɐkrʏmʊŋ]	
verschwommenes Sehen[N] [fɛɐ'ʃvɔmənəs 'zeːən]	
Augenirritation[F] ['auɡən?ɪrita'tsjoːn]	
Augentrockenheit[F] ['auɡəntrɔkənhaɪt]	
Träne[F] ['trɛːnə]	
Sehnerv[M] ['zeːnɛrf]	
blinde Person[F] ['blɪndə pɛr'zoːn]	
Blindenhund[M] ['blɪndənhʊnt]	

→ 20, 26-29, 30-31

Auge^N und Augenpflege^F

Augenuntersuchung^F
['augən?untezu:xuŋ]

Sehschärfenskala^F
['ze:ʃɛrfən'ska:la]

Brailleschrift^F
['bra:jəʃrɪft]

Augenwasser^N
['augənvasə]

Kontaktlinse^F
[kɔn'taktlɪnzə]

Kontaktlinsenbehälter^M
[kɔn'taktlɪnzənbəhɛlte]

Kombi-Pflegelösung^F
['kɔmbi'pfle:gələzuŋ]

Tropfen^M **für trockene Augen**^N
['trɔpfən fy:r trɔkənə 'augən]

Brille^F
['brɪlə]

Sonnengläser^{N, PL} **zum Aufstecken**^N
['zɔnənglɛ:zə tsum 'aufʃtɛkən]

Sonnenbrille^F
['zɔnənbrɪlə]

Brillenputztuch^N
['brɪlən'putstu:x]

Brillenband^N
['brɪlənbant]

Brillenetui^N
['brɪlən?ɛt'vi:]

Schutzmaske^F
['ʃutsmaskə]

Schutzbrille^F
['ʃutsbrɪlə]

Ohr^N und Ohrpflege^F

Gehörknöchelchen^N
[gə'høːeknœçalçən]

Hörnerv^M
['høːenɛrf]

äußerer Gehörgang^M
['ɔysəre gə'høːegaŋ]

Hörtest^M
['høːetɛst]

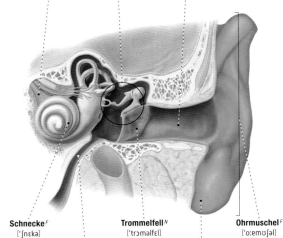

Hörgerät^N
['høːegərɛːt]

Schnecke^F
['ʃnɛkə]

Trommelfell^N
['trɔməlfɛl]

Ohrmuschel^F
['oːemʊʃəl]

Eustachische Röhre^F
[ɔys'taxɪʃə 'røːrə]

Ohrläppchen^N
['oːelɛpçən]

Gebärdensprache^F
[gə'bɛːedənʃpraːxə]

äußeres Ohr^N ['ɔysərəs 'oːɐ]	
Innenohr^N ['ɪnənʔoːɐ]	
schwerhörige Person^F ['ʃveːehøːrɪɡə pɛr'zoːn]	
Hörverlust^M ['høːefɛelʊst]	
Tinnitus^M ['tiːnitʊs]	
Mittelohrentzündung^F ['mɪtəlʔoːeʔɛnttsʏndʊŋ]	
Schwerhörigkeit^F ['ʃveːehøːrɪçkaɪt]	

➜ 20, 26-29, 30-31

Ohrstöpsel^{M, PL}
['oːeʃtœpsəl]

Wellness^F und alternative Heilmethoden$^{F, PL}$

Massage^F
[ma'sa:ʒə]

Massagetherapie^F
[ma'sa:ʒətera'pi:]

ätherisches Öl^N
[ɛ'the:rɪʃəs 'øːl]

Aromatherapie^F
[a'ro:materapi:]

Pflanzenheilkunde^F
['pflantsənhaɪlkʊndə]

Lichttherapie^F
['lɪçtterapi:]

Akupunktur^F
[akupʊŋk'tu:ɐ]

Meditation^F
[medita'tsjo:n]

Yoga^N
['jo:ga]

Thermalbad^N
[tɛr'ma:lba:t]

Sauna^F
['zauna]

Solarium^N [zo'la:rɪʊm]	
türkisches Bad^N ['tʏrkɪʃəs 'ba:t]	
skandinavisches Spa^N [skandi'na:vɪʃəs spa:]	
Thalassotherapie^F [ta'lasotera'pi:]	
Hydrotherapie^F/**Wassertreten**^{N} ['hy:droterapi:/'vasetre:tən]	
Chiropraktik^F [çiro'praktɪk]	
Osteopathie^F [ɔsteopa'ti:]	
Hypnotherapie^F ['hʏpnoterapi:]	
Homöopathie^F [homøopa'ti:]	
Reflex-Therapie^F [ra'flɛksterapi:]	
Psychotherapie^F ['psy:çoterapi:]	
Gruppentherapie^F ['grʊpənterapi:]	
Ayurveda^M [ajʊr've:da]	
Reiki^N ['raɪki]	
Entgiftung^F [ɛnt'gɪftʊŋ]	
traditionelle Medizin^F [traditsjo'nɛlə medi'tsi:n]	

Fußpflege^F/**Pediküre**^{F}
['fu:spfle:gə/'pedi'ky:rə]

Gesichtsmaske^F
[gə'zɪçtsmaskə]

➜ 26-27, 30, 40-42

Körperpflege^F

Seife^F
['zaɪfə]

Duschgel^N
['duːʃgel]

Massagebürste^F
[ma'saːʒəbʏrstə]

Schwamm^M
[ʃvam]

Schaumbad^N
['ʃaumbaːt]

Deodorant^N/**Deo**^N
[deodo'rant/'deːo]

Feuchtigkeitscreme^F
['fɔʏçtɪçkaɪtskreːm]

Lippenpflegestift^M
['lɪpənpfleːgəʃtɪft]

Eau de Toilette^N
['oː də twa'lɛt]

Parfüm^N
[par'fyːm]

Papiertaschentuch^N
[pa'piːetaʃəntuːx]

Toilettenpapier^N
[twa'lɛtənpapiːɐ]

Waschlappen^M
['vaʃlapən]

Waschhandschuh^M
['vaʃhantʃuː]

Handtuch^N
['hanttuːx]

Badetuch^N
['baːdətuːx]

Körperpflege*F*

Shampoo^N
[ˈʃampuː]

Haarspülung^F
[ˈhaːɛspyːlʊŋ]

Haarfärbemittel^N
[ˈhaːɛfɛrbəmɪtəl]

Haarfestiger^M
[haːɛfɛstɪgɐ]

Haarbürste^F
[ˈhaːɛbʏrstə]

Kamm^M
[kam]

Lockenstab^M
[ˈlɔkənʃtaːp]

Glätteisen^N
[ˈɡlɛtʔaɪzən]

Föhn^M
[føːn]

Haarschneideschere^F
[ˈhaːɛʃnaɪdəʃeːrə]

Haargummi^N [ˈhaːɛɡʊmi]	
Haarband^N [ˈhaːɛbant]	
Haarreif^M [ˈhaːɛraɪf]	
Lockenwickler^M [ˈlɔkənvɪklɐ]	
Haarschneider^M [ˈhaːɛʃnaɪdɐ]	
Anti-Schuppen-Shampoo^N [antiˈʃʊpənʃampuː]	
Friseur^M [friˈzøːɐ]	
glatte Haare^N, PL [ɡlatə ˈhaːrə]	
lockige Haare^N, PL [lɔkɪɡə ˈhaːrə]	
Dutt^M [dʊt]	
Pferdeschwanz^M [ˈpfeːɐdəʃvants]	
geflochtener Zopf^M [ɡəˈflɔxtənə ˈtsɔpf]	
Dauerwelle^F [ˈdaʊɐvɛlə]	
Föhnfrisur^F [ˈføːnfrizuːɐ]	
Haarfarbe^F [ˈhaːɛfarbə]	
Friseursalon^M [friˈzøːɐzalɔn]	
Haarschnitt^M/**Frisur**^F [ˈhaːɛʃnɪt/friˈzuːɐ]	

Haarnadel^F
[ˈhaːɛnaːdəl]

Haarspange^F
[ˈhaːɛʃpaŋə]

➜ 17

Körperpflege^F

Elektrorasierer^M
[e'lɛktrora'zi:rɐ]

Reinigungsbürste^F
['raɪnɪgʊŋsbʏrstə]

Rasierpinsel^M
[ra'zi:ɐpɪnzəl]

Aftershave^N
['a:ftɐʃe:f]

Rasierer^M
[ra'zi:rɐ]

Rasierklinge^F
[ra'zi:ɐklɪŋə]

Rasierschaum^M
[ra'zi:ɐʃaum]

Nagelknipser^M
['na:gəlknɪpzɐ]

Wimpernzange^F ['vɪmpɐntsaŋə]

Antifaltencreme^F [anti'faltənkre:m]

Fußnagelschere^F ['fu:sna:gəlʃe:rə]

Nagelpolierfeile^F [na:gəlpo'li:ɐfaɪlə]

Badesalz^N ['ba:dəzalts]

Peeling^N ['pi:lɪŋ]

Körpermilch^F ['kœrpɐmɪlç]

Gesichtswasser^N [gə'zɪçtsvasɐ]

Epiliercreme^F [epi'li:ɐkre:m]

Epilierwachs^N [epi'li:ɐvaks]

elektrische Haarentfernung^F [e'lɛktrɪʃə 'ha:ɐʔɛntfɛrnʊŋ]

dauerhafte Haarentfernung^F ['dauɐhaftə 'ha:ɐʔɛntfɛrnʊŋ]

Barbier^M [bar'bi:ɐ]

Langhaarschneider^M ['laŋha:ɐʃnaɪdɐ]

empfindliche/trockene/fettige Haut^F
[ɛm'pfɪntlɪçə/'trɔkənə/'fɛtɪgə haut]

Hautpflege^F ['hautpfle:gə]

Kosmetiker^M [kɔs'me:tikɐ]

➜ 18-21, 30-31, 39

Nageletui^N
['na:gəlʔe'tvi:]

Augenbrauenpinzette^F
['augənbrauənpɪntsɛtə]

Nagelhautentferner^M
['na:gəlhautʔɛntfɛrnɐ]

Nagelfeile^F
['na:gəlfaɪlə]

Nagelschere^F
['na:gəlʃe:rə]

Make-up^N

Spiegel^M
['ʃpiːɡəl]

Kompaktpuder^M
[kɔm'paktpuːde]

Lipgloss^M
['lɪpɡlɔs]

Puderkissen^N
['puːdekɪsən]

flüssige Grundierung^F
['flʏsɪɡə ɡrʊn'diːrʊŋ]

Puderrouge^N
['puːderuːʒ]

Lippenstift^M
['lɪpənʃtɪft]

Lippenkonturenstift^M
[lɪpəŋkɔn'tuːrənʃtɪft]

Lippenpinsel^M
['lɪpənpɪnzəl]

flüssige Mascara^F
['flʏsɪɡə mas'kaːra]

flüssiger Eyeliner^M
['flʏsɪɡe 'aɪlaɪne]

Lidschatten^M
['liːtʃatən]

Augenbrauenstift^M
['aʊɡənbraʊənʃtɪft]

Nagellack^M
['naːɡəllak]

Nagellackentferner^M
['naːɡəllak?ɛnt'fɛrne]

Wattepad^N
['vatepɛt]

Abdeckstift^M
['apdɛkʃtɪft]

Schwangerschaft und Mutterschaft

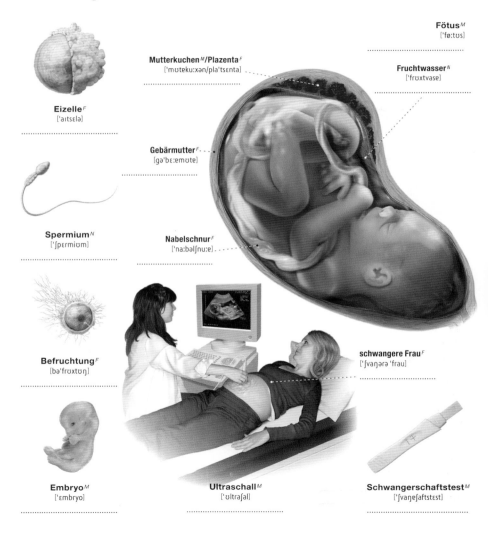

Fötus^M
['fø:tʊs]

Mutterkuchen^M/**Plazenta**^{F}
['mʊtekuːxən/plaˈtsɛnta]

Fruchtwasser^N
['frʊxtvasɐ]

Eizelle^F
['aɪtsɛlə]

Gebärmutter^F
[ɡəˈbɛːɐmʊtɐ]

Spermium^N
['ʃpɛrmiʊm]

Nabelschnur^F
['naːbəlʃnuːɐ]

Befruchtung^F
[bəˈfrʊxtʊŋ]

schwangere Frau^F
['ʃvaŋərə 'frau]

Embryo^M
['ɛmbryo]

Ultraschall^M
['ʊltraʃal]

Schwangerschaftstest^M
['ʃvaŋəʃaftstɛst]

Schwangerschaft^F und Mutterschaft^F

Periduralanästhesie^F
[peridu'ra:l?anɛste'zi:]

Beckenendlage^F
[bɛkən'?ɛntla:gə]

Entbindung^F
[ɛnt'bɪndʊŋ]

Neugeborenes^N
['nɔygəbo:rənəs]

Kaiserschnitt^M
['kaɪzeʃnɪt]

Brutkasten^M
['bru:tkastən]

Frühgeborenes^N
['fry:gəbo:rənəs]

Sauger^M
['zauge]

Stillen^N
['ʃtɪlən]

Geschlechtsverkehr^M [gə'ʃlɛçtsfɛeke:ɐ]

Verhütung^F [fɛe'hy:tʊŋ]

Pille^F ['pɪlə]

Kondom^N [kɔn'do:m]

Pille^F **danach** ['pɪlə da'na:x]

Abtreibung^F ['aptraɪbʊŋ]

Fehlgeburt^F ['fe:lgəbu:ɐt]

Unfruchtbarkeit^F ['ʊnfrʊxtba:ɐkaɪt]

Gebären^N [gə'bɛ:rən]

Wehe^F ['ve:ə]

Weitung^F ['vaɪtʊŋ]

eingeleitete Geburt^F
['aɪngəlaɪtətə gə'bu:ɐt]

Geburt^F [gə'bu:ɐt]

Zwillinge^{M, PL} ['tsvɪlɪŋə]

Geburtshelfer^M [gə'bu:ɐtshɛlfe]

Hebamme^F ['he:p?amə]

Pressen!

→ 26-33

Ring^M
[rɪŋ]

Verschluss^M
[fɛe'ʃlʊs]

Fläschchen^N
['flɛʃçən]

Lätzchen^N
['lɛtsçən]

Stillkissen^N
['ʃtɪlkɪsən]

Schwangerschaft*F* und Mutterschaft*F*

Windel*F*
['vɪndəl]

Einwegwindel*F*
['aɪnve:kvɪndəl]

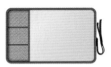

**tragbare
Wickelunterlage***F*
['tra:kbaːrə 'vɪkəlʔʊntelaːgə]

Wickelkommode*F*
['vɪkəlkɔmodə]

Wickeltasche*F*
['vɪkəltaʃə]

Feuchttuch*N*
['fɔyçttuːx]

Creme*F*
[kreːm]

Badetuch*N* **mit Kapuze***F*
['baːdətuːx mɪt ka'puːtsə]

Schnuller*M*
['ʃnʊlə]

Rassel*F*
['rasəl]

Schnabeltasse*F*
['ʃnaːbəltasə]

Brei*M*
[braɪ]

Töpfchen*N*
['tœpfçən]

Kindertoilettensitz*M*
['kɪndetwa'lɛtənzɪts]

Kinderstuhl*M*
['kɪndeʃtuːl]

Hochstuhl*M*
['hoːxʃtuːl]

Schwangerschaft*F* und Mutterschaft*F*

Reisebettᴺ
['raɪzəbɛt]

Gitterbettᴺ
['gɪtebɛt]

Mobileᴺ
['mo:bilə]

Babytragekorbᴹ
['be:bi'tra:gəkɔrp]

Tragetuchᴺ
['tra:gətu:x]

Babytrageᶠ
['be:bitra:gə]

Tragerucksackᴹ
['tra:gərʊkzak]

Kinderwagenᴹ
['kɪndeva:gən]

Kinderautositzᴹ
['kɪndeʔautozɪts]

Kinderfahrradsitzᴹ
['kɪnde'fa:era:tzɪts]

Kinderarztᴹ ['kɪnde?a:etst]	
Säuglingᴹ ['zɔyklɪŋ]	
Geburtsgewichtᴺ [gə'bu:etsgəvɪçt]	
Untersuchungsheftᴺ [ʊnte'zu:xʊŋshɛft]	
Milchpumpeᶠ ['mɪlçpʊmpə]	
Brustschmerzenᴹ·ᴾᴸ ['brʊstʃmɛrtsən]	
Ersatzmilchᶠ [ɛr'zatsmɪlç]	
Abstillenᴺ ['apʃtɪlən]	
Fläschchenwärmerᴹ ['flɛʃçənvɛrmɐ]	
Erbrechenᴺ [ɛɐ'brɛçən]	
Kolikᶠ**/Bauchkrämpfe**ᴹ·ᴾᴸ ['ko:lɪk/'bauxkrɛmpfə]	
Zahnenᴺ ['tsa:nən]	
Zahnringᴹ ['tsa:nrɪŋ]	
Schlafᴹ [ʃla:f]	
Weinenᴺ ['vaɪnən]	
Babyphonᴺ ['be:bi'fo:n]	
Mutterschaftsurlaubᴹ ['mʊteʃafts'?u:elaup]	

Schaukelstuhlᴹ
['ʃaukəlʃtu:l]

Fahrradanhängerᴹ **für Kinder**ᴺ
['fa:era:t?anhɛŋe fy:e 'kɪnde]

Kinderkleidung*F*

Body*M*
['bɔdi]

Schlafsack*M*
['ʃla:fzak]

Spielanzug*M*
['ʃpi:lʔantsu:k]

Strampelhöschen*N*
['ʃtrampəlhøːsçən]

Schlafanzug*M*
['ʃla:fʔantsu:k]

Schneesack*M*
['ʃne:zak]

Hemdchen*N*
['hɛmtçən]

Pyjama*M*
[py'dʒa:ma]

Druckknopfleiste*F* **an der Beininnenseite***F*
['drʊkknɔpflaistə an deːɐ bain'ʔɪnənzaitə]

Latzhose*F*
['latsho:zə]

Babyhaube*F*
['be:bihaubə]

Sonnenhut*M*
['zɔnənhu:t]

Schneeanzug*M*
['ʃne:ʔantsu:k]

Lätzchen*N*
['lɛtsçən]

Babyschuhe*M, PL*
['be:biʃu:ə]

Fäustlinge*M, PL*
['fɔystlɪŋə]

Sportkleidung^F

Trägerhemd^N
['trɛ:gɐhɛmt]

T-Shirt^N
['ti:ʃøːɐt]

Sweatshirt^N
['swɛtʃøːɐt]

Kapuzenshirt^N
[ka'puːtsənʃøːɐt]

Radlerhose^F
['ra:dlɐhoːzə]

Shorts^F
[ʃɔrts]

Jogginghose^F
['jɔgɪŋhoːzə]

Leggings^F
['lɛgɪŋs]

Baumwolle^F ['baumvɔlə]

Leinen^N ['laɪnən]

Seide^F ['zaɪdə]

Wolle^F ['vɔlə]

Polyester^N [poli'ʔɛstɐ]

Viskose^F [vɪs'koːzə]

Nylon^N ['naɪlɔn]

Acryl^N [a'kryːl]

Elastan^N [elas'taːn]

Kaschmir^M ['kaʃmiːɐ]

Flanell^M [fla'nɛl]

Jeansstoff^M ['dʒiːnsʃtɔf]

Satin^M [za'tɛ̃ː]

Serge^F ['zɛrʃ]

Tüll^M [tyl]

Samt^M [zamt]

Tweed^M [twiːt]

Hanf^M [hanf]

Jute^F ['juːtə]

Anorak^M
['anorak]

Fleece-Jacke^F
['fliːsjakə]

Badeanzug^M
['baːdəʔantsuːk]

Badehose^F
['baːdəhoːzə]

Unisex-Kleidung^F

Pullover^M
[pʊˈloːvɐ]

Pullunder^M
[pʊˈlʊndɐ]

Strickjacke^F
[ˈʃtrɪkjakə]

Rollkragenpullover^M
[ˈrɔlkraːɡənpʊˈloːvɐ]

Hosenschlitz^M
[ˈhoːzənʃlɪts]

Jeans^F
[dʒiːns]

Knopf^M
[knɔpf]

Shorts^F
[ʃɔrts]

Bermudashorts^F
[bɛrˈmuːdaʃɔrts]

Mantel^M
[ˈmantəl]

Kapuze^F
[kaˈpuːtsə]

Knopfloch^N
[ˈknɔpflɔx]

Regenmantel^M
[ˈreːɡənmantəl]

Parka^M
[ˈparka]

Blazer^M
[ˈbleːzɐ]

Bademantel^M
[ˈbaːdəmantəl]

Schlafanzug^M
[ˈʃlaːfʔantsuːk]

Socke^F
[ˈzɔkə]

Herrenkleidung^F

Futter^N
['futɐ]

Ärmel^M
['ɛrməl]

Sakko^N
['zako]

Kragen^M
['kra:gən]

Hemd^N
[hɛmt]

Weste^F
['vɛstə]

Krawatte^F
[kra'vatə]

Gürtelschlaufe^F
['gʏrtəlʃlaufə]

Fliege^F
['fli:gə]

Hosentasche^F
['ho:zəntaʃə]

Aufschlag^M
['aufʃla:k]

Mantel^M
['mantəl]

Blouson^M
[blu'zõ:]

Hose^F
['ho:zə]

Trägerhemd^N
['trɛ:gəhɛmt]

Slip^M
[slɪp]

Boxershorts^F
['bɔksəʃɔrts]

lange Unterhose^F
[laŋə 'ʊnteho:zə]

Damenkleidung^F

Kleid^N
[klaɪt]

Rock^M
[rɔk]

Wickelrock^M
['vɪkəlrɔk]

Skort^M
[skɔrt]

Blazer^M
['ble:zɐ]

Hemdbluse^F
['hɛmtblu:zə]

Tunika^F
['tu:nika]

Top^N
[tɔp]

Kostüm^N
[kɔs'ty:m]

Caprihose^F
['kapriho:zə]

Karottenhose^F
[ka'rɔtənho:zə]

Schlaghose^F
['ʃla:kho:zə]

Sommerkleid^N
['zɔmɐklaɪt]

Bikini^M
[bi'ki:ni]

Nachthemd^N
['naxthɛmt]

Baby-Doll^N
['be:bi'dɔl]

Damenunterwäsche^F

Strumpfhalter^M
['ʃtrʊmpfhaltɐ]

BH^M
[be:'ha:]

Slip^M
[slɪp]

String-Tanga^M
['ʃtrɪŋtaŋa]

Korselett^N
[kɔrzə'lɛt]

trägerloser BH^M
['trɛːɡeloːze be:'ha:]

Unterhemd^N
['ʊntehɛmt]

Unterkleid^N
['ʊnteklaɪt]

Unterrock^M
['ʊnterɔk]

Durchziehschnur^F ['dʊrçtsi:'ʃnuːɐ]

Reißverschluss^M ['raɪsfɛɐʃlʊs]

Bündchen^N ['bʏntçən]

warmes/lauwarmes/kaltes Wasser^N
['varməs/'lauvarməs/'kaltəs 'vasɐ]

Schonwaschgang^M ['ʃoːnvaʃɡaŋ]

Trockenreinigung^F

Handwäsche^F

Maschinenwäsche^F

keine Bleiche^F **benutzen**

zum Trocknen^N **aufhängen**

zum Trocknen^N **legen**

im Trockner^M **bei mittlerer/niedriger
Temperatur**^F **trocknen**

**bei hoher/mittlerer/niedriger
Temperatur**^F **bügeln**

nicht bügeln

Söckchen^N
['zœkçən]

Socke^F
['zɔkə]

Strumpf^M
[ʃtrʊmpf]

Strumpfhose^F
['ʃtrʊmpfhoːzə]

verschiedenes Zubehör

Hosenträger^M
['hoːzən'trɛːgə]

Gürtelschnalle^F
['gʏrtəlʃnalə]

Gürtel^M
['gʏrtəl]

Gürteltasche^F
['gʏrtəltaʃə]

Brille^F
['brɪlə]

Handschuh^M
['hantʃuː]

Fäustling^M
['fɔystlɪŋ]

Tuch^N
[tuːx]

Sonnenbrille^F
['zɔnənbrɪlə]

Kopftuch^N
['kɔpftuːx]

Stirnband^N
['ʃtɪrnbant]

Halswärmer^M
['halsvɛrmɐ]

Schal^M
[ʃaːl]

Hut^M
[huːt]

Kappe^F
['kapə]

Baskenmütze^F
['baskənmʏtsə]

Strickmütze^F/
Bommelmütze^F
['ʃtrɪkmʏtsə/'bɔməlmʏtsə]

verschiedenes Zubehör^N

Zigarette^F
[tsiga'rɛtə]

Aschenbecher^M
['aʃənbɛçɐ]

Zigarre^F
[tsi'garə]

Pfeife^F
['pfaɪfə]

Streichholzheftchen^N
['ʃtraɪçhɔltshɛftçən]

Feuerzeug^N
['fɔyɐtsɔyk]

Geldbeutel^M
['gɛltbɔytəl]

Brieftasche^F
['bri:ftaʃə]

Schlüsseletui^N
['ʃlʏsəlʔɛt'vi:]

(Touren-)Rucksack^M
[('tu:rən)'rʊkzak]

Aktenkoffer^M
['aktənkɔfɐ]

Handtasche^F
['hanttaʃə]

Schultertasche^F
['ʃʊltɐtaʃə]

Trolley^M
['trɔlɪ]

Handgepäck^F
['hantgəpɛk]

(Roll-)Koffer^M
[('rɔl)'kɔfɐ]

Regenschirm^M
['re:gənʃɪrm]

Schuhe^{M, PL}

Schnürsenkel^M
['ʃnyːezɛŋkəl]

Einlegesohle^F
['aɪnleːgəzoːlə]

Laufsohle^F
['laufzoːlə]

Absatz^M
['apzats]

Stiefelette^F
[ʃtiːfəˈlɛtə]

Arbeitsschuh^M
['arbaɪtsʃuː]

Stiefel^M
['ʃtiːfəl]

Gummistiefel^M
['gʊmiʃtiːfəl]

Winterstiefel^M
['vɪnteʃtiːfəl]

Overknee^M
['oːveniː]

Pumps^M
[pœmps]

Ballerinaschuh^M
[baləˈriːnaʃuː]

Stoffschuh^M
['ʃtɔfʃuː]

Pantoffel^M
[panˈtɔfəl]

Turnschuh^M
['tʊrnʃuː]

Wanderschuh^M
['vandeʃuː]

Sandale^F
[zanˈdaːlə]

Römerpantolette^F
['røːmepantolɛtə]

Schmuck^M

Ohrstecker^{M, PL}
['o:ɐʃtɛkɐ]

Kreolen^{F, PL}
[kre'o:lən]

···· **Kette**^F
['kɛtə]

Anhänger^M
['anhɛŋɐ]

Brosche^F
['brɔʃə]

Kette^F
['kɛtə]

Armbanduhr^F
['armbant?u:ɐ]

Anhänger^{M, PL}
['anhɛŋɐ]

Armband^N
['armbant]

Krawattennadel^F
[kra'vatənnadəl]

···· **Stein**^M
[ʃtaın]

Ring^M
[rıŋ]

Verlobungsring^M
[fɛɐ'lo:bʊŋsrıŋ]

Diamant^M [dia'mant]	
Rubin^M [ru'bi:n]	
Smaragd^M [sma'rakt]	
Saphir^M [za'fi:ɐ]	
Amethyst^M [ame'tʏst]	
Lapislazuli^M [lapıs'la:tsuli]	
Aquamarin^M [akvamari:n]	
Topas^M [to'pa:s]	
Turmalin^M [tʊrma'li:n]	
Opal^M [o'pa:l]	
Türkis^M [tʏr'ki:s]	
Granat^M [gra'na:t]	
Jade^M ['ja:də]	
Obsidian^M [ɔpzi'dja:n]	
Perle^F ['pɛrlə]	
Perlmutt^N [pɛrl'mʊt]	
Quarz^M [kva:ɐts]	
Achat^M [a'xa:t]	
Zirkon^N [tsır'ko:n]	

Ehering^M
['e:ɐrıŋ]

Bandring^M
['bantrıŋ]

Bauelemente^{N, PL} und Architektur^F

Giebel^M
['gi:bəl]

Dachfenster^N
['daxfɛnstɐ]

Blitzableiter^M
['blɪts?aplaɪtɐ]

Gemüsegarten^M
[gə'my:zəgartən]

Dach^N
[dax]

Schuppen^M
['ʃʊpən]

Terrasse^F
[tɛ'rasə]

Schornstein^M
['ʃɔrnʃtaɪn]

Außentreppe^F
['aʊsəntrɛpə]

Zaun^M
[tsaʊn]

Gaube^F
['gaʊbə]

Rasen^M
['ra:zən]

Dachrinne^F
['daxrɪnə]

Vorbau^M
['fo:ebaʊ]

Garage^F
[ga'ra:gə]

Zufahrtsweg^M
['tsu:fa:etsve:k]

Bauelemente^{N, PL} und Architektur^F

Bungalow^M
['bʊŋgalo:]

zweistöckiges Haus^N
['tsvaɪʃtœkɪgəs 'haus]

Doppelhaus^N
['dɔpəlhaus]

Reihenhäuser^{N, PL}
['raɪənhɔyzɐ]

Eigentumswohnungen^{F, PL}
['aɪgəntu:msvo:nʊŋən]

Wohnblock^M
['vo:nblɔk]

Sprungbrett^N
['ʃprʊŋ'brɛt]

eingelassenes Schwimmbecken^N
['aɪngəlasənəs 'ʃvɪmbɛkən]

Schwimmbadabdeckung^F
['ʃvɪmba:t'ʔapdɛkʊŋ]

Eigentümer^M ['aɪgənty:mɐ]	
Mieter^M ['mi:tɐ]	
Mietvertrag^M ['mi:tfɛɐtra:k]	
möblierte Miete^F [mø'bli:ɐtə 'mi:tə]	
Miete^F ['mi:tə]	
Kaution^F [kau'tsjo:n]	
Reinigungskosten^{PL} ['raɪnɪgʊŋs'kɔstən]	
Verkauf^M [fɛɐ'kauf]	
Schlüssel^M ['ʃlʏsəl]	
Hausmeister^M ['hausmaɪstɐ]	
Hausnummer^F ['hausnʊmɐ]	
Briefkasten^M ['bri:fkastən]	
Gegensprechanlage^F ['ge:gənʃprɛçʔanla:gə]	
Klingel^F ['klɪŋəl]	
Aufzug^M ['auftsu:k]	
Treppenhaus^N ['trɛpənhaus]	
Alarmanlage^F [a'larmʔanla:gə]	
Preis^M **pro Tag**^M**/Woche**^F**/Monat**^M [praɪs pro: 'ta:k/'vɔxə/'mo:nat]	

Einstiegsplattform^F
['aɪnʃti:ks'platfɔrm]

freistehendes Schwimmbecken^N
['fraɪʃte:əndəs 'ʃvɪmbɛkən]

Pumpe^F
['pʊmpə]

Whirlpool^M
['vø:ɐlpu:l]

Filter^M
['fɪltɐ]

Bauelemente^{N, Pl.} und Architektur^F

Haustür^F
['hausty:ɐ]

Fenster^N
['fɛnstɐ]

Scharnier^N
[ʃar'ni:ɐ]

Gesims^N
[gə'zɪms]

Fensterladen^M
['fɛnstɐla:dən]

Lattenfenster^N
['latənfɛnstɐ]

Blendrahmen^M
['blɛntra:mən]

Schloss^N
[ʃlɔs]

Knauf^M
[knauf]

Scharnier^N
[ʃar'ni:ɐ]

Scheibe^F
['ʃaɪbə]

Schwelle^F
['ʃvɛlə]

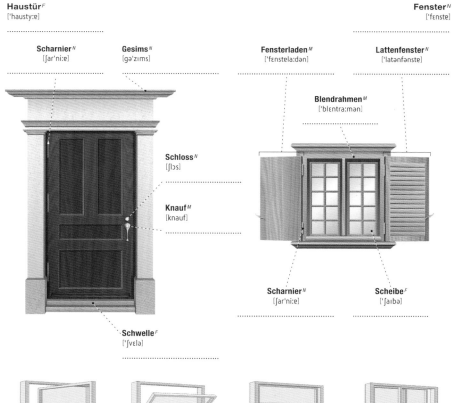

Drehfenster^N
['dre:fɛnstɐ]

Kippfenster^N
['kɪpfɛnstɐ]

**vertikales
Schiebefenster**^N
[vɛrti'ka:ləs 'ʃi:bəfɛnstɐ]

**horizontales
Schiebefenster**^N
[horitsɔn'ta:ləs 'ʃi:bəfɛnstɐ]

Wohnräume^{M, PL}

Erdgeschoss^N
[ˈeːetgəʃɔs]

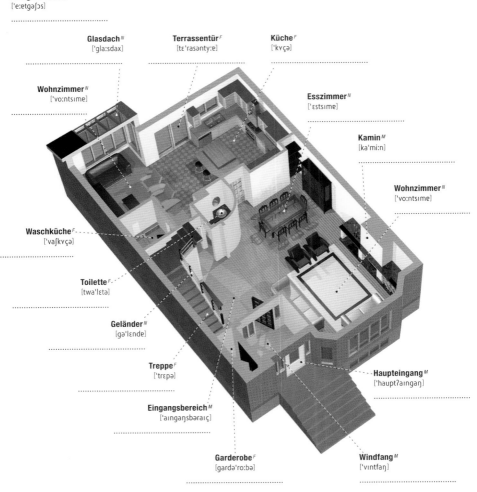

Glasdach^N
[ˈglaːsdax]

Terrassentür^F
[tɛˈrasəntyːe]

Küche^F
[ˈkʏçə]

Wohnzimmer^N
[ˈvoːntsɪme]

Esszimmer^N
[ˈɛstsɪme]

Kamin^M
[kaˈmiːn]

Wohnzimmer^N
[ˈvoːntsɪme]

Waschküche^F
[ˈvaʃkʏçə]

Toilette^F
[twaˈlɛtə]

Geländer^N
[gəˈlɛnde]

Treppe^F
[ˈtrɛpə]

Haupteingang^M
[ˈhauptʔaɪngaŋ]

Eingangsbereich^M
[ˈaɪngaŋsbəraɪç]

Garderobe^F
[gardəˈroːbə]

Windfang^M
[ˈvɪntfaŋ]

Wohnräume M, PL

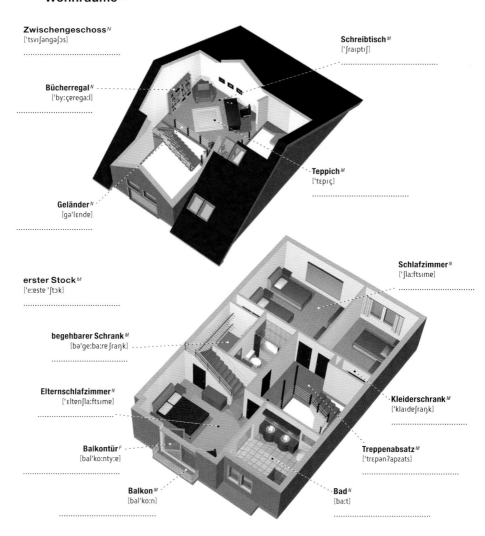

Zwischengeschoss N
['tsvɪʃəngəʃɔs]

....

Schreibtisch M
['ʃraɪptɪʃ]

....

Bücherregal N
['byːçeregaːl]

....

Teppich M
['tɛpɪç]

....

Geländer N
[gə'lɛnde]

....

erster Stock M
['eːeste 'ʃtɔk]

....

Schlafzimmer N
['ʃlaːftsɪme]

....

begehbarer Schrank M
[bə'geːbaːre ʃraŋk]

....

Elternschlafzimmer N
['ɛltenʃlaːftsɪme]

....

Kleiderschrank M
['klaɪdeʃraŋk]

....

Balkontür F
[bal'koːntyːe]

....

Treppenabsatz M
['trɛpənʔapzats]

....

Balkon M
[bal'koːn]

....

Bad N
[baːt]

....

Küche^F

Oberschrank^M ['o:bəʃraŋk]	**Kochfeld**^N ['kɔxfɛlt]
Gefrierschrank^M [gə'fri:əʃraŋk]	**Kühlschrank**^M ['ky:lʃraŋk]
Dunstabzugshaube^F [dʊnst'ʔaptsu:kshaubə]	**Speiseschrank**^M ['ʃpaɪzəʃraŋk]
Arbeitsplatte^F ['arbaɪtsplatə]	**Mikrowelle**^F ['mi:krovɛlə]
Unterschrank^M ['ʊntəʃraŋk]	**Kücheninsel**^F ['kʏçən?ɪnzəl]
Spülmaschine^F ['ʃpy:lmaʃi:nə]	**Backofen**^M ['bak?o:fən]
Schublade^F ['ʃu:pla:də]	**Essecke**^F ['ɛs?ɛkə]

Renovierung^F [reno'vi:rʊŋ]	**den Tisch**^M **decken/abräumen**
Dachstuhl^M ['daxʃtu:l]	**das Essen**^N **zubereiten**
Decke^F ['dɛkə]	**das Essen**^N **servieren**
Wand^F [vant]	**essen**
Fußboden^M ['fu:sbo:dən]	**das Geschirr**^N **abwaschen/abtrocknen**
Isolierung^F [izo'li:rʊŋ]	**die Spülmaschine**^F **einräumen/ ausräumen/anstellen**
Verkleidung^F [fɛɐ'klaɪdʊŋ]	
Dachboden^M ['daxbo:dən]	**Ich habe Hunger!**
Keller^M ['kɛle]	**Ich habe Durst!**
voll ausgestattete Küche^F ['fɔl 'ausgəʃtatətə 'kʏçə]	**Zu Tisch!**
	Guten Appetit!
Frühstück^N ['fry:ʃtvk]	
Mittagessen^N ['mɪta:k?ɛsən]	➔ 70-72, 74-76, 108-111, 123
Abendessen^N ['a:bənt?ɛsən]	

Badezimmer^N

Brausenkopf^M
['brauzəŋkɔpf]

Duschkabine^F
['du:ʃkabi:nə]

Wasserhahn^M
['vaseha:n]

Spiegel^M
['ʃpi:gəl]

Spülkasten^M
['ʃpy:lkastən]

Toilettenpapier^N
[twa'lɛtənpapi:e]

Toilettenpapierhalter^M
[twa'lɛtənpapi:ehalte]

Waschbecken^N
['vaʃbɛkən]

Handtuchhalter^M
['hanttu:xhalte]

Handtuch^N
['hanttu:x]

Toilette^F
[twa'lɛtə]

Bidet^N
[bi'de:]

Badewanne^F
['ba:dəvanə]

Bademette^F
['ba:damatə]

Apothekenschrank^M [apo'te:kənʃraŋk]	
Duschvorhang^M ['du:ʃfoɐhaŋ]	
Handseife^F ['hantzaifə]	
sich schminken	
sich rasieren	
auf die Toilette^F gehen	
spülen	
sich waschen	
duschen	
baden	
sich die Zähne^{M, PL} putzen	

➠ 29-31, 40-43, 71-72

Saugglocke^F
['zaukglɔkə]

Sanitärinstallation^F

Toilette^F
[twa'lɛtə]

Spüle^F
['ʃpy:lə]

Ventil^N
[vɛn'ti:l]

Schwimmer^M
['ʃvɪme]

Einhand-Mischbatterie^F
['aɪnhant'mɪʃbatəri:]

Toilettendeckel^M
[twa'lɛtəndɛkəl]

Zulauf^M
['tsu:lauf]

Toilettenbrille^F
[twa'lɛtənbrɪlə]

Abflussrohr^N
['apflʊsro:e]

Klosettbecken^N
[klo'zɛtbɛkən]

Geruchsverschluss^M
[gə'rʊxsfeeʃlʊs]

Absperrhahn^M
['apʃpɛrha:n]

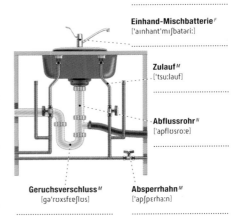

Wasserzähler^M ['vasetsɛ:le]

Steigleitung^F ['ʃtaɪklaɪtʊŋ]

Wasserleitung^F ['vaselaɪtʊŋ]

Dichtungsring^M ['dɪçtʊŋsrɪŋ]

Wasserfilter^M ['vasefɪlte]

Verschraubung^F [fɛe'ʃraubʊŋ]

Abflusshahn^M ['apflʊsha:n]

Sickergrubenpumpe^F
['zɪkegru:bənpʊmpə]

Überlaufrohr^N ['y:belaufro:e]

Klärgrube^F ['klɛ:egrubə]

gefrorenes Rohr^N [gə'fro:rənəs 'ro:e]

verstopftes Rohr^N [fɛe'ʃtɔpftəs 'ro:e]

Wasserrohrbruch^M ['vasero:ebrʊx]

Überschwemmung^F [y:be'ʃvɛmʊŋ]

kalkhaltiges Wasser^N
['kalkhaltɪgəs 'vase]

die Wasserzufuhr^F **unterbrechen**

Die Toilette ist verstopft.

Tank^M
[taŋk]

oberes Heizelement^N
['o:bərəs 'haɪtsʔelemɛnt]

Thermostat^M
[tɛrmo'sta:t]

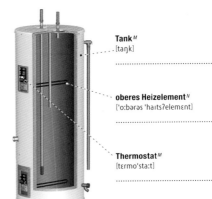

elektrischer Heißwasserbereiter^M
[e'lɛktrɪʃe haɪs'vasebəraɪte]

Strom^M und Beleuchtung^F

Glühbirne^F
['gly:bɪrnə]

Glühlampe^F
['gly:lampə]

Energiesparbirne^F
[enɛr'gi:ʃparbɪrnə]

Steckdose^F
['ʃtɛkdo:zə]

Stecker^M
['ʃtɛke]

Deckenleuchte^F
['dɛkənlɔyçtə]

Kronleuchter^M
['kro:nlɔyçte]

Dimmerschalter^M
['dɪmeʃalte]

Schalter^M
['ʃalte]

Standleuchte^F
['ʃtantlɔyçtə]

Schreibtischlampe^F
['ʃraɪptɪʃlampə]

Tischleuchte^F
['tɪʃlɔyçtə]

Zentralheizung^F [tsɛn'tra:lhaɪtsʊŋ]	
Stromzähler^M ['ʃtro:mtsɛ:le]	
Sicherungskasten^M ['zɪçərʊŋskastən]	
Generator^M ['genə'ra:to:e]	
Erweiterungsblock^M [ɛɐ'vaɪtərʊŋsblɔk]	
Kabel^N ['ka:bəl]	
Verlängerungskabel^N [fɛɐ'lɛŋərʊŋs'ka:bəl]	
Erdung^F ['e:edʊŋ]	
Adapter^M [a'dapte]	
Volt^N [vɔlt]	
Watt^N [vat]	
Ampere^N [am'pe:ə]	
Stromausfall^M ['ʃtro:mʔausfal]	
das Licht^N **anmachen/ausmachen**	
die Heizung^F **anmachen/ausmachen**	
die Klimaanlage^F **anmachen/ ausmachen**	

Heizung^F und Klimaanlage^F

Kamineinfassung^F
[ka'mi:n?aɪnfasʊŋ]

Feuerstelle^F
['fɔyeʃtɛlə]

offener Kamin^M
['ɔfəne ka'mi:n]

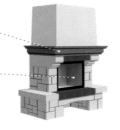

Luftzufuhrregler^M
['lʊfttsufu:e're:gle]

Dauerbrandofen^M
['daʊebrant?o:fən]

Heizkessel^M
['haɪtskɛsəl]

Heizkörper^M
['haɪtskœrpe]

Schürhaken^M
['ʃy:eha:kən]

Kamingitter^N
[ka'mi:ngɪte]

Luftbefeuchter^M
['lʊftbəfɔyçte]

Heizstrahler^M
['haɪtsʃtra:le]

**programmierbarer
Thermostat**^M
[progra'mi:eba:re tɛrmo'sta:t]

Konvektor^M
[kɔn'vɛkto:e]

Luftentfeuchter^M
['lʊft?ɛntfɔyçte]

Klimagerät^N
['kli:magɛrɛ:t]

Deckenventilator^M
['dɛkənvɛnti'la:to:e]

tragbarer Ventilator^M
['tra:kba:re vɛnti'la:to:e]

Einrichtung^F

Sofa^N
['zo:fa]

Sessel^M
['zɛsəl]

Puff^M
[pʊf]

Kissen^N
['kɪsən]

Schlafcouch^F
['ʃla:fkaʊtʃ]

Lehne^F
['le:nə]

Stuhl^M
[ʃtu:l]

Hocker^M
['hɔke]

Klappstuhl^M
['klapʃtu:l]

Bank^F
[baŋk]

Verlängerung^F
[fɛɐ'lɛŋərʊŋ]

Ausziehtisch^M
['aʊstsi:tɪʃ]

Couchtisch^M
['kaʊtʃtɪʃ]

Servierwagen^M
[zɛr'vi:eva:gən]

Büfett^N
[bʏ'fe:]

Barschrank^M
['ba:aʃraŋk]

Weinschrank^M
['vaɪnʃraŋk]

Schrank^M
[ʃraŋk]

Bücherregal^N
['by:çere'ga:l]

Einrichtung*F*

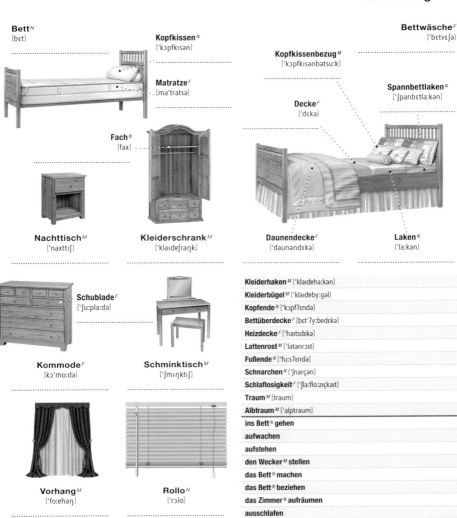

BettN
[bɛt]

KopfkissenN
[ˈkɔpfkɪsən]

MatratzeF
[maˈtratsə]

FachN
[fax]

NachttischM
[ˈnaxttɪʃ]

KleiderschrankM
[ˈklaɪdeʃraŋk]

SchubladeF
[ˈʃuːplaːdə]

KommodeF
[kɔˈmoːdə]

SchminktischM
[ˈʃmɪŋktɪʃ]

VorhangM
[ˈfoːehaŋ]

RolloN
[ˈrɔlo]

BettwäscheF
[ˈbɛtvɛʃə]

KopfkissenbezugM
[ˈkɔpfkɪsənbətsuːk]

SpannbettlakenN
[ˈʃpanbɛtlaːkən]

DeckeF
[ˈdɛkə]

DaunendeckeF
[ˈdaunəndɛkə]

LakenN
[ˈlaːkən]

KleiderhakenM [ˈklaɪdehaːkən]	
KleiderbügelM [ˈklaɪdebyːgəl]	
KopfendeN [ˈkɔpfʔɛndə]	
BettüberdeckeF [bɛtˈʔyːbedɛkə]	
HeizdeckeF [ˈhaɪtsdɛkə]	
LattenrostM [ˈlatənrɔst]	
FußendeN [ˈfuːsʔɛndə]	
SchnarchenN [ˈʃnarçən]	
SchlaflosigkeitF [ˈʃlaːfloːzɪçkaɪt]	
TraumM [traum]	
AlbtraumM [ˈalptraum]	
ins BettN **gehen**	
aufwachen	
aufstehen	
den WeckerM **stellen**	
das BettN **machen**	
das BettN **beziehen**	
das ZimmerN **aufräumen**	
ausschlafen	

Elektrogeräte N, PL

Kühlschrank M
['ky:lʃraŋk]

....

Gefrierschrank M
[gə'fri:eʃraŋk]

....

Wasserspender M
['vaseʃpɛnde]

....

Fleischfach N
['flaɪʃfax]

....

Gemüsefach N
[gə'my:zəfax]

....

Kochfeld N
['kɔxfɛlt]

....

Elektroherd M
[e'lɛktrohe:et]

Schalter M
['ʃalte]

....

Backofen M
['bak?o:fən]

....

Rost M
[rɔst]

Bedienfeld N
[bə'di:nfɛlt]

....

Filter M
['fɪlte]

....

Dunstabzugshaube F
[dʊnst'?aptsu:kshaubə]

....

Temperaturwähler M
[tɛmpəra'tu:evɛ:le]

....

Bedienfeld N
[bə'di:nfɛlt]

Programmwähler M
[pro'gramvɛ:le]

....

Einschalter M
['aɪnʃalte]

....

Regelschalter M
['re:gəlʃalte]

....

Rost M
[rɔst]

Waschmaschine F
['vaʃmaʃi:nə]

....

Wäschetrockner M
['vɛʃətrɔkne]

....

Gasherd M
['ga:she:et]

....

Elektrogeräte^{N, PL}

Spülmaschine^F
['ʃpyːlmaʃiːnə]

Bodenstaubsauger^M
['boːdənʃtaupzauɡe]

Sprüharm^M
['ʃpryːʔarm]

Bodendüse^F
['boːdəndyːzə]

Fugendüse^F
['fuːɡəndyːzə]

Bodenbürste^F
['boːdənbʏrstə]

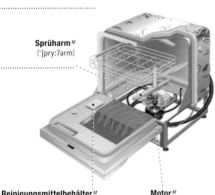

Reinigungsmittelbehälter^M
['raɪnɪɡʊŋsmɪtəlbəhɛltɐ]

Motor^M
['moːtoːɐ]

Deckel^M
['dɛkəl]

Thermostat^M
[tɛrmoˈstaːt]

Tauwasserablauf^M
['tauvasɐˈʔaplauf]

Dampfbügeleisen^N
['dampfbyːɡəlʔaɪzən]

Handstaubsauger^M
['hantʃtaubzauɡe]

Gefriertruhe^F
[ɡəˈfriːetruːə]

Spülmittel^N ['ʃpyːlmɪtəl]	**Bügelbrett**^N ['byːɡəlbrɛt]
Fleckentferner^M ['flɛkʔɛntfɛrnɐ]	**Geschirrspülmittel**^N [ɡəˈʃɪrʃpyːlmɪtəl]
Weichspüler^M ['vaɪçʃpyːlɐ]	**Fensterreiniger**^M ['fɛnstɐraɪnɪɡe]
Wäschekorb^M ['vɛʃəkɔrp]	**Abzieher**^M ['aptsiːɐ]
Wäscheklammer^F ['vɛʃəklame]	**Bleichmittel**^N ['blaɪçmɪtəl]
Wäscheleine^F ['vɛʃəlaɪnə]	**Wachs**^N [vaks]
Müllbeutel^M ['mʏlbɔytəl]	**waschen**
Mülltrennung^F ['mʏltrɛnʊŋ]	**Wäsche**^F **aufhängen/falten/bügeln**

➔ 49, 53, 63-64, 72

Haushaltsgegenstände^M

Geschirrtuch^N
[gə'ʃɪrtu:x]

....

Staubwedel^M
['ʃtaupve:dəl]

....

Stiel^M
[ʃti:l]

....

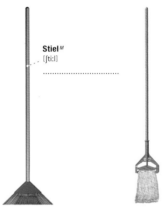

Bürste^F
['bʏrstə]

....

Putzschwamm^M
['pʊtsʃvam]

....

Besen^M
['be:zən]

....

Mopp^M
[mɔp]

....

Abfalleimer^M/
Mülleimer^M
['apfal?aɪme/'mʏl?aɪme]

....

Gummihandschuhe^{M, PL}
['gʊmihantʃu:ə]

....

Kehrschaufel^F
['ke:ɐʃaufəl]

....

Eimer^M
['aɪme]

....

Biomülleimer^M
['bio:mʏl'?aɪme]

....

Waschmittel^N
['vaʃmɪtəl]

....

| Staub^M wischen |
| fegen |
| putzen |
| scheuern/polieren |
| abwischen |
| Staub^M saugen |
| den Boden^M reinigen |
| den Müll/recycelbaren Müll^M rausbringen |

Tierzubehör^N

Leine^F
['laɪnə]

Marke^F
['markə]

Halsband^N
['halsbant]

zweiseitige Bürste^F
['tsvaɪzaɪtɪgə 'bʏrstə]

Krallenschere^F
['kralənʃeːrə]

Napf^M
[napf]

Schaufel^F
['ʃaufəl]

Streu^F
[ʃtrɔy]

Katzenklo^N
['katsənklo]

Transportbox^F
[trans'pɔrtbɔks]

Sitzstange^F
['zɪtsʃtaŋə]

Futterspender^M
['fʊtɐʃpɛndɐ]

Vogelkäfig^M
['foːgəlkɛːfɪç]

Wasserspender^M
['vasɐʃpɛndɐ]

Napf^M
[napf]

Kleintierkäfig^M
['klaɪntiːɐkɛːfɪç]

Heizlampe^F
['haɪtslampə]

Thermometer^N/
Hygrometer^N
[tɛrmoˈmeːtɐ/hyˈgroˈmeːtɐ]

Terrarium^N
[tɛˈraːriʊm]

Fischnetz^N
['fɪʃnɛts]

Luftpumpe^F
['lʊftpʊmpə]

Aquarium^N
[aˈkvaːriʊm]

Werkzeuge N. PL.

Werkzeugkasten M
['vɛrktsɔykkastən]

Maßband N
['maːsbant]

Wasserwaage F
['vasevaːgə]

Sandpapier N
['zantpapiːɐ]

Nagel M
['naːgəl]

Hammer M
['hame]

Schraube F
['ʃraubə]

Schraubendreher M
['ʃraubəndreːɐ]

Zange F
['tsaŋə]

Gripzange F
['grɪptsaŋə]

Spitzzange F
['ʃpɪtstsaŋə]

Unterlegscheiben F
['ʊnteleːkʃaɪbən]

Teppichmesser N
['tɛpɪçmɛse]

Maul-Ringschlüssel M
['maulrɪŋʃlʏsəl]

Rollgabelschlüssel M
['rɔlgaːbalʃlʏsəl]

Mutter F
['mʊte]

Schraubenbolzen M
['ʃraubənbɔltsən]

Werkzeuge^{N, PL}

Akkubohrer^M **und -schrauber**^M
['akubo:rɐ ʊnt 'ʃraubɐ]

elektrische Bohrmaschine^F
[e'lɛktrɪʃə 'bo:rəmaʃi:nə]

Spiralbohrer^M
[ʃpi'ra:lbo:rɐ]

Bohrer^M
['bo:rɐ]

Werkbank^F **mit Schraubstock**^M
['vɛrkbaŋk mɪt 'ʃraupʃtɔk]

Schraubstock^M
['ʃraupʃtɔk]

Schleifmaschine^F
['ʃlaifmaʃi:nə]

Elektrohobel^M
[e'lɛktroho:bəl]

Fuchsschwanz^M
['fʊksʃvants]

Metallsäge^F
[me'talzɛ:gə]

Handkreissäge^F
['hantkraɪszɛ:gə]

Stichsäge^F
['ʃtɪçzɛ:gə]

Oberfräse^F
['o:befrɛ:zə]

Flachfeile^F
['flaxfaɪlə]

Lötkolben^M
['lø:tkɔlbən]

Lötzinn^N
['lø:ttsɪn]

Werkzeuge^{N, PL}

Malerpinsel^M
['maleɐpɪnzəl]

- - - **Wanne**^F
['vanə]

....

Walze^F
- - ['valtsə]

....

Farbroller^M
['farprɔle]

....

Schaber^M
['ʃaːbe]

....

Holz^N [hɔlts]

Brett^N [brɛt]

Sperrholz^N ['ʃpɛrhɔlts]

Spanplatte^F ['ʃpaːnplatə]

Metall^N [me'tal]

Ziegelstein^M ['tsiːgəlʃtaɪn]

Mörtel^M ['mœrtəl]

Stein^M [ʃtaɪn]

Beton^M [be'tɔŋ]

Stahl^M [ʃtaːl]

Dachziegel^M ['daxtsiːgəl]

Fliese^F ['fliːzə]

Kitt^M [kɪt]

Dichtungsmasse^F ['dɪçtʊŋsmasə]

Tapete^F [ta'peːtə]

Farbe^F ['farbə]

Firnis^M ['fɪrnɪs]

Verdünner^M [fɛɐ'dʏne]

Kreppband^N ['krɛpbant]

Schutzplane^F ['ʃʊtsplaːnə]

Klebepistole^F ['kleːbəpɪs'toːlə]

abbeizen

mit Gips^M verputzen

sandstrahlen

anstreichen

nageln/schrauben

anbringen

entfernen

➜ 58-63, 132

Ausziehleiter^F
['austsiːlaɪte]

....

Trittleiter^F
['trɪtlaɪte]

....

Stehleiter^F
['ʃteːlaɪtə]

....

Kartuschenpistole^F
[kar'tʊʃənpɪstoːlə]

....

Leitergerüst^N
['laɪtegərʏst]

....

Garten*M*

Rankgitter*N*
[ˈraŋkɡɪte]

Kletterpflanze*F*
[ˈklɛtepflantsə]

Schuppen*M*
[ˈʃʊpən]

Strauch*M*
[ʃtraux]

Pergola*F*
[ˈpɛrɡola]

Terrasse*F*
[tɛˈrasə]

Teich*M*
[taɪç]

Gartenpavillon*M*
[ˈɡartənpaviljõ]

Hecke*F*
[ˈhɛkə]

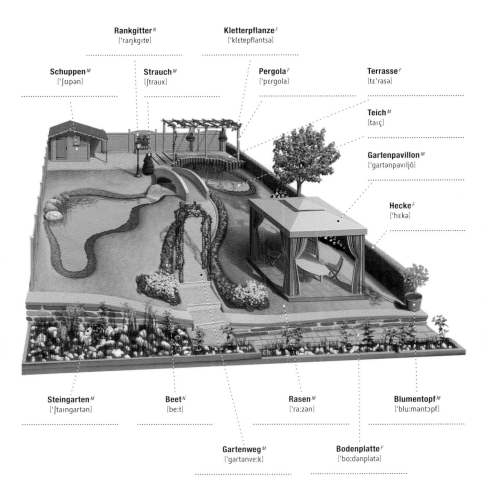

Steingarten*M*
[ˈʃtaɪnɡartən]

Beet*N*
[beːt]

Rasen*M*
[ˈraːzən]

Blumentopf*M*
[ˈbluːməntɔpf]

Gartenweg*M*
[ˈɡartənveːk]

Bodenplatte*F*
[ˈboːdənplatə]

Gartengeräte N. PL.

Kompostkiste F
[kɔmˈpɔstkɪstə]

Schubkarre F
[ˈʃuːpkarə]

Schaufel F
[ˈʃaufəl]

Spaten M
[ˈʃpaːtən]

Grabgabel F
[ˈgraːpgaːbəl]

Jäthacke F
[ˈjɛːthakə]

Rechen M
[ˈrɛçən]

Kantenstecher M
[ˈkantənʃtɛçɐ]

Rasensprenger M
[ˈraːzənʃprɛŋɐ]

Gießbrause F
[ˈgiːsbrauzə]

Gießkanne F
[ˈgiːskanə]

Sprühflasche F
[ˈʃpryːflaʃə]

Gartenschlauch M
[ˈgartənʃlaux]

Ansatzstück N
[ˈanzatsʃtʏk]

Trommel F
[ˈtrɔməl]

Düngerstreuer M
[ˈdʏŋɐʃtrɔyɐ]

Laubharke F
[ˈlaupharkə]

Gartengeräte^{N, PL}

Pflanzkelle^F
['pflantskɛlə]

Pflanzholz^N
['pflantshɔlts]

Baumstütze^F
['baumʃtʏtsə]

Gartenhandschuhe^{M, PL}
['gartənhantʃuːə]

Kettensäge^F
['kɛtənzɛːgə]

Benzinrasenmäher^M
[bɛn'tsiːnraːzənmɛːɐ]

Handmäher^M
['hantmɛːɐ]

Rasentrimmer^M
['raːzəntrɪmɐ]

**elektrische
Heckenschere**^F
[e'lɛktrɪʃə 'hɛkənʃeːrə]

Rosenschere^F
['roːzənʃeːrə]

Treibhaus^N ['traɪphaus]	
Blumenerde^F ['bluːmənʔeːɐdə]	
Dünger^M ['dʏŋɐ]	
Obstbaum^M ['oːpstbaum]	
wohlriechende Pflanze^F ['voːlriːçəndə 'pflantsə]	
Zierpflanze^F ['tsiːɐpflantsə]	
einjährige Pflanze^F ['aɪnjɛːrɪgə 'pflantsə]	
mehrjährige Pflanze^F ['meːɐjɛːrɪgə 'pflantsə]	
Unkraut^N ['ʊnkraut]	
Schädling^M ['ʃɛːtlɪŋ]	
im Garten^M **arbeiten**	
Unkraut^N **jäten**	
pflanzen	
gießen	
(zurück-)schneiden	
harken	
den Rasen^M **mähen**	
eintopfen	

Heckenschere^F
['hɛkənʃeːrə]

Astschere^F
['astʃeːrə]

➜ 58, 272-273, 276-280, 283-285

Gemüse^N

Lauch^M
[laux]

Knoblauchzehe^F
['kno:blaux'tse:ə]

Knoblauch^M
['kno:blaux]

Schalotte^F
[ʃa'lɔtə]

Lauchzwiebel^F
['lauxtsvi:bəl]

Wasserkastanie^F
['vasekasta:niə]

Gemüsezwiebel^F
[gə'my:zətsvi:bəl]

rote Zwiebel^F
['ro:tə 'tsvi:bəl]

Frühlingszwiebel^F
['fry:lıŋstsvi:bəl]

Rote Bete^F
[ro:tə 'be:tə]

Karotte^F
[ka'rɔtə]

Pastinake^F
[pasti'na:kə]

Knollensellerie^{M/F}
['knɔlənzɛlari:]

Radieschen^N
[ra'di:sçən]

Rettich^M
['rɛtıç]

Kohlrübe^F
['ko:lrybə]

Steckrübe^F
['ʃtɛkry:bə]

Gemüse

Kartoffel^F
[kar'tɔfəl]

....

neue Kartoffel^F
['nɔyə kar'tɔfəl]

....

Süßkartoffel^F
['zy:skartɔfəl]

....

Maniok^M
[ma'njɔk]

....

Jamswurzel^F
['jamsvʊrtsəl]

....

Taro^M
['ta:ro]

....

Topinambur^{M/F}
[topinam'bu:ɐ]

....

Jambohne^F
['jambo:nə]

....

Spitze^F
['ʃpɪtsə]

....

Spargel^M
['ʃpargəl]

....

Stangensellerie^{M/F}
['ʃtaŋənzɛləri]

....

Fenchel^M
['fɛnçəl]

....

Kohlrabi^M
[ko:l'ra:bi]

....

Mangold^M
['maŋɔlt]

....

Farnspitze^F
['farnʃpɪtsə]

....

Palmenherz^N
['palmənhɛrts]

....

Rhabarber^M
[ra'barbə]

....

Gemüse^N

Spinat^M
[ʃpiˈnaːt]

Friséesalat^M
[friˈzeːzalaːt]

Romanasalat^M
[roˈmaːnazalaːt]

Eisbergsalat^M
[ˈaɪsbɛrkzalaːt]

Endiviensalat^M
[ɛnˈdiːviənzalaːt]

krauser Endiviensalat^M
[ˈkrauzɐ ɛnˈdiːviənzalaːt]

Radicchio^M
[raˈdɪkioː]

Chicorée^{M/F}
[ˈʃikore]

Rauke^F**/Rucola**^M
[ˈraukə/ˈrukɔla]

Feldsalat^M
[ˈfɛltzalaːt]

Brunnenkresse^F
[ˈbrʊnənkrɛsə]

Gartenkresse^F
[ˈgartənkrɛsə]

Löwenzahn^M
[ˈløːvəntsaːn]

Weinblatt^N
[ˈvaɪnblat]

Garten-Sauerampfer^M
[ˈgartənˈzaueʔampfɐ]

Nessel^F
[ˈnɛsəl]

Gemüse^N

Weißkohl^M
['vaɪskoːl]

Rotkohl^M
['roːtkoːl]

Kohl^M
[koːl]

Wirsing^M
['vɪrzɪŋ]

Rosenkohl^M
['roːzənkoːl]

Grünkohl^M
['gryːnkoːl]

Chinakohl^M
['çiːnakoːl]

Pak-Choi^M
[pak'tʃɔɪ]

Blumenkohl^M
['bluːmənkoːl]

Brokkoli^M
['brɔkoli]

Stengelkohl^M
['ʃtɛŋəlkoːl]

Artischocke^F
[arti'ʃɔkə]

Erbse^F
['ɛrpzə]

grüne Bohne^F
[gryːnə 'boːnə]

Wachsbohne^F
['vaksboːnə]

Maiskolben^M
['maɪskɔlbən]

Fruchtgemüse*N*

Tomate*F*
[to'ma:tə]

Kirschtomate*F*
['kɪrʃtoma:tə]

Gurke*F*
['gʊrkə]

Gewürzgurke*F*
[gə'vvrtsgʊrkə]

Aubergine*F*
['obɛr'ʒi:nə]

roter Paprika*M*
['ro:te 'paprika]

grüner Paprika*M*
['gry:ne 'paprika]

Pfefferschote*F*
['pfɛfeʃo:tə]

Zucchini*F*
[tsʊ'ki:ni:]

Okraschote*F*
['ɔkraʃo:tə]

Kern*M*
[kɛrn]

Avocado*F*
[avo'ka:do]

Olive*F*
[o'li:va]

Eichelkürbis*M*
['aıçəlkvrbıs]

Spaghettikürbis*M*
[ʃpa'gɛtikvrbıs]

Butternusskürbis*M*
['bʊtenʊskvrbıs]

Kürbis*M*
['kvrbıs]

Pilze^{M, PL} und Algen^{F, PL}

Zuchtchampignon^M
['tsʊxtʃampɪnjɔŋ]

Riesenchampignon^M
['ri:zənʃampɪnjɔŋ]

Austernpilz^M
['austenpɪlts]

Shiitake^M
[ʃi'ta:kə]

Pfifferling^M
['pfɪfelɪŋ]

Steinpilz^M
['ʃtaɪnpɪlts]

Morchel^F
['mɔrçəl]

Trüffel^F
['trʏfəl]

Meersalat^M
['me:ezala:t]

Nori^N
['no:ri]

Zwiebelgemüse^N	['tsvi:bəlgəmy:zə]
Wurzelgemüse^N	['vʊrtsəlgəmy:zə]
Knollengemüse^N	['knɔləngəmy:zə]
Stangengemüse^N	['ʃtaŋəngəmy:zə]
Blattgemüse^N	['blatgəmy:zə]
blühendes Gemüse^N	['bly:əndəs gə'my:zə]
frisches Gemüse^N	['frɪʃəs gə'my:zə]
Gemüse^N **aus der Dose**^F	[gə'my:zə aus de:e 'do:zə]
tiefgefrorenes Gemüse^N	['ti:fgəfro:rənəs gə'my:zə]
rohes Gemüse^N	['ro:əs gə'my:zə]
gekochtes Gemüse^N	[gə'kɔxtəs gə'my:zə]
püriertes Gemüse^N	[py'ri:etəs gə'my:zə]
sautiertes Gemüse^N	[zau'ti:etəs gə'my:zə]
gegrilltes Gemüse^N	[gə'grɪltəs gə'my:zə]
gefülltes Gemüse^N	[gə'fʏltəs gə'my:zə]
Gemüse^N **der Saison**	[gə'my:zə de:e zɛ'zõ:]
Bio-Gemüse^N	['bio:gəmy:zə]
Sprosse^F	['ʃprɔsə]

Hijiki^F
[hi'dʒiki]

Braunalge^F
['braun?algə]

➜ 58, 77–79, 124–127, 136

Obst^N

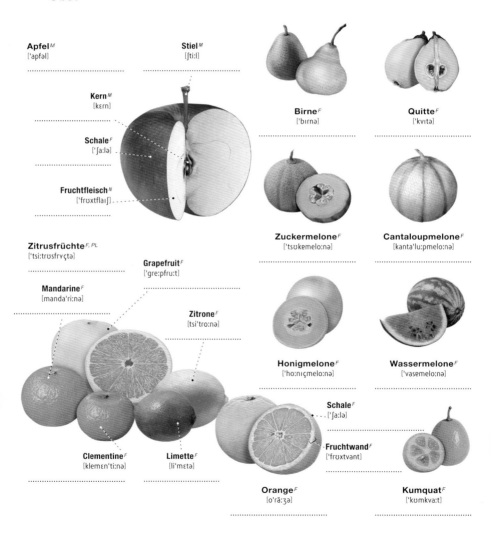

Apfel^M
['apfəl]

Stiel^M
[ʃtiːl]

Kern^M
[kɛrn]

Schale^F
['ʃaːlə]

Fruchtfleisch^N
['frʊxtflaɪʃ]

Zitrusfrüchte^{F, PL}
['tsiːtrʊsfrʏçtə]

Grapefruit^F
['greːpfruːt]

Mandarine^F
[mandaˈriːnə]

Zitrone^F
[tsiˈtroːnə]

Clementine^F
[klemɛnˈtiːnə]

Limette^F
[liˈmɛtə]

Orange^F
[oˈrãːʒə]

Birne^F
['bɪrnə]

Quitte^F
['kvɪtə]

Zuckermelone^F
['tsʊkemeloːnə]

Cantaloupmelone^F
[kantaˈluːpmeloːnə]

Honigmelone^F
['hoːnɪçmeloːnə]

Wassermelone^F
['vasemeloːnə]

Schale^F
['ʃaːlə]

Fruchtwand^F
['frʊxtvant]

Kumquat^F
['kʊmkvaːt]

Obst*N*

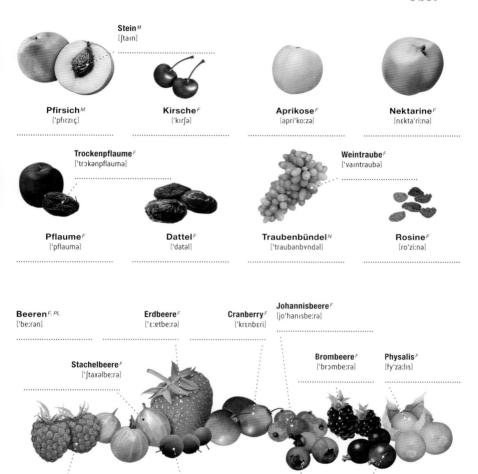

Stein*M*
[ʃtaɪn]

Pfirsich*M*
[ˈpfɪrzɪç]

Kirsche*F*
[ˈkɪrʃə]

Aprikose*F*
[apriˈkoːzə]

Nektarine*F*
[nɛktaˈriːnə]

Trockenpflaume*F*
[ˈtrɔkənpflaumə]

Weintraube*F*
[ˈvaɪntraubə]

Pflaume*F*
[ˈpflaumə]

Dattel*F*
[ˈdatəl]

Traubenbündel*N*
[ˈtraubənbʏndəl]

Rosine*F*
[roˈziːnə]

Beeren*F, PL*
[ˈbeːrən]

Erdbeere*F*
[ˈɛːetbeːrə]

Cranberry*F*
[ˈkrɛnbɛri]

Johannisbeere*F*
[joˈhanɪsbeːrə]

Stachelbeere*F*
[ˈʃtaxəlbeːrə]

Brombeere*F*
[ˈbrɔmbeːrə]

Physalis*F*
[fyˈzaːlɪs]

Himbeere*F*
[ˈhɪmbeːrə]

Heidelbeere*F*
[ˈhaɪdəlbeːrə]

Kulturheidelbeere*F*
[kʊlˈtuːehaɪdəlbeːrə]

Schwarze Johannisbeere*N*
[ˈʃvartsə joˈhanɪsbeːrə]

tropische Früchte *F. PL*

Schale *F*
['ʃaːlə]

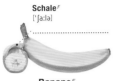

Banane *F*
[ba'naːnə]

Ananas *F*
['ananas]

Papaya *F*
[pa'paːja]

Mango *F*
['maŋɡo]

getrocknete Feige *F*
[ɡə'trɔknətə 'faɪɡə]

Feige *F*
['faɪɡə]

Kiwi *F*
['kiːvi]

Granatapfel *M*
[ɡra'naːtʔapfəl]

Chirimoya *F*
[tʃiri'moːja]

Kaktusfeige *F*
['kaktʊsfaɪɡə]

Passionsfrucht *F*
[pa'sjoːnsfrʊxt]

Drachenfrucht *F*
['draxənfrʊxt]

Sternfrucht *F*
['ʃtɛrnfrʊxt]

Litschi *F*
['lɪtʃi]

Guave *F*
[ɡu'aːvə]

Mangostane *F*
[maŋɡɔs'taːnə]

Kaki *F*
['kaːki]

Nüsse^{F, PL}

Kokosnuss^F
['ko:kɔsnʊs]

Schale^F
['ʃa:lə]

Walnuss^F
['va:lnʊs]

Pekannuss^F
['pe:kannʊs]

Haselnuss^F
['ha:zəlnʊs]

Mandel^F
['mandəl]

Paranuss^F
['pa:ranʊs]

Esskastanie^F/**Marone**^F
['ɛskasta:nie/ma'ro:nə]

Pistazie^F
[pɪs'ta:tsiə]

Cashewkern^M
['kɛʃjukɛrn]

Macadamianuss^F
[maka'da:mianʊs]

Pinienkern^M
['pi:niənkɛrn]

Erdnuss^F
['e:ɐtnʊs]

reife Frucht^F ['raɪfə 'frʊxt]

grünes Obst^N ['gry:nəs 'o:pst]

fauliges Obst^N ['faulıgəs 'o:pst]

saftiges Obst^N ['zaftıgəs 'o:pst]

knackiges Obst^N ['knakıgəs 'o:pst]

süßes Obst^N ['zy:səs 'o:pst]

Kernobst^N ['kɛrnʔo:pst]

kernloses Obst^N ['kɛrnlo:zəs 'o:pst]

geschältes Obst^N [gə'ʃɛːltəs 'o:pst]

frisches Obst^N ['frıʃəs 'o:pst]

Saisonobst^N [zɛ'zõ:ʔo:pst]

getrocknetes Obst^N [gə'trɔknətəs 'o:pst]

kandierte Frucht^F [kan'di:ɐtə frʊxt]

unbehandelte Nüsse^{F, PL}
['ʊnbəhandəltə 'nʏsə]

gesalzene Nüsse^{F, PL} [gə'zaltsənə 'nʏsə]

geröstete Nüsse^{F, PL} [gə'rœstətə 'nʏsə]

geschälte Nüsse^{F, PL} [gə'ʃɛːltə 'nʏsə]

↝ 111-112, 127, 136

Hülsenfrüchte^F

Linse^F
['lɪnzə]

Saubohne^F
['zaubo:nə]

Schälerbse^F
['ʃɛ:lʔɛrpzə]

Kichererbse^F
['kɪçəʔɛrpzə]

Lupine^F
[lu'pi:nə]

schwarzäugige Bohne^F
['ʃvartsʔɔygɪgə 'bo:nə]

Flageolet-Bohne^F
[flaʒo'lɛtbo:nə]

Limabohne^F
['li:mabo:nə]

schwarze Bohne^F
['ʃvartsə 'bo:nə]

rote Kidneybohne^F
['ro:tə 'kɪtnibo:nə]

Mungobohne^F
['mʊŋgobo:nə]

Adzukibohne^F
[a'tsu:kibo:nə]

Sojabohnensprosse^F
['zo:jabo:nənʃprɔsə]

Luzerne^F
[lu'tsɛrnə]

Sojabohnen^{F, PL}
['zo:jabo:nən]

Tofu^M
['to:fu]

Samen*M, PL* und Getreide*N*

Sonnenblumenkern*M*
['zɔnənbluːmənkɛrn]

Leinsamen*M*
['laɪnzaːmən]

Sesam*M*
['zeːzam]

Kürbiskern*M*
['kʏrbɪskɛrn]

Weizen*M*
['vaɪtsən]

Dinkel*M*
['dɪŋkəl]

Hafer*M*
['haːfɐ]

Gerste*F*
['gɛrstə]

Mais*M*
[maɪs]

Hirse*F*
['hɪrzə]

Roggen*M*
['rɔgən]

Buchweizen*M*
['buːxvaɪtsən]

Reis*M*
[raɪs]

Wildreis*M*
['vɪltraɪs]

Amarant*M*
[amaˈrant]

Quinoa*F*
[kiˈnoa]

Getreideprodukte^{N, PL}

Haushaltsmehl^N
['haushaltsmeːl]

Vollkornmehl^N
['fɔlkɔrnmeːl]

Couscous^N
['kʊskʊs]

Paniermehl^N
[paˈniːemeːl]

Weißbrot^N
['vaɪsbroːt]

Vollkornbrot^N
['fɔlkɔrnbroːt]

Mehrkornbrot^N
['meːekɔrnbroːt]

dunkles Roggenbrot^N
['dʊŋkləs 'rɔgənbroːt]

Baguette^N
[baˈgɛt]

Tortilla^F
[tɔr'tilja]

Kastenbrot^N **in Scheiben**
['kastənbroːt ɪn ʃaɪbən]

Bauernbrot^N
['bauənbroːt]

Pitabrot^N
['pɪtabroːt]

Knäckebrot^N
['knɛkəbroːt]

Bagel^M
['beɪgəl]

Croissant^N
[kroaˈsãː]

Teigwaren^{F, PL} und Nudeln^{F, PL}

Spaghetti^{PL}
[ʃpa'gɛti]

Lasagneblätter^{N, PL}
[la'zanjəblɛtɐ]

Ravioli^{PL}
[ra'vio:li]

Tortellini^{PL}
[tɔrtə'li:ni]

Fettuccine^{PL}
[fɛtu'tʃi:nə]

Penne^{PL}
['pɛnə]

Fusilli^{PL}/**Spirelli**^{PL}
[fu'zıli/ʃpi'rɛli]

Gnocchi^{PL}
['njɔki]

Schote^F ['ʃo:tə]	
Keim^M [kaɪm]	
Korn^N [kɔrn]	
ganzes Korn^N ['gantsəs kɔrn]	
glutenfreies Mehl^N [glu'te:nfraɪəs 'me:l]	
Hefe^F ['he:fə]	
Teig^M [taɪk]	
Brotlaib^M ['bro:tlaɪp]	
geschnittenes Brot^N [gə'ʃnɪtənəs 'bro:t]	
Schwarzbrot^N ['ʃvartsbro:t]	
schwedisches Fladenbrot^N ['ʃve:dɪʃəs 'fla:dənbro:t]	

Chow-Mein-Nudeln^{F, PL}
[ʃau'maɪnnu:dəln]

Reisnudeln^{F, PL}
['raɪsnu:dəln]

Naan^N [na:n]
enthülsen
zerkleinern
sieben
mischen
kneten
backen

Glasnudeln^{F, PL}
['gla:snudəln]

Filo^M
['fi:lo]

➔ 107-111, 136

Fisch*M*

Forelle*F*
[foˈrɛlə]

Zander*M*
[ˈtsande]

Tilapia*M*
[tiˈlaːpia]

Karpfen*M*
[ˈkarpfən]

Aal*M*
[aːl]

atlantischer Lachs*M*
[atˈlantɪʃe ˈlaxs]

Schellfisch*M*
[ˈʃɛlfɪʃ]

Kabeljau*M*
[ˈkaːbəljau]

Seelachs*M*
[ˈzeːlaxs]

Wolfsbarsch*M*
[ˈvɔlfsbarʃ]

Goldbrasse*F*
[ˈgɔltbrasə]

Rote Meerbarbe*F*
[roːtə ˈmeːebarbə]

Seeteufel*M*
[ˈzeːtɔyfəl]

Seezunge*F*
[ˈzeːtsʊŋə]

Scholle*F*
[ˈʃɔlə]

Heilbutt*M*
[ˈhaɪlbʊt]

Fisch[M]

Sardelle[F]/Anchovis[F]
[zar'dɛlə/an'ço:vɪs]

Hering[M]
['he:rɪŋ]

Sardine[F]
[zar'di:nə]

Makrele[F]
[ma'kre:lə]

Thunfisch[M]
['tu:nfɪʃ]

Schwertfisch[M]
['ʃve:etfɪʃ]

Rochen[M]
['rɔxən]

Kaviar[M]
['ka:viar]

Fischgeschäft[N] ['fɪʃgəʃɛft]
Gräte[F] ['grɛ:tə]
Schwanz[M] [ʃvants]
Schale[F] [ʃa:lə]
Salzwasserfisch[M] ['zaltsvasefɪʃ]
Süßwasserfisch[M] ['zy:svasefɪʃ]
frischer Fisch[M] ['frɪʃe 'fɪʃ]
tiefgefrorener Fisch[M] ['ti:fgəfro:rəne 'fɪʃ]
gepökelter Fisch[M] [gə'pø:kəlte 'fɪʃ]
marinierter Fisch[M] [mari'ni:ete 'fɪʃ]
gebratener/gegrillter/pochierter Fisch[M] [gə'bra:təne/gə'grɪlte/pɔ'ʃi:ete 'fɪʃ]

entschalen/ausnehmen
säubern
den Kopf[M]**/die Haut**[F] **entfernen**
abschuppen
filetieren

➜ 123-127, 136

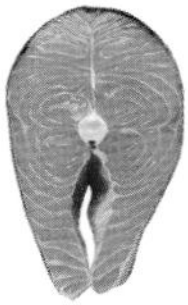

Fischsteak[N]
['fɪʃste:k]

Filet[N]
[fi'le:]

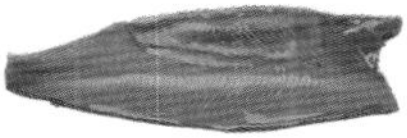

Räucherfisch[M]
['rɔyçefɪʃ]

Dosenfisch[M]
['do:zənfɪʃ]

Schalentiere^{N, PL} und Weichtiere^{N, PL}

Garnele^F
[gar'ne:lə]

Krabbe^F
['krabə]

Hummer^M
['hʊme]

Flusskrebs^M
['flʊskreps]

Kaisergranat^M
['kaɪzegrana:t]

Tintenfisch^M
['tɪntənfɪʃ]

Kalmar^M
['kalmar]

Krake^M
['kra:kə]

Miesmuschel^F
['mi:smʊʃəl]

Auster^F
['auste]

Kammmuschel^F
['kammʊʃəl]

Jakobsmuschel^F
['ja:kɔpsmʊʃəl]

Venusmuschel^F
['ve:nʊsmʊʃəl]

Herzmuschel^F
['hɛrtsmʊʃəl]

Wellhornschnecke^F
['vɛlhɔrnʃnɛkə]

Schnecke^F
['ʃnɛkə]

Fleisch^N

Rindfleisch^N
['rɪntflaɪʃ]

Kalbfleisch^N
['kalpflaɪʃ]

Lammfleisch^N
['lamflaɪʃ]

Schweinefleisch^N
['ʃvaɪnəflaɪʃ]

Steak^N
[steːk]

Braten^M
['braːtən]

Kotelett^N
['kɔtlɛt]

Filet^N
[fiˈleː]

Hackfleisch^N
['hakflaɪʃ]

Schinken^M
['ʃɪŋkən]

Bacon^M/**Speck**^M
['beːkən/ʃpɛk]

Wurst^F
[vʊrst]

Fleischwaren^{F, Pl.} ['flaɪʃvaːrən]	
rotes/weißes Fleisch^N ['roːtəs/'vaɪsəs 'flaɪʃ]	
Bio-Fleisch^N ['biːoflaɪʃ]	
mariniertes Fleisch^N [mari'niːertəs 'flaɪʃ]	
gegrilltes Fleisch^N [gə'grɪltəs 'flaɪʃ]	
gebratenes Fleisch^N [gə'braːtənəs 'flaɪʃ]	
geschmortes Fleisch^N [gə'ʃmoːetəs 'flaɪʃ]	
Räucherfleisch^N ['rɔʏçeflaɪʃ]	
Trockenfleisch^N ['trɔkənflaɪʃ]	
Medaillon^N [medal'jõː]	
Scheibe^F ['ʃaɪbə]	
Wie möchten Sie Ihr Fleisch?	
roh	
blutig	
rosa	
medium	
durch	

➜ 123-127, 136, 257

Geflügel*ᴺ* und Eier*ᴺ, ᴾᴸ*

Huhnᴺ
[huːn]

Brustᶠ
[brʊst]

Schenkelᴹ
[ˈʃɛŋkəl]

Flügelᴹ
[ˈflyːgəl]

Puteᶠ
[ˈpuːtə]

Enteᶠ
[ˈɛntə]

Gansᶠ
[gans]

Wachtelᶠ
[ˈvaxtəl]

Eierkarton *ᴹ* [ˈaɪekartɔn]

Spiegelei *ᴺ* [ˈʃpiːgəlʔaɪ]

gewendetes Spiegelei *ᴺ*
[gəˈvɛndətəs ˈʃpiːgəlʔaɪ]

weiches Ei *ᴺ* [ˈvaɪçəs ˈaɪ]

hartes Ei *ᴺ* [ˈhartəs ˈaɪ]

Rührei *ᴺ* [ˈryːeʔaɪ]

pochiertes Ei *ᴺ* [pɔˈʃiːetəs ˈaɪ]

Federwild *ᴺ* [ˈfeːdevɪlt]

Perlhuhn *ᴺ* [ˈpɛrlhuːn]

Fasan *ᴹ* [faˈzaːn]

Rebhuhn *ᴺ* [ˈreːphuːn]

ausgelöstes Huhn *ᴺ* [ˈausgəlœstəs ˈhuːn]

frittiertes Huhn *ᴺ* [frɪˈtiːetəs ˈhuːn]

gebratenes Huhn *ᴺ* [gəˈbraːtənəs huːn]

Hähnchenbrust *ᶠ* [ˈhɛːnçənbrʊst]

Füllung *ᶠ* [ˈfʏlʊŋ]

Freilandhaltung *ᶠ*

mit/ohne Haut *ᶠ*

Hühnereiᴺ
[ˈhyːneʔaɪ]

Wachteleiᴺ
[ˈvaxtəlʔaɪ]

Schaleᶠ
[ˈʃaːlə]

Eigelbᴺ
[ˈaɪgɛlp]

Eiweißᴺ
[ˈaɪvaɪs]

➤ 108-109, 123-127, 136

Milchprodukte^{N. PL.}

Milch^F
[mɪlç]

Milchpulver^N
['mɪlçpʊlve]

Sahne^F
['zaːnə]

saure Sahne^F
[zaurə 'zaːnə]

Buttermilch^F
['bʊtemɪlç]

Ghee^N
[giː]

Butter^F
['bʊte]

Margarine^F
[marga'riːnə]

Naturjoghurt^{M/N}
[na'tuːɐjogʊrt]

Fruchtjoghurt^{M/N}
['frʊxtjogʊrt]

Kuhmilch^F ['kuːmɪlç]	
Ziegenmilch^F ['tsiːɡənmɪlç]	
Schafsmilch^F ['ʃaːfsmɪlç]	
Vollmilch^F ['fɔlmɪlç]	
halbfette Milch^F ['halpfɛtə 'mɪlç]	
Magermilch^F ['maːɡemɪlç]	
Rohmilch^F ['roːmɪlç]	
pasteurisierte Milch^F [pastøri'ziːɐtə 'mɪlç]	
Kondensmilch^F [kɔn'dɛnsmɪlç]	
homogenisierte Milch^F [homogeni'ziːɐtə 'mɪlç]	
saure Milch^F ['zaurə 'mɪlç]	
Molke^F ['mɔlkə]	
Sojamilch^F ['zoːjamɪlç]	
Mandelmilch^F ['mandəlmɪlç]	
Crème^F **fraîche** [krɛːm 'frɛʃ]	
Schlagsahne^F ['ʃlaːkzaːnə]	
mit/ohne Laktose^F	

Kefir^M
['keːfɪr]

Eis^N
['aɪs]

Käsesorten^F, PL

Hüttenkäse^M
['hʏtənkɛːzə]

Rahmkäse^M
['raːmkɛːzə]

Mozzarella^M
[mɔtsa'rɛla]

Ricotta^M
[ri:'kɔta]

Brie^M
[bri:]

Camembert^M
['kaməmbɛːe]

Feta^M
['fe:ta]

Ziegenkäse^M
['tsiːɡənkɛːzə]

Parmesan^M
[parme'zaːn]

Emmentaler^M
['ɛməntaːle]

Raclettekäse^M
['raklɛtkɛːzə]

Cheddar^M
['tʃɛde]

Gouda^M
['ɡauda]

Gorgonzola^M
[ɡɔrɡɔn'tsoːla]

geriebener Käse^M [ɡə'riːbəne 'kɛːzə]	
Streichkäse^M ['ʃtraiçkɛːzə]	
Käse^M **in Scheiben**^F, PL ['kɛːzə ɪn 'ʃaibən]	
Rinde^F ['rɪndə]	
Weichkäse^M ['vaiçkɛːzə]	
Hartkäse^M ['hartkɛːzə]	
Blauschimmelkäse^M ['blauʃɪməlkɛːzə]	
Rohmilchkäse^M ['roːmɪlçkɛːzə]	

➔ 124-127, 136

Kräuter^{N, PL}

Petersilie^F
[peːtɐˈziːliə]

Basilikum^N
[baˈziːlikʊm]

Thymian^M
['tyːmian]

Schnittlauch^M
['ʃnɪtlaux]

Estragon^M
['ɛstragɔn]

Rosmarin^M
['roːsmariːn]

Oregano^M
[oˈreːgano]

Majoran^M
['maːjoran]

Minze^F
['mɪntsə]

Koriander^M
[koˈriande]

Lorbeer^M
['lɔrbeːɐ]

Salbei^M
['zalbaɪ]

Dill^M
[dɪl]

Fenchel^M
['fɛnçal]

Zitronenmelisse^F
[tsiˈtroːnənmelɪsə]

Zitronengras^N
[tsiˈtroːnəngraːs]

Gewürze N. PL.

schwarzer Pfeffer M
['ʃvartsɐ 'pfɛfɐ]

....

gemahlener Pfeffer M
[gə'ma:lənɐ 'pfɛfɐ]

....

Kreuzkümmel M
['krɔytskʏməl]

....

Kurkuma F
['kʊrkuma]

....

Cayennepfeffer M
[ka'jɛnpfɛfɐ]

....

getrockneter Chili M
[gə'trɔknətɐ 'tʃi:li]

....

zerstoßener Chili M
[tsɛɐ'ʃto:sənə 'tʃi:li]

....

frischer Chili M
['frɪʃɐ 'tʃi:li]

....

Paprikagewürz N
['paprikagəvʏrts]

....

Chilipulver N
['tʃi:lipʊlvɐ]

....

**Cajun-
Gewürzmischung** F
[ka'ʒœ:gə'vʏrtsmɪʃʊŋ]

....

Jamaikapfeffer M
[ja'maɪkapfɛfɐ]

....

Curry M
['kœri]

....

Garam Masala N
['garam ma'sa:la]

....

Fünf-Gewürze-Pulver N
[fʏnfgə'vʏrtsəpʊlvɐ]

....

Mariniergewürze N
[mari'ni:ɐgəvʏrtsə]

....

Gewürze^{N, PL}

Sternanis^M
['ʃtɛrnʔaniːs]

Muskatnuss^F
[mʊsˈkaːtnʊs]

Muskatblüte^F
[mʊsˈkaːtblyːtə]

Schote^F
[ˈʃoːtə]

Vanille^F
[vaˈnɪlə]

Ingwer^M
[ˈɪŋvɐ]

Kardamom^{M/N}
[kardaˈmoːm]

Mohnsamen^M
[ˈmoːnzaːmən]

Zimtstangen^M
[ˈtsɪmtʃtaŋən]

Gewürznelke^F
[gəˈvʏrtsnɛlkə]

Wacholderbeere^F
[vaˈxɔldebeːrə]

schwarze Senfkörner^{N, PL}
[ˈʃvartsə ˈzɛnfkœrnɐ]

weiße Senfkörner^{N, PL}
[vaɪsə ˈzɛnfkœrnɐ]

Koriandersamen^{M, PL}
[koˈriandeza:mən]

Bockshornkleesamen^M
[ˈbɔkshɔrnkleːˈzaːmən]

Kümmel^M
[ˈkʏməl]

Safran^M
[ˈzafraːn]

Öle^{N, PL}, Soßen^{F, PL} und Gewürze^{N, PL}

Olivenöl^N
[oˈliːvənˌʔøːl]

....

Erdnussöl^N
[ˈeːɐtnʊsˌʔøːl]

....

Sonnenblumenöl^N
[ˈzɔnənbluːmənˌʔøːl]

....

Sesamöl^N
[ˈzeːzamˌʔøːl]

....

weißer Essig^M
[ˈvaɪsɐ ˈʔɛsɪç]

....

Apfelessig^M
[ˈapfəlˌʔɛsɪç]

....

Weinessig^M
[ˈvaɪnˌʔɛsɪç]

....

Balsamessig^M
[ˈbalzaːmˌʔɛsɪç]

....

milder Senf^M
[ˈmɪldɐ ˈzɛnf]

....

scharfer Senf^M
[ˈʃarfɐ ˈzɛnf]

....

Dijon-Senf^M
[diˈʒõːzɛnf]

....

Senf^M **mit ganzen Körnern**^{N, PL}
[ˈzɛnf mɪt ˈgantsən ˈkœrnen]

....

Tafelsalz^N
[ˈtaːfəlzalts]

....

grobes Salz^N
[groːbəs ˈzalts]

....

Meersalz^N
[ˈmeːɐzalts]

....

Vanille-Extrakt^M
[vaˈnɪləˌʔɛkstrakt]

....

Öle N, PL, Soßen F, PL und Gewürze N, PL

Mayonnaise F
[majo'ne:zə]

Ketchup M
['kɛtʃap]

scharfe Soße F
[ʃarfə 'zo:sə]

Sojasoße F
['zo:jazo:sə]

Relishwürze F
['rɛlɪʃvʏrtsə]

Chutney N
['tʃatni]

Hummus M
['hamas]

Kapern F, PL
['ka:pen]

Wasabipaste F
[va'za:bipastə]

Meerrettich M
['me:ɛrɛtɪç]

Pflanzenöl N ['pflantsən?ø:l]	
Kokosöl N ['ko:kɔs?ø:l]	
Traubenkernöl N ['traubənkɛrn?ø:l]	
Nussöl N ['nas?ø:l]	
Sojaöl N ['zo:ja?ø:l]	
Rapsöl N ['raps?ø:l]	
Maisöl N ['mais?ø:l]	
Malzessig M ['malts?ɛsɪç]	
Reisessig M ['rais?ɛsɪç]	
Würze F ['vʏrtsə]	
Vinaigrette F [vi:nɛ'grɛt]	
Tomatenmark N [to'ma:tənmark]	
passierte Tomaten F, PL [pa'si:ɛtə to'ma:tən]	
Harissapaste F [ha'rɪsapastə]	
Marinade F [mari'na:də]	
würzen	

Misopaste F
['mi:zopastə]

Tamarindenpaste F
[tama'rɪndənpastə]

➜ 126-127, 136

Zucker^M und Schokolade^F

Kristallzucker^M
[krɪsˈtaltsʊkɐ]

Puderzucker^M
[ˈpuːdetsʊkɐ]

brauner Zucker^M
[ˈbraʊnɐ ˈtsʊkɐ]

Honig^M
[ˈhoːnɪç]

Melasse^F
[meˈlasə]

Maissirup^M
[ˈmaɪszirʊp]

Ahornsirup^M
[ˈaːhɔrnzirʊp]

Johannisbrot^N
[joˈhanɪsbroːt]

Essenz^F [ɛˈsɛnts]
Likör^M [liˈkøːɐ]
Püree^N [pyˈreː]
Karamell^M/N [karaˈmɛl]
Vanillinzucker^M [vanɪˈliːntsʊkɐ]
Kandiszucker^M [ˈkandɪstsʊkɐ]
Backpulver^N [ˈbakpʊlvɐ]
Hefe^F [ˈheːfə]
Natron^N [ˈnaːtrɔn]
Pfeilwurz^M [ˈpfaɪlvʊrts]
Weinstein^M [ˈvaɪnʃtaɪn]
Maisstärke^F [ˈmaɪsʃtɛrkə]
Fett^N [fɛt]
Speisefett^N [ˈʃpaɪzəfɛt]
Schweinespeck^M [ˈʃvaɪnəʃpɛk]
Gelee^N [ʒeˈleː]
Speisegelatine^F [ˈʃpaɪzəʒelaˈtiːnə]
Speisefarbe^F [ˈʃpaɪzəfarbə]

➤ 99, 126-127

Kakao^M
[kaˈkau]

Bitterschokolade^F
[ˈbɪtɐʃokolaːdə]

Milchschokolade^F
[ˈmɪlçʃokolaːdə]

weiße Schokolade^F
[ˈvaɪsə ʃokolaːdə]

Frühstück^N

Brot^N
[bro:t]

Toastbrot^N
['to:stbro:t]

Bagel^M
['beɪɡəl]

Gebäck^N
[ɡə'bɛk]

Butter^F
['bʊtɐ]

Marmelade^F
[marmə'la:də]

Joghurt^{M/N}
['jo:ɡʊrt]

frische Früchte^{F, PL}
[frɪʃə 'frʏçtə]

Zerealien^{F, PL}/
Frühstücksflocken^{F, PL}
[tsere'a:liən/'fry:ʃtyksflɔkən]

Milch^F
[mɪlç]

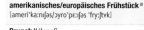

amerikanisches/europäisches Frühstück^N
[ameri'ka:nɪʃəs/ɔyro'pɛ:ɪʃəs 'fry:ʃtyk]

Brunch^M [branʃ]	
Büfett^N [bʊ'fe:]	
Grütze^F ['ɡrʏtsə]	
Müsli^N ['my:sli]	
Kompott^M [kɔm'pɔt]	
Zwieback^M ['tsvi:bak]	
Brioche^F [bri'ɔʃ]	
Schokocroissant^N ['ʃo:kokroa'sã:]	
Waffel^F ['vafəl]	
dünner Pfannkuchen^M ['dʏnɐ 'pfanku:xən]	
Aufstrich^M ['aufʃtrɪç]	
Erdnussbutter^F ['e:ɐtnʊsbʊtɐ]	
(Wurst)Aufschnitt^M ['('vʊrst)'aufʃnɪt]	
Tee^M [te:]	
heiße Schokolade^F ['haɪsə ʃoko'la:də]	

Kaffee^M
['kafe]

Orangensaft^M
[o'rã:ʒənzaft]

➤ 86–89, 92, 98, 100, 109, 124–127, 136

Gerichte^{N, PL}

Suppe^F
['zʊpə]

Sandwich^N
['zɛntvɪtʃ]

Salat^M
[za'la:t]

Vinaigrette^F
[vinɛ'grɛt]

Ragout^N
[ra'gu:]

Hamburger^M
['hambʊrge]

Hotdog^{M/N}
['hɔtdɔk]

Pommes^{PL} **frites**
[pɔm 'frɪt]

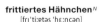

Soße^F
['zo:sə]

frittiertes Hähnchen^N
[frɪ'ti:etəs 'hɛ:nçən]

Kanapee^N ['kanape]	
Blätterteiggebäck^N ['blɛtetaɪkɡəbɛk]	
Käse^M **im Blätterteig**^M ['kɛ:zə ɪm 'blɛtetaɪk]	
Zwiebelring^M ['tsvi:bəlrɪŋ]	
frittierte Hähnchenteile^{N, PL} [frɪ'ti:etə 'hɛ:nçəntaɪlə]	
Hähnchenflügel^M ['hɛ:nçənfly:ɡəl]	
Frikadelle^F [frika'dɛlə]	
Spareribs^{PL} ['spɛ:ərɪbz]	
Croque^M **Monsieur** [krɔk mə'sjø:]	
Fisch^M **mit Pommes frites** ['fɪʃ mɪt pɔm 'frɪt]	
chinesische Ravioli^{PL} [çi'ne:zɪʃə ra'vio:li]	
Frühlingsrolle^F ['fry:lɪŋsrɔlə]	
Nachos^{PL} ['natʃos]	
Tortilla^F [tɔr'tɪlja]	
Taco^M ['tako]	
Chili^N **con Carne** ['tʃi:li kɔn 'karnə]	
vorgekochtes Essen^N ['fo:eɡəkɔxtəs 'ʔɛsən]	
Lieferservice^M ['li:fesœervɪs]	
ein Gericht^N **aufwärmen**	

Putenbraten^M
['pu:tənbra:tən]

Steak^N
[ste:k]

Gerichte N, PL

Wrap M
[ræp]

Fleischpastete F
['flaɪʃpastetə]

Quiche F
[ki:ʃ]

Omelett N
['ɔmlɛt]

Sushi N
['zu:ʃi]

Reis M
[raɪs]

Curry N
['kœri]

Kebabspieß M
['ke:bapʃpi:s]

Bouillon F [bʊl'jɔŋ]

Eintopf M ['aɪntɔpf]

Püree N [py're:]

Tatar M [ta'ta:ɐ]

Gebratenes N [gə'bra:tənəs]

Gratin M/N [gra'tɛ̃:]

Soufflé N [zu'fle:]

Lasagne F [la'zanja]

Fondue N [fõ'dy:]

Raclette N ['raklɛt]

Couscous N ['kʊskʊs]

Paella F [pa'ɛlja]

Aufschnittteller M ['aʊfʃnɪttɛlɐ]

Sauerkraut N ['zaʊɐkraʊt]

vegetarisches Gericht N
[vege'ta:rɪʃəs gə'rɪçt]

veganes Gericht N [ve'ga:nəs gə'rɪçt]

Gourmetgericht N [gʊr'me:gərɪçt]

➔ 123-127

Nudeln F, PL
['nu:dəln]

Pizza F
['pɪtsa]

panierter Fisch M
[pa'ni:ɐte 'fɪʃ]

Meeresfrüchteplatte F
['me:rəsfrʏçtəplatə]

Imbiss^M und Nachtisch^M

Rohkost^F
['ro:kɔst]

Dip^M
[dɪp]

Tortillachips^{PL}
[tɔr'tɪljatʃɪps]

Salsa^F
['zalsa]

Oliven^{F, PL}
[o'li:vən]

Nussmischung^F
['nʊsmɪʃʊŋ]

Chips^{PL}
[tʃɪps]

Popcorn^N
['pɔpkɔrn]

Brezel^F
['bre:tsəl]

Knäckebrot^N
['knɛkəbro:t]

Madeleine^F
[mad'lɛ:n]

Keks^M
['ke:ks]

Müsliriegel^M
['my:sliri:gəl]

Schokoriegel^M
['ʃo:kori:gəl]

Bonbon^{M/N}
[bɔŋ'bɔŋ]

Kaugummi^{M/N}
['kaugʊmi]

Imbiss*M* und Nachtisch*M*

Obstsalat*M*
['o:pstzala:t]

Muffin*M*
['mafɪn]

Torte*F*
['tɔrtə]

Kuchen*M*
['ku:xən]

Mousse*F*
[muːs]

Eiswaffel*F*
['aɪsvafəl]

Fruchteis*N*
['frʊxtʔaɪs]

Milchshake*M*
['mɪlçʃeɪk]

Butterkeks *M* ['bʊteke:ks]

Törtchen *N* ['tœrtçən]

Brownie *M* ['braʊni]

Tiramisu *N* [tirami'zu:]

Käsekuchen *M* ['kɛ:zəku:xən]

Obstkuchen *M* ['o:pstku:xən]

Schokofondue *N* ['ʃo:kofõ'dy:]

Baiser *N* [bɛ'ze:]

Lakritz *M/N* [la'krɪts]

Nachtischcreme *F* ['na:xtɪʃkrɛ:m]

Konditorcreme *F* [kɔn'di:to:ekrɛ:m]

Lolli *M* ['lɔli]

weißer/weißes Nugat *M/N*
['vaɪsɐ/'vaɪsəs 'nu:gat]

Marzipan *N* ['martsi'pa:n]

Zuckerguss *M* ['tsʊkegʊs]

Feingebäck *N* ['faɪngəbɛk]

Süßigkeit *N* ['zy:sɪçkaɪt]

Appetithäppchen *N* [ape'ti:thɛpçən]

Eclair*N*
[e'klɛ:ɐ]

Crêpe*M/F*
[krɛp]

Crème*F* **brûlée**
[krɛ:m bry'le:]

Crème*F* **Caramel**
['krɛ:m kara'mɛl]

➜ 123-125, 136

Getränke N. PL.

stilles Wasser N
[ˈʃtɪləs ˈvasɐ]

Sprudelwasser N
[ˈʃpruːdəlvasɐ]

Leitungswasser N
[ˈlaɪtʊŋsvasɐ]

Wasser N **in der Flasche** F
[ˈvasɐ ɪn deːɐ ˈflaʃə]

Mineralwasser N
[mineˈraːlvasɐ]

Limo F
[ˈlɪmo]

Cola F
[ˈkoːla]

Orangenlimo F
[oˈrãːʒənlɪmo]

Zitronenwasser N
[tsiˈtroːnənvasɐ]

Tomatensaft M
[toˈmaːtənzaft]

Gemüsesaft M
[ɡəˈmyːzəzaft]

Orangensaft M
[oˈrãːʒənzaft]

Apfelsaft M
[ˈapfəlzaft]

Saftkonzentrat N [ˈzaftkɔntsentraːt]
frisch gepresster Saft M [frɪʃ ɡəprɛstə ˈzaft]
Sirup M [ˈziːrʊp]
mit Körnern N. PL. [mɪt ˈkœrnɐn]
alkoholfreies Bier N [ˈalkoˈhoːlfraɪəs ˈbiːɐ]
Kombucha M/F/N [kɔmˈbuːxa]
mit/ohne Eis N
mit Strohhalm M

➤ 124-127, 136

Eiskaffee M
[ˈaɪskafeː]

Eistee M
[ˈaɪsteː]

Heißgetränke^{N, PL}

Tasse^F **Tee**^M
['tasə 'te:]

grüner Tee^M
['gry:ne 'te:]

schwarzer Tee^M
['ʃvartsɐ 'te:]

Teebeutel^M
['te:bɔytəl]

Tasse^F **Kaffee**^M
['tasə 'kafe]

Kaffeebohnen^{F, PL}
['kafebo:nən]

gemahlener Kaffee^M
[gə'ma:ləne 'kafe]

Espresso^M
[ɛs'prɛso]

Cappuccino^M
[kapu'tʃi:no]

Milchkaffee^M
['mɪlçkafe]

heiße Schokolade^F
['haɪsə ʃoko'la:də]

Kräuter-/Früchtetee^M
['krɔyte/'frʏçtəte:]

Kräutertee^M	['krɔytete:]
Filterkaffee^M	['fɪltekafe]
schwarzer Kaffee^M	['ʃvartsɐ 'kafe]
Lungo^M	['lʊŋgo]
Wiener Melange^F	['vi:ne me'lä:ʒə]
aromatisierter Tee^M	[aromati'zi:ete 'te:]
Oolongtee^M	['o:lɔŋte:]
weißer Tee^M	['vaɪsɐ te:]
Kamille^F	[ka'mɪlə]
Verbene^F	[vɛr'be:nə]
Minze^F	['mɪntsə]
Lindenblütentee^M	['lɪndənblʏtənte:]
Zitrone^F	[tsi'tro:nə]
Teestube^F	['te:ʃtu:bə]
mit/ohne Zucker^M	
mit/ohne Milch^F	
mit/ohne Sahne^F	
mit einem Schuss^M **Milch**^F	
mit einem/zwei Stück^N **Würfelzucker**^M	

alkoholische Getränke^{N, PL}

Rotwein^M
['ro:tvain]

Weißwein^M
['vaisvain]

Rosé^M
[ro'ze:]

Schaumwein^M
['ʃaumvain]

Bier^N
[bi:ɐ]

Cidre^M
['si:drə]

Cocktail^M
['kɔkte:l]

Branntwein^M
['brantvain]

Fassbier^N ['fasbi:ɐ]
Flaschenbier^N ['flaʃənbi:ɐ]
trockener/halbtrockener/lieblicher Wein^M ['trɔkənɐ/'halptrɔkənɐ/'li:plıçɐ 'vain]
Bitter^M ['bɪtɐ]
Wodka^M ['vɔtka]
Whisk(e)y^M ['vıski]
Rum^M [rʊm]
Tequila^M [te'ki:la]
Gin^M [dʒın]
Brandy^M ['brɛndi]
Pastis^M/**Anisschnaps**^M [pas'ti:s/a'ni:sʃnaps]
einfach ['ainfax]
doppelt ['dɔpəlt]
Aperitif^M [aperi'ti:f]
Digestif^M [diʒɛs'ti:f]
Sollen wir etwas trinken gehen?

➡ 124-125, 136

Likörwein^M
[li'kø:evain]

Obstler^M
['o:pstlɐ]

Geschirr^N und Besteck^N

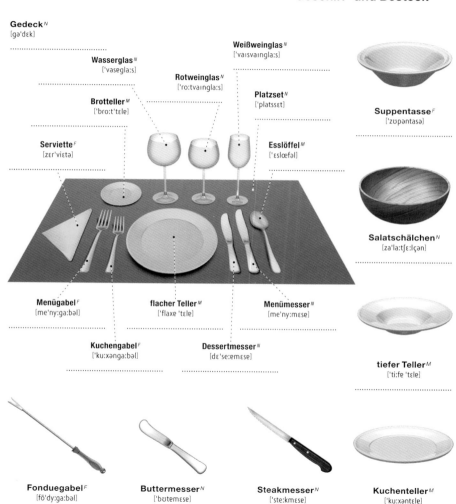

Gedeck^N
[gə'dɛk]

Wasserglas^N
['vasegla:s]

Rotweinglas^N
['ro:tvaɪngla:s]

Weißweinglas^N
['vaɪsvaɪngla:s]

Brotteller^M
['bro:t'tɛle]

Platzset^N
['platssɛt]

Serviette^F
[zɛr'viɛtə]

Esslöffel^M
['ɛslœfəl]

Suppentasse^F
['zʊpəntasə]

Salatschälchen^N
[za'la:tʃɛ:lçən]

Menügabel^F
[me'ny:ga:bəl]

flacher Teller^M
['flaxe 'tɛle]

Menümesser^N
[me'ny:mɛse]

Kuchengabel^F
['ku:xənga:bəl]

Dessertmesser^N
[dɛ'se:emɛse]

tiefer Teller^M
['ti:fe 'tɛle]

Fonduegabel^F
[fõ'dy:ga:bəl]

Buttermesser^N
['bʊtemɛse]

Steakmesser^N
['ste:kmɛse]

Kuchenteller^M
['ku:xəntɛle]

Geschirr^N und Besteck^N

Glas^N
[glaːs]

Tasse^F
['tasə]

Mokkatasse^F
['mɔkatasə]

Untertasse^F
['ʊntetasə]

Kaffeelöffel^M
['kafelœfəl]

Wasserkrug^M
['vasɐkruːk]

Teekanne^F
['teːkanə]

Milchkännchen^N
['mɪlçkɛnçən]

Zuckerdose^F
['tsʊkedoːzə]

Salzstreuer^M
['zaltsʃtrɔye]

Pfefferstreuer^M
['pfɛfeʃtrɔye]

Pfeffermühle^F
['pfɛfemyːlə]

Butterdose^F
['bʊtedoːzə]

Käseplatte^F
['kɛːzəplatə]

Karaffe^F
[ka'rafə]

kleine Karaffe^F
['klaɪnə ka'rafə]

Salatschüssel^F
[za'laːtʃvsəl]

Küchenutensilien^{N, PL}

Hebel-Korkenzieher^M
['he:bəlkɔrkəntsi:ɐ]

....

Kellnerbesteck^N
['kɛlnɐbəʃtɛk]

....

Flaschenöffner^M
['flaʃən?œfnɐ]

....

Dosenöffner^M
['do:zən?œfnɐ]

....

Kochmesser^N
['kɔxmɛsɐ]

....

Küchenbeil^N
['kʏçənbaɪl]

....

Brotmesser^N
['bro:tmɛsɐ]

....

Allzweckmesser^N
['altsvɛkmɛsɐ]

....

Wetzstein^M
['vɛtsʃtaɪn]

....

Schneidbrett^N
['ʃnaɪtbrɛt]

....

Tranchiergabel^F
[trãˈʃi:ega:bəl]

....

Austernmesser^N
['austɐnmɛsɐ]

....

Küchenschere^F
['kʏçənʃe:rə]

....

Gemüsehobel^M
[gəˈmy:zəho:bəl]

....

Reibe^F
['raɪbə]

....

Schäler^M
['ʃɛ:lɐ]

....

Küchenutensilien^{N, PL}

Stößel^M
['ʃtø:səl]

Mörser^M
['mœrze]

Nussknacker^M
['nʊsknake]

Zitronenpresse^F
[tsi'tro:nənprɛsə]

Knoblauchpresse^F
['kno:blauxprɛsə]

Messbecher^M
['mɛsbɛçe]

Dosierlöffel^{M, PL}
[do'zi:elœfəl]

Messlöffel^{M, PL}
['mɛslœfəl]

Küchenwaage^F
['kʏçənva:gə]

Kurzzeitwecker^M
['kʊrtstsaɪtvɛke]

Sieb^N
[zi:p]

Mehlsieb^N
['me:lzi:p]

Salatschleuder^F
[za'la:tʃlɔyde]

Kuchenform^F
['ku:xənfɔrm]

Tarteform^F
['tartfɔrm]

Springform^F
['ʃprɪŋfɔrm]

Kastenform^F
['kastənfɔrm]

Küchenutensilien^{N, PL}

Küchenlöffel^M
['kʏçənlœfəl]

Zange^F
['tsaŋə]

Palette^F
[pa'lɛtə]

Schaumlöffel^M
['ʃaumlœfəl]

Kartoffelstampfer^M
[kar'tɔfəlʃtampfe]

Kelle^F
['kɛlə]

Pfannenwender^M
['pfanənvɛnde]

Schneebesen^M
['ʃne:be:zən]

Backpinsel^M
['bakpɪnzəl]

Spritzbeutel^M **mit
Tüllen**^{F, PL}
['ʃprɪtsbɔytəl mɪt 'tʏlən]

Nudelholz^N
['nu:dəlhɔlts]

Ausstechformen^{F, PL}
['ausʃtɛçfɔrmən]

Rührschüsseln^{F, PL}
['ry:ɐʃʏsəln]

Muffinform^F
['mafɪnfɔrm]

Backblech^N
['bakblɛç]

Auflaufförmchen^N
['auflauffœrmçən]

Kochutensilien^{N, PL}

Stielkasserolle^F
['ʃtiːlkasərɔlə]

Suppentopf^M
['zupəntɔpf]

Schmorpfanne^F
['ʃmoːepfanə]

Bratpfanne^F
['braːtpfanə]

Wok-Set^N
['vɔksɛt]

Auffangschale^F
['auffaŋʃaːlə]

Kasserolle^F **aus Gusseisen**^N
[kasəˈrɔlə aus ˈgʊsʔaizən]

Bräter^{M, PL}
['brɛːtə]

Dampfkochtopf^M
['dampfkɔxtɔpf]

Wasserbadtopf^M
['vasəbaːttɔpf]

Schürze^F ['ʃʏrtsə]

Küchenhandschuh^M ['kʏçənhantʃuː]

Küchenpapier^N ['kʏçənpapiːe]

Eierbecher^M ['aiebɛçe]

Dessertlöffel^M [deˈseːe*lœfəl]

Eisportionierer^M ['aispɔrtsjoˈniːre]

Austerngabel^F ['austengaːbəl]

Käsemesser^N ['kɛːzəmɛse]

Schleifer^M ['ʃlaifə]

Pizzaschneider^M ['pɪtsaʃnaide]

Fleischklopfer^M ['flaiʃklɔpfe]

Sauciere^F [zoˈsieːrə]

Suppenterrine^F ['zʊpəntɛriːnə]

Grillform^F ['grɪlfɔrm]

Soufflform**^F [zuˈfleːfɔrm]

Schnellkochtopf^M ['ʃnɛlkɔxtɔpf]

Grillplatte^F ['grɪlplatə]

Raclettegrill^M ['raklɛtgrɪl]

Fondueset^N
[fõ'dyːsɛt]

Pizzablech^N
['pɪtsablɛç]

kleine Haushaltsgeräte^{N, PL}

Messer^N
['mɛsɐ]

Trichter^M
['trɪçtɐ]

Küchenmaschine^F
['kʏçənmaʃiːnə]

Mixer^M
['mɪksɐ]

Entsafter^M
[ɛntˈzaftɐ]

Rührbesen^M
['ryːebeːzən]

Handrührgerät^N
['hantryːegəʀɛːt]

Pürierstab^M
[pyˈriːeʃtaːp]

Mikrowelle^F
['miːkrovɛlə]

Toaster^M
['toːstɐ]

**elektrischer
Tischgrill**^M
[eˈlɛktrɪʃɐ 'tɪʃgrɪl]

Bräter^M
['brɛːtɐ]

Wasserkocher^M
['vasekɔxɐ]

Kaffeemaschine^F
['kafemaʃinə]

Pressfilterkanne^F
['prɛsfɪltekanə]

Espressomaschine^F
[ɛʃˈprɛsomaʃinə]

**elektrische
Kaffeemühle**^F
[eˈlɛktrɪʃə 'kafemyːlə]

Behälter^{M, PL} und Verpackungsmaterialien^{N, PL}

Alufolie^F
['alufo:liə]

Frischhaltefolie^F
['frɪʃhaltəfo:liə]

Backpapier^N
['bakpapi:ɐ]

Wachspapier^N
['vakspapi:ɐ]

Frühstücksbeutel^M
['fry:ʃtyksbɔytəl]

Gefrierbeutel^M
[gə'fri:ebɔytəl]

Konservendose^F
[kɔn'zɛrvəndo:zə]

Einmachglas^N
['aɪnmaxgla:s]

Vorratsdosen^F
['fo:ra:tsdo:zən]

Plastikbehälter^M
['plastɪkbəhɛltɐ]

Getränkedose^F
[gə'trɛŋkədo:zə]

Glasflasche^F
['gla:sflaʃə]

Becher^M
['bɛçɐ]

Tüte^F
['ty:tə]

Tube^F
['tu:bə]

Getränkekarton^M
[gə'trɛŋkəkartɔŋ]

Küchentechniken F, PL und Unverträglichkeiten F, PL

schneiden
['ʃnaɪdən]

schälen
['ʃɛːlən]

spülen
['ʃpyːlən]

gießen
['giːsən]

verrühren
[fɛɛ'ryːrən]

ausrollen
['aʊsrɔlən]

gesunde Ernährung F [gə'zʊndə ɛr'nɛːrʊŋ]
Diät F [di'ɛːt]
Intoleranz F/**Allergie** F ['ɪntɔlərants/alɛr'giː]
Cholesterin N [kɔlɛstə'riːn]
mit/ohne Salz N
mit Wasserdampf M
auf niedriger/hoher Flamme F
kochen
zubereiten
einfrieren/auftauen
tiefkühlen
raspeln
mahlen
in dünne Scheiben F, PL schneiden
hacken
weich klopfen
schlagen
sieden
köcheln
in der Pfanne F braten
grillen
braten
pürieren
würzen
salzen/pfeffern
bestäuben
den Ofen M vorheizen
servieren

glutenfrei
[glu'teːnfraɪ]

laktosefrei
['laktoːzəfraɪ]

ohne Ei
['oːnə 'aɪ]

zuckerfrei
['tsʊkefraɪ]

➜ 63, 124-125

Restaurant*N* und Bar*F*

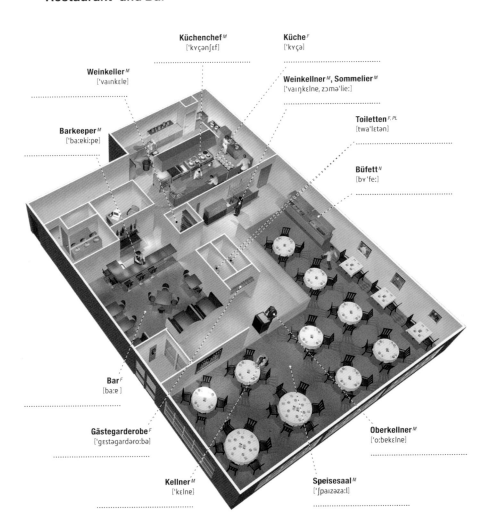

Küchenchef*M*
['kvçənʃɛf]

Küche*F*
['kvçə]

Weinkeller*M*
['vaınkɛle]

Weinkellner*M*, **Sommelier***M*
['vaınkɛlne, zɔmə'lie:]

Barkeeper*M*
['ba:eki:pe]

Toiletten*F, PL*
[twa'lɛtən]

Büfett*N*
[bv'fe:]

Bar*F*
[ba:e]

Gästegarderobe*F*
['gɛstəgardəro:bə]

Oberkellner*M*
['o:bekɛlne]

Kellner*M*
['kɛlne]

Speisesaal*M*
['ʃpaızəza:l]

Restaurant^N und Bar^F

Speisekarte^F
['ʃpaɪzəkartə]

Weinkarte^F
['vaɪnkartə]

Rechnung^F
['rɛçnʊŋ]

Aperitif^M
[aperi'ti:f]

Vorspeise^F
['fo:ɐʃpaɪzə]

Hauptgang^M
['hauptgaŋ]

Beilage^F
['baɪla:gə]

Nachtisch^M
['na:xtɪʃ]

Café^N [ka'fe:]

Bistro^N ['bɪstro]

Pizzeria^F [pɪtse'ri:a]

Terrasse^F [tɛ'rasə]

Menü zum Festpreis^M [me'ny: tsʊm 'fɛstpraɪs]

À-la-carte-Essen^N [ala'kart?ɛsən]

Tagesessen^N ['ta:gəs?ɛsən]

kulinarische Spezialität^F
[kuli'na:rɪʃə ʃpetsiali'tɛ:t]

Kinderkarte^F ['kɪndekartə]

vegetarisches Gericht^N [vege'ta:rɪʃəs gə'rɪçt]

Allergie^F [alɛr'gi:]

Bestellung^F [bə'ʃtɛlʊŋ]

Verkostung^F [fɛɐ'kɔstʊŋ]

Bierdeckel^M ['bi:ɐdɛkəl]

Aschenbecher^M ['aʃənbɛçɐ]

Sektkühler^M ['zɛktky:lɐ]

getrennte Rechnungen^{F, PL} [gə'trɛntə 'rɛçnʊŋən]

Trinkgeld^N ['trɪŋkgɛlt]

Bedienung^F **inbegriffen**
[bə'di:nʊŋ 'ɪnbəgrɪfən]

Ein Tisch für zwei/vier/sechs.

Eine Reservierung^F auf den Namen ...

Wo sind die Toiletten?

Als Vorspeise/Hauptgang/Nachtisch
nehme ich ...

mit/ohne ...

Ich mag ...

Ich mag kein(e) ...

Was empfehlen Sie mir?

Prost!

Es ist köstlich!

Die Rechnung, bitte.

Danke!

Guten Appetit!

➜ 63, 80-105, 106-115, 316-317

Selbstbedienungsrestaurant^N

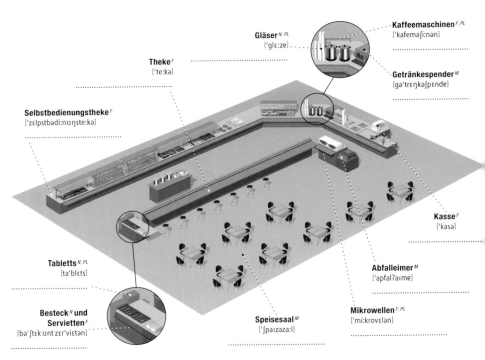

Kaffeemaschinen *F, PL* ['kafemaʃi:nən]

Gläser *N, PL* ['glɛ:zɐ]

Theke *F* ['te:kə]

Getränkespender *M* [gə'trɛŋkəʃpɛndɐ]

Selbstbedienungstheke *F* ['zɛlpstbədi:nʊŋste:kə]

Kasse *F* ['kasə]

Tabletts *N, PL* [ta'blɛts]

Abfalleimer *M* ['apfalʔaɪmɐ]

Besteck *N* **und Servietten** *F* [bə'ʃtɛk ʊnt zɛr'viːtən]

Speisesaal *M* ['ʃpaɪzəza:l]

Mikrowellen *F, PL* ['mi:krovɛlən]

Salate *M, PL* [za'la:tə]	**Einkaufsliste** *F* ['aɪnkaufslɪstə]
Suppe *F* ['zʊpə]	**Sonderangebot** *N* ['zɔndɐʔangəbo:t]
kalte Speisen *F, PL* ['kaltə 'ʃpaɪzən]	**Konserven** *F, PL* [kɔn'zɛrvən]
warme Speisen *F, PL* ['varmə 'ʃpaɪzən]	**Getreideprodukte** *N, PL* [gə'traɪdəproduktə]
Obst *N* **und Desserts** *N, PL* ['o:pst ʊnt dɛ'se:es]	**Babyprodukte** *N, PL* ['be:biproduktə]
Soßen *F, PL* **und Gewürze** *N, PL* ['zo:sən ʊnt gə'vʏrtsə]	**Getränke** *N, PL* [gə'trɛŋkə]
Brot *N* **und Käse** *M* ['bro:t ʊnt 'kɛ:zə]	**Haushaltsartikel** *M, PL* ['haushalts?arti:kəl]
kleine/große Portion *F* ['klaɪnə/'gro:sə pɔr'tsjo:n]	**Drogerie** *F* [droga'ri:]
zum Hieressen *N*/**zum Mitnehmen** *N* [tsʊm 'hi:e?ɛsən/tsʊm 'mɪtne:mən]	**Tierbedarf** *M* ['ti:ebədarf]
	Einkaufstasche *F* ['aɪnkaufstaʃə]
Lieferung *F* **nach Hause** ['li:fərʊŋ na:x 'hauzə]	
Kassenbon *M* ['kasənbɔŋ]	

→ 46-47, 71-72, 136

Supermarkt^M

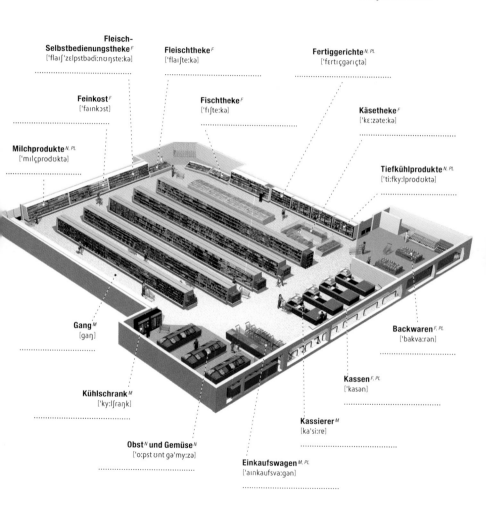

Fleisch-Selbstbedienungstheke^F
['flaɪʃ'zɛlpstbədi:nʊŋsteːkə]

Fleischtheke^F
['flaɪʃteːkə]

Fertiggerichte^{N, PL}
['fɛrtɪçgərɪçtə]

Feinkost^F
['faɪnkɔst]

Fischtheke^F
['fɪʃteːkə]

Käsetheke^F
['kɛːzəteːkə]

Milchprodukte^{N, PL}
['mɪlçprodʊktə]

Tiefkühlprodukte^{N, PL}
['tiːfkyːlprodʊktə]

Gang^M
[gaŋ]

Backwaren^{F, PL}
['bakvaːrən]

Kühlschrank^M
['kyːlʃraŋk]

Kassen^{F, PL}
['kasən]

Kassierer^M
[ka'siːrɐ]

Obst^N **und Gemüse**^N
['oːpst ʊnt gə'myːzə]

Einkaufswagen^{M, PL}
['aɪnkaufsvaːgən]

Hotel^N

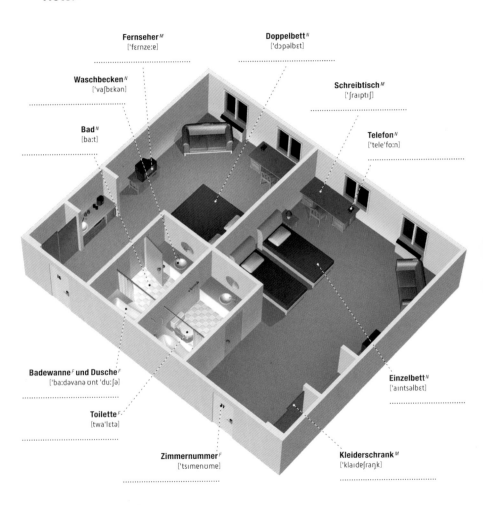

Fernseher^M
['fɛrnzeːɐ]

Doppelbett^N
['dɔpəlbɛt]

Waschbecken^N
['vaʃbɛkən]

Schreibtisch^M
['ʃraɪptɪʃ]

Bad^N
[baːt]

Telefon^N
['teleˈfoːn]

Badewanne^F **und Dusche**^F
['baːdəvanə ʊnt 'duːʃə]

Einzelbett^N
['aɪntsəlbɛt]

Toilette^F
[twaˈlɛtə]

Zimmernummer^F
['tsɪmenʊme]

Kleiderschrank^M
['klaɪdeʃraŋk]

Hotel^N

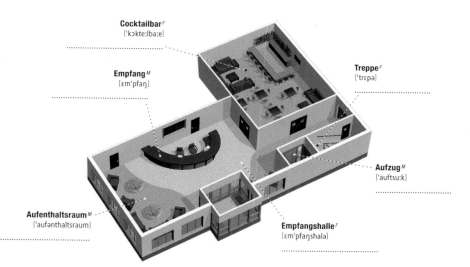

Cocktailbar^F [ˈkɔkteːlbaːɐ]

Empfang^M [ɛmˈpfaŋ]

Treppe^F [ˈtrɛpə]

Aufzug^M [ˈauftsuːk]

Aufenthaltsraum^M [ˈaufənthaltsraum]

Empfangshalle^F [ɛmˈpfaŋshalə]

Frühstückspension^F [ˈfryːʃtʏkspãzjoːn]	**Zimmerservice**^M [ˈtsɪmɐsœːɐvɪs]
Jugendherberge^F [ˈjuːgənthɛrˌbɛrgə]	**Fitnessraum**^M [ˈfɪtnɛsraum]
Ferienwohnung^F [ˈfeːriənvoːnʊŋ]	**Schwimmbecken**^N [ˈʃvɪmbɛkən]
zwei/drei/vier Sterne^{M, PL} [tsvai/drai/fiːɐ ˈʃtɛrnə]	**Wäscherei**^F [vɛʃəˈrai]
	Telefonweckruf^M [teleˈfoːnvɛkruːf]
Einzelzimmer^N [ˈaintsəltsɪmɐ]	**Beschwerde**^F [bəˈʃveːɐdə]
Doppelzimmer^N [ˈdɔpəltsɪmɐ]	**Gebühr**^F [gəˈbyːɐ]
Zweibettzimmer^N [ˈtsvaibɛttsɪmɐ]	**Frühstück**^N **inbegriffen** [ˈfryːʃtʏk ˈɪnbəgrɪfən]
Suite^F [ˈsviːtə]	
Zimmer^N **mit Ausblick**^M [ˈtsɪmɐ mɪt ˈausblɪk]	**Halbpension**^F [ˈhalppãzjoːn]
	Vollpension^F [ˈfɔlpãzjoːn]
Schlüssel^M [ˈʃlʏsəl]	**Haupt-/Nebensaison**^F [ˈhaupt-/ˈneːbənzɛzõ]
Magnetkarte^F [maˈgneːtkartə]	
eigenes Bad^N [ˈaigənəs ˈbaːt]	
Balkon^M [balˈkoːn]	**ausgebucht**
Zustellbett^N [ˈtsuːʃtɛlbɛt]	**Nicht stören.**
Minibar^F [ˈmɪnibaːɐ]	**Haben Sie ein Zimmer frei?**
Tresor^M [treˈzoːɐ]	**Ich habe ein Zimmer auf den Namen …** **reserviert.**

➜ 58-69, 107, 112-114, 139, 262-263

Bank^F und Zahlungsarten^{F, PL}

Dollar^M
['dɔlar]

Euro^M
['ɔyro]

Peso^M
['pe:zo]

Pfund^N
[pfʊnt]

Geldstück^N**/Münze**^F
['gɛltʃtʏk/'mʏntsə]

Geldschein^M**/
Banknote**^F
['gɛltʃaɪn/'baŋkno:tə]

Scheck^M
[ʃɛk]

Travellerscheck^M
['trɛvəleʃɛk]

Geld^N [gɛlt]

Ausweis^M ['ausvaɪs]

persönliche Identifikationsnummer^F **(PIN**^F**)**
[pɛr'zø:nlɪça idɛntifika'tsjo:nsnʊmɐ (pɪn)]

Kontonummer^F ['kɔntonʊmɐ]

Abhebung^F ['aphe:bʊŋ]

Depot^N [de'po:]

Überweisung^F [y:bɐ'vaɪzʊŋ]

elektronischer Geldtransfer^M
[elɛk'tro:nɪʃɐ 'gɛlttransfeɐ]

Girokonto^N ['dʒi:rokɔnto]

Darlehenskonto^N ['da:ele:ənskɔnto]

Sparkonto^N ['ʃpa:ekɔnto]

Kontoauszug^M ['kɔnto?austsu:k]

regelmäßige Zahlung^F
['re:gəlmɛ:sɪgə 'tsa:lʊŋ]

automatische Zahlung^F
[auto'ma:tɪʃə 'tsa:lʊŋ]

Tresorraum^M [tre'zo:eraum]

Schließfach^N ['ʃli:sfax]

Finanzabteilung^F [fi'nants?aptaɪlʊŋ]

Versicherungsabteilung^F
[fɛɐ'zɪçərʊŋs?aptaɪlʊŋ]

Kreditabteilung^F [kre'di:t?aptaɪlʊŋ]

Darlehen^N ['da:ele:ən]

Gebühr^F [gə'by:ɐ]

Provision^F [provi'zjo:n]

Zinssatz^M ['tsɪnzzats]

Steuer^F ['ʃtɔye]

Steuererklärung^F ['ʃtɔye?ɛrklɛ:rʊŋ]

Betrag^M [bə'tra:k]

Wechselkurs^M ['vɛksəlkʊrs]

Börse^F ['bœrzə]

Investition^F [ɪnvɛsti'tsjo:n]

Ich möchte ein Konto eröffnen.

Ich möchte Geld einzahlen/abheben/
wechseln.

Bank*F* und Zahlungsarten*F, PL*

Bankautomat*M*
['baŋk?auto'ma:t]

....

**elektronisches
Zahlungsterminal***N*
[elɛk'tro:nɪʃəs
'tsa:lʊŋstøɐmɪnal]

Einzahlungsschlitz*M*
['aıntsa:lʊŋsʃlıts]

....

Display*N*
['dıs'ple:]

....

Funktionstasten*F, PL*
[fʊŋk'tsjo:nstastən]

....

Kartenlesegerät*N*
[kartən'le:zəgərɛ:t]

....

Quittungsausgabe*F*
['kvıtʊŋs?ausgabə]

....

Geldscheinausgabe*F*
['gɛltʃaınausgabə]

....

alphanumerische Tastatur*F*
[alfanu'me:rıʃə tasta'tu:ɐ]

....

Eingabegerät*N* **für persönliche
Identifikationsnummer***F* **(PIN***F*)
['aıngabəgərɛ:t fy:ɐ pɛr'zø:nlıçə
idɛntifika'tsjo:nsnʊmɐ (pın)]

....

Geschäftsbeleg*M*
[gə'ʃɛftsbəle:k]

....

Kreditkarte*F*
[kre'di:tkartə]

....

EC-Karte*F*
[e:'tse:kartə]

....

Magnetstreifen*M*
[ma'gne:tʃtraıfən]

....

Chip*M*
[tʃıp]

....

Verfallsdatum*N*
[fɛɐ'falsda:tʊm]

....

Kartennummer*F*
['kartənnʊmɐ]

....

Unterschrift*F* **des
Inhabers***M*
['ʊntɐʃrıft dəs 'ınha:bes]

....

Name*M* **des Inhabers***M*
['na:mə dəs 'ınha:bes]

....

Sicherheit^F und Notdienst^M

Blaulicht^N
['blaulıçt]

Abzeichen^N
['aptsaıçən]

Polizeiauto^N
[poli'tsaiʔauto]

Rettungswagen^M
['rɛtʊŋsvaːgən]

Pistole^F
[pɪs'toːlə]

Polizist^M
[poli'tsɪst]

Erste-Hilfe-Kasten^M
[eːstə'hɪlfəkastən]

Ohrenschützer^M
['oːrənʃʏtsə]

Störfall^M ['ʃtøːefal]
Notfallnummer^F ['noːtfalnʊmɐ]
Sanitäter^M [zani'tɛːtɐ]
Notausgang^M ['noːtʔausgaŋ]
Opfer^N ['ɔpfɐ]
Verdächtiger^M [fɛɐ'dɛçtigɐ]
Zeuge^M ['tsɔygə]
Aussage^F ['ausza:gə]
Einbruch^M ['aınbrʊx]
Diebstahl^M ['diːpʃtaːl]
vermisste Person^F [fɛɐ'mɪstə pɛr'zoːn]
Angriff^M ['angrɪf]
Mord^M [mɔrt]
Anzeige^F erstatten
Hilfe!
Feuer!
Rufen Sie die Polizei/den Notdienst!

Atemschutzmaske^F
['aːtəmʃutsmaskə]

Gasmaske^F
['gaːsmaskə]

➜ 28-29, 32-33

Sicherheitshelm^M
['zıçɐhaıtshɛlm]

Schutzbrille^F
['ʃutsbrɪlə]

Sicherheit^F und Notdienst^M

Rauchmelder^M
['rauxmɛlde]

Feuerlöscher^M
['fɔyelœʃe]

Feuerwehrmann^M
['fɔyeve:eman]

Schiebeleiter^F
['ʃi:bəlaite]

Löschfahrzeuge^{N, PL}
['lœʃfaetsɔyɡə]

Blaulicht^N
['blaulɪçt]

Leiterstrahlrohr^N
['laiteʃtra:lro:e]

Überflurhydrant^M
['y:beflu:ehy'drant]

Erste Hilfe^F
[e:estə 'hɪlfə]

Krankenhaus^N
['kraŋkənhaus]

**leicht entzündliche
Stoffe**^{M, PL}
['laiçt ɛnt'tsʏntlɪçə 'ʃtɔfə]

**explosionsgefährliche
Stoffe**^{M, PL}
['ɛksplo'zjo:nsɡafɛ:elɪçə 'ʃtɔfə]

ätzende Stoffe^{M, PL}
['ɛtsəndə 'ʃtɔfə]

Gift^N
[ɡɪft]

radioaktive Stoffe^{M, PL}
[radio?ak'ti:və ʃtɔfə]

Hochspannung^F
['ho:xʃpanʊŋ]

Läden^{M, PL} und Geschäfte^{N, PL}

Bekleidungsgeschäft^N
[bə'klaɪdʊŋsgəʃɛft]

Unterwäschegeschäft^N
['ʊntɐvɛʃegəʃɛft]

Schuhgeschäft^N
['ʃuːgəʃɛft]

Sportartikelgeschäft^N
['ʃpɔrtʔartiːkəlgəʃɛft]

Schneider^M
['ʃnaɪdɐ]

Lederwarengeschäft^N
['leːdevaːrəngəʃɛft]

Parfümerie^F
[parfymə'riː]

Kosmetikgeschäft^N
[kɔs'meːtɪkgəʃɛft]

Optiker^M
['ɔptike]

Juwelier^M
[juvə'liːe]

Friseur^M
[fri'zøːe]

Apotheke^F
[apo'teːkə]

Verkäufer^M [fɛe'kɔyfe]	Haben Sie das in einer anderen Farbe?
Schaufenster^N ['ʃaufɐnste]	Haben Sie das kleiner/größer?
Ausverkauf^M ['ausfɛekauf]	Was kostet das?
günstig ['gʏnstɪç]	Das ist zu teuer.
hochwertig ['hoːxveetɪç]	Kann ich mit Karte zahlen?
Größe^F ['grøːsə]	
Schuhgröße^F ['ʃuːgrøːsə]	➜ 30-31, 41, 49, 53, 57, 215
Umkleidekabine^F ['ʊmklaɪdəkabiːnə]	
anprobieren	

Läden^{M, PL} und Geschäfte^{N, PL}

Einrichtungsgeschäft^N
['aınrıçtʊŋsgəʃɛft]

Eisenwarenhandlung^F
['aızənva:rənhandlʊŋ]

Elektronikgeschäft^N
[elɛk'tro:nıkgəʃɛft]

Spielwarenladen^M
['ʃpi:lva:rənla:dən]

Schallplattenladen^M
['ʃalplatənla:dən]

Buchhandlung^F
['bu:xhandlʊŋ]

Zeitschriftenladen^M
['tsaıtʃrıftənla:dən]

Schreibwarenladen^M
['ʃraıpva:rənla:dən]

Souvenirladen^M
[zuvə'ni:ɐla:dən]

Reisebüro^N
['raızebyro:]

Taschengeschäft^N
['taʃəngəʃɛft]

Antiquitätengeschäft^N
[antikvi'tɛ:təngəʃɛft]

Einkaufszentrum^N ['aınkaufstsɛntrʊm]
Kaufhaus^N ['kaufhaus]
Kinder-/Damen-/Herrenabteilung^F ['kınde/'da:mən/'hɛrən?aptaılʊŋ]
Toiletten^{F, PL} [twa'lɛtən]
Kundendienst^M ['kʊndəndi:nst]
Umtausch^M ['ʊmtauʃ]
Rückerstattung^F ['rʏk?ɐʃtatʊŋ]

Blumenladen^M
['blu:mənla:dən]

Geschenkwarenladen^M
[gə'ʃɛŋkva:rənla:dən]

Läden *M, PL* und Geschäfte *N, PL*

Supermarkt *M*
['zu:pemarkt]

....

Feinkostladen *M*
['faɪŋkɔstla:dən]

....

Café *N*
[ka'fe:]

....

Schnellrestaurant *N*
['ʃnɛlrɛstorã]

....

**Obst- und
Gemüsehändler** *M*
['o:pst ʊnt gə'my:zəhɛndlɐ]

....

Bäckerei *F*
[bɛkə'raɪ]

....

Konditorei *F*
[kɔndito'raɪ]

....

Süßwarenladen *M*
['zy:sva:rənla:dən]

....

Fischgeschäft *N*
['fɪʃgəʃɛft]

....

Fleischerei *F*
[flaɪʃe'raɪ]

....

**Wein- und
Spirituosenhandlung** *F*
['vaɪn ʊnt ʃpiritu'o:zənhandlʊŋ]

....

Tabakladen *M*
['tabakla:dən]

....

Freiluftmarkt *M* ['fraɪlʊftmarkt]

überdachter Markt *M* [y:bɐ'daxtɐ 'markt]

Käserei *F* [kɛ:zə'raɪ]

Gartencenter *N* ['gartənsɛntɐ]

Trödler *M* ['trø:dlɐ]

Flohmarkt *M* ['flo:markt]

regionales Produkt *N*
[regio'na:ləs pro'dʊkt]

Bio-Produkt *N* ['bioprodʊkt]

frisches Produkt *N* ['frɪʃəs pro'dʊkt]

Tüte *F* ['ty:tə]

Kilo-/Pfundpreis *M* ['ki:lo/'pfʊntpraɪs]

Bargeld *N* ['ba:egɛlt]

Kann ich Ihnen helfen?

Darf ich das probieren?

Darf es noch etwas sein?

➜ 80-98, 99-106, 114, 130

Karte^F und Touristeninformation^F

Touristeninformation^F
[tu'rɪstənʔɪnfɔrma'tsjoːn]

....

Karte^F
['kartə]

....

Reiseführer^M
['raɪzəfyːrɐ]

....

Autobahn^F
['autobaːn]

....

Brücke^F
['brʏkə]

....

Fluss^M
[flʊs]

....

Bahnhof^M
['baːnhoːf]

....

Kreisverkehr^M
['kraɪsfɛrkeːɐ]

....

Ringstraße^F
['rɪŋʃtraːsə]

....

Straße^F
['ʃtraːsə]

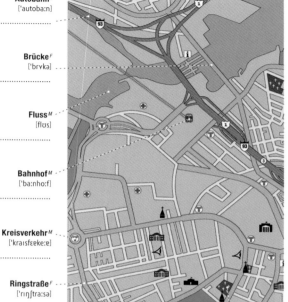

Park^M
[park]

Friedhof^M
['friːthoːf]

....

Prospekt^M [pro'spɛkt]	Wie geht es nach …?
Eintrittskarte^F ['aɪntrɪtskartə]	Gehen Sie geradeaus.
Eintrittspreis^M ['aɪntrɪtspraɪs]	Biegen Sie … ab.
ermäßigter Tarif^M [ɛr'mɛːsɪçtɐ ta'riːf]	rechts/links
Öffnungszeiten^{F, Pl.} ['œfnʊŋstsaɪtən]	vor/nach
Schlange^F ['ʃlaŋə]	vor/hinter
Führung^F ['fyːrʊŋ]	bei
Pauschalreise^F [pau'ʃaːlraɪzə]	neben
Richtung^F ['rɪçtʊŋ]	an der Ecke^F von

Sehenswürdigkeiten*F, PL* und Denkmäler*N, PL*

Pyramide*F*
[pyra'miːdə]

antikes Theater*N*
[an'tiːkəs te'aːtɐ]

Fries*M*
[friːs]

Säule*F*
['zɔylə]

griechischer Tempel*M*
['griːçɪʃɐ 'tɛmpəl]

Ränge*M, PL*
['rɛŋə]

Arena*F*
[a'reːna]

**römisches
Amphitheater***N*
['røːmɪʃəs am'fiːteaːtɐ]

Pagode*F*
[pa'goːdə]

aztekischer Tempel*M*
[ats'teːkɪʃɐ 'tɛmpəl]

Burg*F*
[bʊrk]

Eckturm*M*
['ɛktʊrm]

romanische Kirche*F*
[ro'maːnɪʃə 'kɪrçə]

Barockkirche*F*
[ba'rɔkkɪrçə]

Kuppel*F*
['kʊpəl]

Bergfried*M*
['bɛrkfriːt]

Wehrmauer*F*
['veːɐmauɐ]

Zugbrücke*F*
['tsuːkbrʏkə]

Bogen*M*
['boːɡən]

Renaissance-Villa*F*
[rənɛˈsãːsvɪla]

Sehenswürdigkeiten *F, PL* und Denkmäler *N, PL*

Moschee *F*
[mɔˈʃeː]

Brunnen *M* **für rituelle Waschungen** *F*
[ˈbrʊnən fyːɐ rituˈɛlə ˈvaʃʊŋən]

Synagoge *F*
[zynaˈgoːgə]

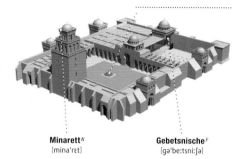

Minarett *N*
[minaˈrɛt]

Gebetsnische *F*
[gəˈbeːtsniːʃə]

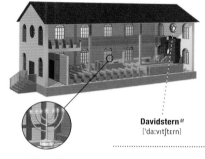

Davidstern *M*
[ˈdaːvɪtʃtɛrn]

Menora *F*
[meˈnoːra]

gotische Kathedrale *F*
[ˈgoːtɪʃə kateˈdraːlə]

Glockenturm *M*
[ˈglɔkəntʊrm]

Kirchenfenster *N*
[ˈkɪrçənfɛnstɐ]

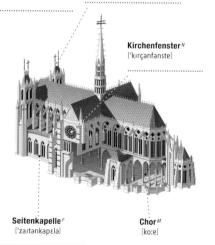

Seitenkapelle *F*
[ˈzaɪtənkapɛlə]

Chor *M*
[koːɐ]

Urgeschichte *F*	[ˈuːɡəʃɪçtə]
Geschichte *F*	[ɡəˈʃɪçtə]
Antike *F*	[anˈtiːkə]
Mittelalter *N*	[ˈmɪtəlʔaltɐ]
Renaissance *F*	[rənɛˈsãːs]
Moderne *F*	[moˈdɛrnə]
Architektur *F*	[arçitɛkˈtuːɐ]
klassischer Stil *M*	[klasɪʃɐ ˈstiːl]
Rokoko *N*	[ˈrɔkoko]
neoklassischer Stil *M*	[ˈneoklasɪʃɐ ˈstiːl]
Jugendstil *M*	[ˈjuːɡəntstiːl]
Art déco *M/N*	[aːɐ ˈdeːko]
moderner Stil *M*	[moˈdɛrnɐ ˈstiːl]
Relikt *N*	[reˈlɪkt]
Ruine *F*	[ruˈiːnə]
Mauer *F*	[ˈmaue]
Katakomben *PL*	[kataˈkɔmbən]
Grabmal *N*	[ˈɡraːpmaːl]
Statue *F*	[ˈʃtaːtuə]

Sehenswürdigkeiten^{F, PL} und Denkmäler^{N, PL}

Aussichtspunkt^M
['auszɪçtspʊŋkt]

Park^M
[park]

Spielplatz^M
['ʃpiːlplats]

Schaukel^F
['ʃaukəl]

Rutsche^F
['rʊtʃə]

Museum^N
[muˈzeːʊm]

botanischer Garten^M
[boˈtaːnɪʃe ˈgartən]

Zoo^M
[tsoː]

Erlebnispark^M
[ɛrˈleːpnɪspark]

Picknickbereich^M
['pɪknɪkbəraɪç]

Zugang^M **für Behinderte**^M
['tsuːgaŋ fyːɐ bəˈhɪndeta]

Herrentoiletten^{F, PL}
['hɛrəntwalɛtən]

Damentoiletten^{F, PL}
['daːməntwalɛtən]

Rolltreppe^F
['rɔltrɛpə]

Aufzug^M
['auftsuːk]

Gepäckschließfach^N
[gəˈpɛkʃliːsfax]

Fundbüro^N
['fʊntbyro]

Innenstadt^F

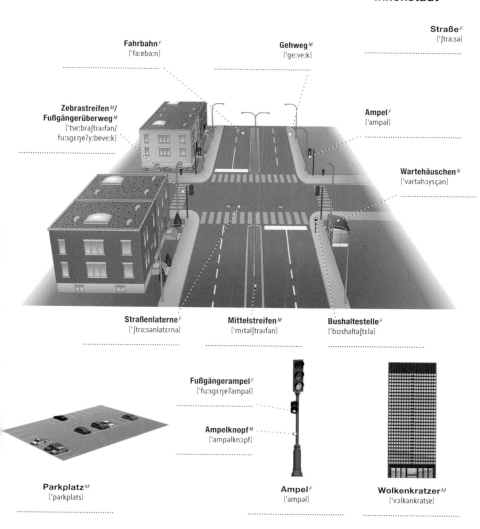

Straße^F
['ʃtraːsə]

Fahrbahn^F
['faːebaːn]

Gehweg^M
['geːveːk]

Zebrastreifen^M/
Fußgängerüberweg^M
['tseːbraʃtraɪfən/
fuːsɡɛŋɐʔyːbeveːk]

Ampel^F
['ampəl]

Wartehäuschen^N
['vartəhɔysçən]

Straßenlaterne^F
['ʃtraːsənlatɛrnə]

Mittelstreifen^M
['mɪtalʃtraɪfən]

Bushaltestelle^F
['bʊshaltəʃtɛlə]

Fußgängerampel^F
['fuːsɡɛŋɐʔampəl]

Ampelknopf^M
['ampəlknɔpf]

Parkplatz^M
['parkplats]

Ampel^F
['ampəl]

Wolkenkratzer^M
['vɔlkənkratse]

Innenstadt^F

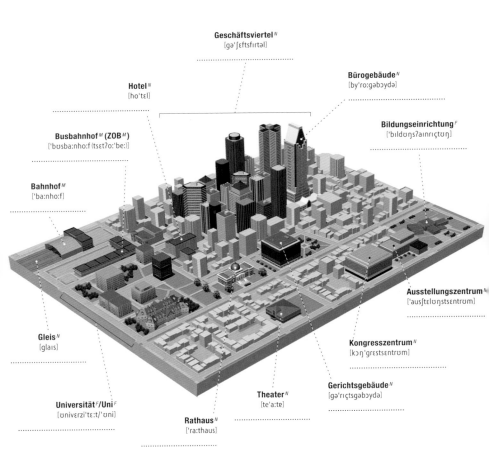

Geschäftsviertel^N
[gə'ʃɛftsfɪrtəl]

Bürogebäude^N
[by'ro:gəbɔydə]

Hotel^N
[ho'tɛl]

Bildungseinrichtung^F
['bɪldʊŋs?aɪnrɪçtʊŋ]

Busbahnhof^M **(ZOB**^M**)**
['bʊsba:nho:f (tsɛt?o:'be:)]

Bahnhof^M
['ba:nho:f]

Ausstellungszentrum^N
['ausʃtɛlʊŋstsɛntrʊm]

Kongresszentrum^N
[kɔŋ'grɛstsɛntrʊm]

Gleis^N
[glaɪs]

Gerichtsgebäude^N
[gə'rɪçtsgəbɔydə]

Theater^N
[te'a:tɐ]

Universität^F**/Uni**^F
[ʊnivɛrzi'tɛ:t/'ʊni]

Rathaus^N
['ra:thaus]

Innenstadt*F*

Polizei*F*
[poli'tsai]

Krankenhaus*N*
['kraŋkənhaus]

Post*F*
[pɔst]

Bus*M*
[bʊs]

Bank*F*
[baŋk]

Restaurant*N*
[rɛsto'rã]

Autovermietung*F*
['autovɛemi:tʊŋ]

Taxistand*M*
['taksɪʃtant]

Bar*F*
[ba:ɐ]

Geschäft*N***/Laden***M*
[gə'ʃɛft/'la:dən]

U-Bahn-Station*F*
['u:ba:nʃta'tsjo:n]

Kino*N*
['ki:no]

Land*N* [lant]

Dorf*N* [dɔrf]

Ballungsgebiet*N* ['balʊŋsgəbi:t]

Viertel*N* ['fɪrtəl]

Wohngebiet*N* ['vo:ngəbi:t]

Vorstadt*F* ['fo:eʃtat]

Altstadt*F* ['altʃtat]

Gewerbegebiet*N* [gə'vɛrbəgəbi:t]

Industriegebiet*N* ['ɪndʊs'tri:gəbi:t]

Fußgängerzone*F* ['fu:sgɛŋetso:nə]

Parkplatz*M* ['parkplats]

Tankstelle*F* ['taŋkʃtɛlə]

Bücherei*F* [byçə'raɪ]

Platz*M* [plats]

Gasse*F* ['gasə]

Straße*F* ['ʃtra:sə]

Ringstraße*F* ['rɪŋʃtra:sə]

Straßensystem^N und Straßenschilder^{N, PL}

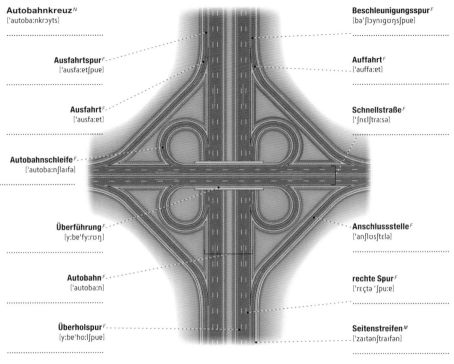

Autobahnkreuz^N
['autoba:nkrɔyts]
....

Ausfahrtspur^F
['ausfa:etʃpuɐ]
....

Ausfahrt^F
['ausfa:et]
....

Autobahnschleife^F
['autoba:nʃlaifə]
....

Überführung^F
[y:be'fy:rʊŋ]
....

Autobahn^F
['autoba:n]
....

Überholspur^F
[y:be'ho:lʃpuɐ]
....

Beschleunigungsspur^F
[bə'ʃlɔynigʊŋsʃpuɐ]
....

Auffahrt^F
['auffa:et]
....

Schnellstraße^F
['ʃnɛlʃtra:sə]
....

Anschlussstelle^F
['anʃlʊsʃtɛlə]
....

rechte Spur^F
['rɛçtə 'ʃpu:ɐ]
....

Seitenstreifen^M
['zaɪtənʃtraɪfən]
....

Mautstelle^F ['mautʃtɛlə]	**Nebenstraße**^F ['ne:bənʃtra:sə]
Umleitung^F ['ʊmlaitʊŋ]	**Nationalpark**^M [natsjo'na:lpark]
Abzweigung^F ['aptsvaigʊŋ]	**landschaftlich schöne Strecke**^F ['lantʃaftlɪç 'ʃøːnə 'ʃtrɛkə]
Stau^M [ʃtau]	
Straßenkarte^F ['ʃtrasənkartə]	**Touristenattraktion**^F [tu'rɪstən?atraktsjo:n]
Rastplatz^M ['rastplats]	**Nothalt**^M ['no:thalt]
Raststätte^F ['rastʃtɛtə]	**Parkverbot**^N ['parkfɛɐbo:t]
Straßennummer^F ['ʃtrasənnʊme]	**Behindertenparkplatz**^M [bə'hɪndetənparkplats]
Ringautobahn^F ['rɪŋ?autoba:n]	

➔ 140-143, 160

Straßensystem^N und Straßenschilder^{N, PL}

rotes Licht^N
['ro:təs lıçt]

gelbes Licht^N
['gɛlbəs lıçt]

grünes Licht^N
['gry:nəs lıçt]

Ampel^F
['ampəl]

Flughafen^M
['flu:kha:fən]

Telefon^N
[tele'fo:n]

Information^F
[ınfɔrma'tsjo:n]

Restaurant^N
[rɛsto'rã]

Café^N**/Imbiss**^M
[ka'fe:/'ımbıs]

Rastplatz^M
['rastplats]

Straßentunnel^M
['ʃtra:səntʊnəl]

Radweg^M
['ra:tve:k]

Unterkunft^F
['ʊntekʊnft]

Camping^N **für Zelte**^N **und Wohnwagen**^M
['kɛmpıŋ fy:ɐ 'tsɛltə ʊnt 'vo:nva:gən]

Brücke^F
['brʏkə]

Parkplatz^M
['parkplats]

Tankstelle^F
['taŋkʃtɛlə]

Straßensystem und Straßenschilder

Halt! Vorfahrt gewähren
[halt! ˈfoːɐfaːɐt gəˈvɛːrən]

Einfahrt verboten
[ˈaɪnfaːɐt fɛɐˈboːtən]

Wenden verboten
[ˈvɛndən fɛɐˈboːtən]

Rechtskurve
[ˈrɛçtskʊrvə]

Überholverbot
[yːbeˈhoːlfɛɐboːt]

verengte Fahrbahn
[fɛɐˈʔɛŋtə ˈfaːɐbaːn]

vorgeschriebene Fahrtrichtung
[ˈfoːɐgəʃriːbənə ˈfaːɐtrɪçtʊŋ]

Einbahnstraße
[ˈaɪnbaːnʃtraːsə]

Gegenverkehr
[ˈgeːgənfɛɐkeːɐ]

Vorfahrt an nächster Einmündung
[ˈfoːɐfaːɐt an ˈnɛːkstə ˈaɪnmʏndʊŋ]

Ampelanlage
[ˈampəlʔanlaːgə]

Höhenbegrenzung
[ˈhøːənbəgrɛntsʊŋ]

Straßensystem^N und Straßenschilder^{N, PL}

Steinschlag^M
['ʃtaɪnʃlaːk]

....

Schleudergefahr^F
['ʃlɔydegəfaːɐ]

....

unebene Fahrbahn^F
['ʊnʔeːbənə 'faːebaːn]

....

Vorfahrt^F **gewähren**
['foːefaːɐt gə'vɛːrən]

....

Bahnübergang^M
['baːnʔyːbegaŋ]

....

Gefälle^N
[gə'fɛlə]

....

Baustelle^F
['bauʃtɛlə]

....

Kinder^N
['kɪndɐ]

....

Fußgängerüberweg^M
['fuːsgɛŋɐ'ʔyːbeveːk]

....

Kreisverkehr^M
['kraɪsfɛekeːɐ]

....

Parkuhr^F ['parkʔuːɐ]	
Lichthupe^F ['lɪçthuːpə]	
Überholmanöver^N [yːbe'hoːlmanøːve]	
Geschwindigkeitsüberschreitung^F [gə'ʃvɪndɪçkaɪtsʔyːbeʃraɪtʊŋ]	
Bußgeld^N ['buːsgɛlt]	
Strafpunkt^M ['ʃtraːfpʊŋkt]	
Führerscheinentzug^M ['fyːreʃaɪnʔɛnttsuːk]	
Kfz-Verwahrstelle^F [kaːɛf'tsɛtfɛe'vaːeʃtɛlə]	

Tankstelle^F

Autowaschanlage^F
['autovaʃʔanlaːgə]

Kiosk^M
['kiɔsk]

Reparaturwerkstatt^F
[repara'tuːvɛrkʃtat]

Büro^N
[by'roː]

Druckluftgerät^N
['drʊklʊftɡarɛːt]

Vorhof^M
['foːɐhoːf]

Eisautomat^M
['aɪzʔautomaːt]

Getränkeautomat^M
[ɡə'trɛŋkəʔautomaːt]

Diesel^M ['diːzəl]

Scheibenreiniger^M ['ʃaɪbənraɪnɪɡe]

Service-Bereich^M ['sœevɪsbəraɪç]

Ölstand^M ['øːlʃtant]

Reifendruck^M ['raɪfəndrʊk]

Reifenpanne^F ['raɪfənpanə]

Panne^F ['panə]

Autounfall^M ['autoʔʊnfal]

Autowerkstatt^F ['autovɛrkʃtat]

volltanken

die Scheiben^{F, PL} waschen

den Sicherheitsgurt^M anlegen

losfahren

fahren

stockend losfahren

Liegenbleiben^N durch Treibstoffmangel^M

abschleppen

überprüfen/reparieren

Es stimmt etwas nicht mit dem/der ...

Zapfsäule^F
['tsapfzɔylə]

Füllmengenanzeige^F
['fʏlmɛŋənʔantsaɪɡə]

Preisanzeige^F
['praɪsʔantsaɪɡə]

Treibstoffart^F
['traɪpʃtɔfʔart]

Zapfhahn^M
['tsapfhaːn]

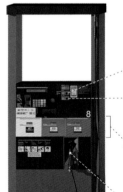

Auto^N

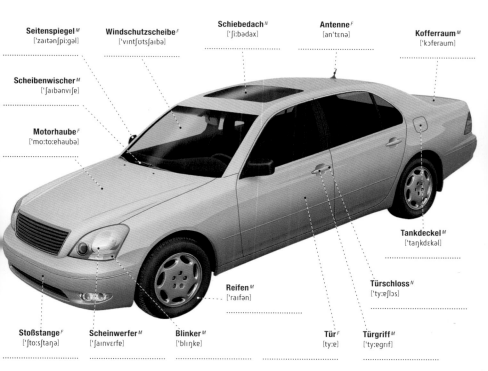

Seitenspiegel^M
['zaɪtənʃpiːɡəl]

Windschutzscheibe^F
['vɪntʃʊtsʃaɪbə]

Schiebedach^N
['ʃiːbədax]

Antenne^F
[anˈtɛnə]

Kofferraum^M
['kɔferaum]

Scheibenwischer^M
['ʃaɪbənviʃe]

Motorhaube^F
['moːtoːehaubə]

Tankdeckel^M
['taŋkdɛkəl]

Türschloss^N
['tyːeʃlɔs]

Reifen^M
['raɪfən]

Stoßstange^F
['ʃtoːsʃtaŋə]

Scheinwerfer^M
['ʃaɪnvɛrfe]

Blinker^M
['blɪŋke]

Tür^F
[tyːe]

Türgriff^M
['tyːeɡrɪf]

Motor^M ['moːtoːe]	**Lenkanlage**^F ['lɛŋkʔanlaːɡə]
Zündkerze^F ['tsʏntkɛrtsə]	**Getriebe**^N [ɡəˈtriːbə]
Elektrik^F [eˈlɛktrɪk]	**Schaltgetriebe**^N ['ʃaltɡətriːbə]
Batterie^F [batəˈriː]	**Kupplung**^F ['kʊplʊŋ]
Lichtmaschine^F ['lɪçtmaʃɪnə]	**Auspufftopf**^M ['auspʊftɔpf]
Kühler^M ['kyːle]	**Auspuff**^M ['auspʊf]
Bremsanlage^F ['brɛmsʔanlaːɡə]	**Warnblinkanlage**^F ['varnblɪŋkʔanlaːɡə]
Radaufhängung^F ['raːtʔaufhɛŋʊŋ]	**Fernlicht**^N ['fɛrnlɪçt]
Stoßdämpfer^M ['ʃtoːsdɛmpfe]	**Nebelleuchte**^F ['neːbəllɔyçtə]

Auto^N (Armaturenbrett^N)

Tempomat^M
['tɛmpo'maːt]

Zündschloss^N
['tsʏntʃlɔs]

Rückspiegel^M
['rʏkʃpiːɡəl]

Luftdüse^F
['lʊftdyːzə]

Blinker- und
Fernlichthebel^M
['blɪŋkɐ ʊnt 'fɛrnlɪçtheːbəl]

Scheibenwischerhebel^M
['ʃaɪbənvɪʃeheːbəl]

Sonnenblende^F
['zɔnənblɛndə]

Hupe^F
['huːpə]

Handschuhfach^N
['hantʃuːfax]

Lenkrad^N
['lɛŋkraːt]

Heizungsregulator^M
['haɪtsʊŋsreɡu'laːtoːɐ]

Kupplungspedal^N
['kʊplʊŋspedaːl]

Autoradio^N
['autoradioː]

Gaspedal^N
['ɡaːspedaːl]

Handbremshebel^M
['hantbrɛmsheːbəl]

Bremspedal^N
['brɛmspedaːl]

Schalthebel^M
['ʃalteːbəl]

Rückspiegel^M
['rʏkʃpiːɡəl]

Auto^N

Drehzahlmesser^M
['dre:tsa:lmɛse]

Tachometer^M
[taxo'me:te]

Tageskilometerzähler^M
['ta:gəskilome:tetsɛ:le]

Instrumententafel^F
[ɪnstru'mɛntənta:fəl]

Temperaturanzeige^F
[tɛmpəra'tu:eʔantsaɪgə]

Kraftstoffanzeige^F
['kraftʃtɔfʔantsaɪgə]

Fernlichtanzeige^F
['fɛrnlɪçtʔantsaɪgə]

Öldruckanzeige^F
['ø:ldrʊkʔantsaɪgə]

Reserveanzeige^F
[re'zɛrvəʔantsaɪgə]

Kilometerzähler^M
[kilo'me:tetsɛ:le]

Autotür^F
['autoty:e]

Verriegelungsknopf^M
[fɛe'ri:gəlʊŋsknɔpf]

Autositz^M
['autozɪts]

Kopfstütze^F
['kɔpfʃtytsə]

…eitenspiegelverstellhebel^N
['zaɪtənʃpi:gəlfɛe'ʃtɛlhe:bəl]

Rückenlehne^F
['rʏkənle:nə]

Fensterheber^M
['fɛnstehe:be]

Sitzverstellung^F
['zɪtsfɛeʃtɛlʊŋ]

Türöffner^M
['ty:eʔœfne]

Seitenfenster^N
['zaɪtənfɛnste]

Lehnenverstellrad^N
['le:nənfɛe'ʃtɛlra:t]

Sicherheitsgurt^M
['zɪçehaɪtsgʊrt]

Autozubehör

Navigationsgerät
[naviga'tsjo:nsgərɛ:t]

Autokindersitz
['autokindezits]

Sonnenrollo
['zɔnənrɔlo]

Sonnenschutz
['zɔnənʃʊts]

Anhängerkupplung
['anhɛŋəkʊplʊŋ]

Dachgepäckträger
['daxgəpɛktrɛ:gə]

Skiträger
['ʃi:trɛ:gə]

Fahrradträger
['fa:ɐra:ttrɛ:gə]

Ganzjahresreifen
['gantsja:rasraɪfən]

Winterreifen
['vɪnteraɪfən]

Schneefeger **mit Eiskratzer**
['ʃne:fe:gə mɪt 'aɪskratsə]

Starthilfekabel
['ʃtarthɪlfəka:bəl]

Wagenheber
['va:gənhe:bə]

Kurbel
['kʊrbəl]

Kreuzschlüssel
['krɔytsʃlʏsəl]

Ersatzrad	[er'zatsra:t]
Schneeketten	['ʃne:kɛtən]
Spikereifen	['ʃpaɪkraɪfən]
Autobahnreifen	['autoba:nraɪfən]
Radkappe	['ra:tkapə]
Airbag	['ɛ:ebɛk]
Klimaanlage	['kli:ma?anla:gə]
Sitzheizung	['zɪtshaɪtsʊŋ]
Fußmatte	['fu:smatə]

Autosorten*F, PL*

Kleinwagen*M*
['klaɪnvaːgən]

Zweitürer*M*
['tsvaɪtyːrɐ]

Viertürer*M*
['fiːtyːrɐ]

viertürige Limousine*F*
['fiːtyːrɪgə limuˈziːnə]

Kombi*M*
['kɔmbi]

Großraumlimousine*F*
['groːsraumlimuˈziːnə]

Geländewagen*M*
[gəˈlɛndəvaːgən]

Pick-up*M*
['pɪkʔap]

Cabrio*N*
['kaːbrio]

Sportwagen*M*
['ʃpɔrtvaːgən]

Allradwagen*M*
['alraːtvaːgən]

Stretchlimousine*F*
['ʃtrɛtʃlimuziːnə]

Modell *N* [moˈdɛl]	**Führerschein** *M* ['fyːreʃaɪn]
Stadtauto *N* ['ʃtatʔauto]	**Autokennzeichen** *N* ['autokɛntsaɪçən]
Gebrauchtwagen *M* [gəˈbrauxtvaːgən]	**Versicherung** *F* [fɛɐˈzɪçərʊŋ]
sparsames Auto *N* ['ʃpaːrzaːməs ˈauto]	**Car-Sharing** *N* ['kaːʃɛrɪŋ]
Hybridfahrzeug *N* [hyˈbriːtfaːɐtsɔyk]	**Autovermietung** *F* ['autofɛɐmiːtʊŋ]
Elektroauto *N* [eˈlɛktroʔauto]	**Kaution** *F* [kauˈtsjoːn]
Schaltgetriebe *N* ['ʃaltgətriːbə]	**Ich möchte ein Auto leihen.**
Automatikgetriebe *N* [autoˈmaːtɪkgətriːbə]	

Motorrad^N

Rücklicht^N
['rʊklɪçt]

Kraftstofftank^M
['kraftʃtɔftaŋk]

Lenker^M
['lɛŋke]

Rückspiegel^M
['rʊkʃpiːgəl]

hinterer Blinker^M
['hɪntəre 'blɪŋke]

Sitz^M
[zɪts]

Motor^M
['moːtoːe]

Vorderbremshebel^M
['fɔrdebrɛmsheːbəl]

vorderer Blinker^M
['fɔrdəre 'blɪŋke]

Scheinwerfer^M
['ʃaɪnvɛrfe]

Auspuff^M
['aʊspʊf]

hinteres Bremspedal^N
['hɪntərəs 'brɛmspedaːl]

Ständer^M
['ʃtɛnde]

vorderes Schutzblech^N
['fɔrdərəs 'ʃʊtsblɛç]

Windschutzscheibe^F
['vɪntʃʊtsʃaɪbə]

Visier^N
[viˈziːe]

Integralhelm^M
[ɪnteˈgraːlhɛlm]

Motorradkoffer^M
[moːˈtoːeraːtkɔfe]

Touring-Motorrad^N
['tuːrɪŋmoːˈtoːeraːt]

Mofa^N
['moːfa]

Motorrad

Tachometer M
[taxo'me:te]

Instrumententafel F
[ɪnstru'mɛntəntafəl]

Zündschalter M
['tsʏntʃalte]

Drehzahlmesser M
['dre:tsa:lmɛsɐ]

Kupplungshebel M
['kʊplʊŋshe:bəl]

Notschalter M
['no:tʃalte]

Abblendschalter M
['apblɛntʃalte]

Gasgriff M
['ga:sgrɪf]

Hupe F
['hu:pə]

Zündschalter M
['tsʏntʃalte]

Tankdeckel M
['taŋkdɛkəl]

Schalthebel M
['ʃalthe:bəl]

Geländemotorrad N
[gə'lɛndəmo:to:era:t]

Quad N
[kvat]

Frontstoßdämpfer M
['frɔntʃto:sdɛmpfe]

Gepäckträger M
[gə'pɛktrɛ:ge]

Motorroller M
[mo:'to:erɔle]

Fahrrad^N

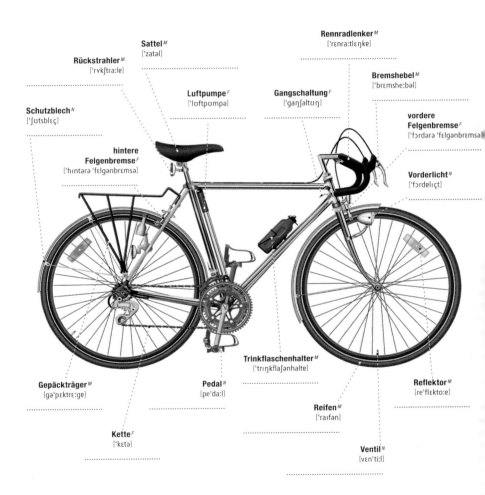

Rückstrahler^M
['rʏkʃtraːle]

Sattel^M
['zatəl]

Rennradlenker^M
['rɛnraːtlɛŋke]

Bremshebel^M
['brɛmsheːbəl]

Schutzblech^N
['ʃʊtsblɛç]

Luftpumpe^F
['lʊftpʊmpə]

Gangschaltung^F
['gaŋʃaltʊŋ]

**vordere
Felgenbremse**^F
['fɔrdərə 'fɛlgənbrɛmsə]

**hintere
Felgenbremse**^F
['hɪntərə 'fɛlgənbrɛmsə]

Vorderlicht^N
['fɔrdelɪçt]

Gepäckträger^M
[gə'pɛktrɛːge]

Pedal^N
[pe'daːl]

Trinkflaschenhalter^M
['trɪŋkflaʃənhalte]

Reflektor^M
[re'flɛktoːe]

Kette^F
['kɛtə]

Reifen^M
['raɪfən]

Ventil^N
[vɛn'tiːl]

Fahrrad^N

Fahrradhelm^M
['faːɛraːthɛlm]

Schloss^N
[ʃlɔs]

Werkzeugtasche^F
['vɛrktsɔyktaʃə]

Satteltasche^F
['zataltaʃə]

Fahrradkindersitz^M
['faːɛraːt'kɪndezɪts]

Fahrradanhänger^M **für Kinder**^N
['faːɛraːtʔanhɛŋe fyːɐ 'kɪnde]

Dreirad^N
['draɪraːt]

Tandem^N
['tandɛm]

Fahrradverleih^M ['faːɛraːtvɛɛlaɪ]
Fahrradreparatur^F ['faːɛraːtreparatuːe]
Einstellung^F ['aɪnʃtɛlʊŋ]
Fahrradabstellplatz^M ['faːɛraːt'ʔapʃtɛlplats]
Stadtrad^N ['ʃtatraːt]
Kinderfahrrad^N ['kɪndefaːɛraːt]
Stützrad^N ['ʃtʏtsraːt]
Sicherheitsweste^F ['zɪçehaɪtsvɛstə]
Dynamo^M [dy'naːmo]
Klingel^F ['klɪŋəl]
Ständer^M ['ʃtɛnde]
Speiche^F ['ʃpaɪçə]
Kettenschaltung^F ['kɛtənʃaltʊŋ]
Fahrradschlauch^M ['faːɛraːtʃlaux]
Reifenpanne^F ['raɪfənpanə]
Flicken^M ['flɪkən]
bremsen
einen anderen Gang^M einlegen
einen Reifen^M aufpumpen

Tourenrad^N
['tuːrənraːt]

Rennrad^N
['rɛnraːt]

Mountainbike^N
['mauntənbaik]

Elektrofahrrad^N
[e'lɛktrofaːɛraːt]

Bus^M

Linienbus^M
['liːniənbʊs]

zweiflügelige Ausgangstür^F
['tsvaɪflyːgəlɪgə 'ausgaŋstyːɐ]

Reisebus^M
['raɪzəbʊs]

Gepäckraum^M
[gə'pɛkraum]

Gelenkbus^M
[gə'lɛŋkbʊs]

Linienanzeige^F
['liːniən?antsaɪgə]

Straßenbahn^F**/Tram**^F
['ʃtraːsənbaːn/traːm]

Doppeldeckerbus^M
['dɔpəldɛkebʊs]

Minibus^M
['mɪnibʊs]

Schnellbus^M ['ʃnɛlbʊs]	
Bus^M **mit festem Fahrplan**^M ['bʊs mɪt 'fɛstəm 'faːeplaːn]	
Shuttlebus^M ['ʃatəlbʊs]	
Reisebus^M ['raɪzəbʊs]	
Zeitkarte^F ['tsaɪtkartə]	
Monatskarte^F ['moːnatskartə]	
normaler Fahrpreis^M [nɔr'maːle 'faːepraɪs]	
reduzierter Fahrpreis^M [redu'tsiːete 'faːepraɪs]	
Studentenermäßigung^F [ʃtu'dɛntən?ɛrmɛːsɪgʊŋ]	
Seniorenermäßigung^F [ze'njoːrən?ɛrmɛːsɪgʊŋ]	
Sitzplatz^M ['zɪtsplats]	
reservierter Sitzplatz^M [rezɛr'viːete 'zɪtsplats]	
Griff^M**/Halteschlaufe**^F [grɪf/'haltəʃlaufə]	
Busspur^F ['bʊsʃpuːe]	
Haltestelle^F ['haltəʃtɛlə]	
Endhaltestelle^F ['ɛnthaltəʃtɛlə]	
Streik^M **der Verkehrsbetriebe**^{M, PL.} ['ʃtraɪk deːe fɛe'keːesbətriːbə]	

Halteknopf^M
['haltəknɔpf]

Busfahrkarte^F
['bʊsfaːekartə]

Bus *M*

Schulbus *M*
['ʃuːlbʊs]

Außenspiegel *M*
['ausənʃpiːgəl]

Tür *F*
[tyːɐ]

Rollstuhllift *M*
['rɔlʃtuːllɪft]

behindertengerechter Bus *M*
[bəhɪndetəngərɛçte 'bʊs]

Blinklichter *N*
['blɪŋklɪçte]

Sicherheitsspiegel *M*
['zɪçehaɪtsʃpiːgəl]

Busbahnhof *M* **/ZOB** *M*
['bʊsbaːnhoːf/tsɛtʔoːˈbeː]

Fahrkartenautomat *M*
['faːekartənʔautomaːt]

einfache Fahrt *F* ['aɪnfaxə faːet]

Rückfahrkarte *F* ['rʏkfaːekartə]

Abfahrtszeit *F* ['apfaːetstsaɪt]

Ankunftszeit *F* ['aŋkʊnftstsaɪt]

Fahrtdauer *F* ['faːetdaue]

Fahrstrecke *F* ['faːeʃtrɛkə]

Fahrtziel *N* ['faːetsiːl]

Hält der Bus in/bei …?

Können Sie mir Bescheid sagen, wenn
wir in/bei … sind?

Welcher Bus fährt nach …?

Ich möchte eine Fahrkarte nach …

Ich habe meinen Bus verpasst.

→ 137-145, 170-173

Wartehäuschen *N*
['vartəhɔysçən]

Fahrplan *M*
['faːeplaːn]

Bushaltestelle *F*
['bʊshaltəʃtɛlə]

Lastkraftfahrzeuge^{N. Pl.}

Transporter^M
[trans'pɔrte]

Sattelschlepper^M
['zatəlʃlɛpe]

Auflieger^M
['aufliːge]

Abschleppwagen^M
['apʃlɛpvaːgən]

Kipper^M
['kɪpe]

Müllabfuhr^F
['mʏlʔapfuːe]

Betonmischer^M
[be'tɔŋmɪʃe]

Polizeiauto^N
[poli'tsaiʔauto]

Rettungswagen^M
['rɛtʊŋsvaːgən]

Löschfahrzeug^N
['lœʃfaːetsɔyg]

Tankwagen^M
['taŋkvaːgən]

Taxistand ^M ['taksiʃtant]	
Tarif ^N [ta'riːf]	
Taxameter ^N [taksa'meːte]	
Verkehr ^M [fɛɐ'keːɐ]	
Ich möchte zu/nach …	
Können Sie mich in/bei/an … abholen?	
Ich habe es eilig.	

➜ 137-145

Wohnmobil^N
['voːnmobiːl]

Taxi^N
['taksi]

Lastkraftfahrzeuge[N, Pl.]

Aufreißer[M]
['aufraɪsɐ]

Fahrkran[M]
['faːekraːn]

Planierschaufel[F]
[plaˈniːeʃaufəl]

Planierraupe[F]
[plaˈniːeraupə]

Radlader[M]
['raːtlaːde]

Straßenhobel[M]
['ʃtraːsənhoːbəl]

Asphaltierwalze[F]
[asfalˈtiːevaltsə]

Planierwalze[F]
[plaˈniːevaltsə]

Straßenkehrmaschine[F]
['ʃtraːsənˈkeːemaʃiːnə]

Traktor[M]
['traktoːe]

Beetpflug[M]
['beːtpfluːk]

Mähdrescher[M]
['mɛːdrɛʃe]

Schneefräse[F]
['ʃneːfrɛːzə]

Gabelstapler[M]
['gaːbəlʃtaːple]

Palette[F]
[paˈlɛtə]

Handwagen[M]
['hantvaːgən]

Sackkarren[M]
['zakkarən]

Schifffahrt^F

Motorboot^N
[moː'toːeboːt]

Motorjacht^F
[moː'toːejaxt]

Hausboot^N
['hausboːt]

Luftkissenfahrzeug^N
['lʊftkɪsənfaːetsɔyk]

Schlauchboot^N
['ʃlauxboːt]

Mast^M
[mast]

Segel^N
['zeːgəl]

Segelboot^N
['zeːgəlboːt]

Katamaran^M
[katamaˈraːn]

Kanu^N
['kaːnu]

Paddel^N
['padəl]

Passagierkabine^F
[pasaˈʒiːekabinə]

Wagendeck^N
['vaːgəndɛk]

Kajak^{M/N}
['kaːjak]

Rettungsweste^F
['rɛtʊŋsvɛstə]

klappbare Laderampe^F
['klapbaːrə 'laːdərampə]

Hafenfähre^F
['haːfənfɛːrə]

Schifffahrt^F

Passagierdampfer^M
[pasaˈʒiːedampfe]

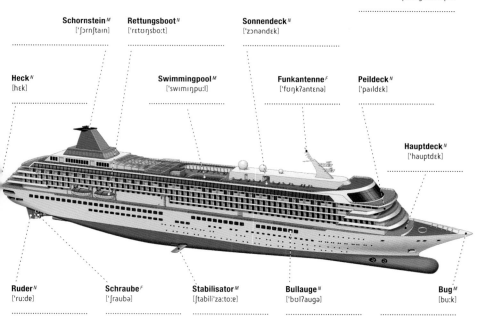

Schornstein^M
[ˈʃɔrnʃtaɪn]

Rettungsboot^N
[ˈrɛtʊŋsboːt]

Sonnendeck^N
[ˈzɔnəndɛk]

Heck^N
[hɛk]

Swimmingpool^M
[ˈswɪmɪŋpuːl]

Funkantenne^F
[ˈfʊŋkʔantɛnə]

Peildeck^N
[ˈpaɪldɛk]

Hauptdeck^N
[ˈhauptdɛk]

Ruder^N
[ˈruːde]

Schraube^F
[ˈʃraubə]

Stabilisator^M
[ʃtabiliˈzaːtoːe]

Bullauge^N
[ˈbʊlʔaugə]

Bug^M
[buːk]

Mannschaft^F [ˈmanʃaft]	**Radar**^N [raˈdaːe]
Hafen^M [ˈhaːfən]	**Backbordseite**^F [ˈbakbɔrtzaɪtə]
Jachthafen^M [ˈjaxthaːfən]	**Steuerbordseite**^F [ˈʃtɔyebɔrtzaɪtə]
Pier^M [piːe]	an Bord gehen
Küste^F [ˈkʏstə]	ausladen/löschen/absetzen/an Land^N setzen
Aufenthalt^M [ˈaufənthalt]	
Ausflug^M [ˈausfluːk]	den Anker^M lichten/aufbrechen
Kreuzfahrt^F [ˈkrɔytsfaːet]	vor Anker^M gehen/sich niederlassen
Seekrankheit^F [ˈzeːkraŋkhaɪt]	anlegen/landen

→ 262-263

Schifffahrt^F

Trawler^M
['troːle]

Schlepper^M
['ʃlɛpe]

Eisbrecher^M
['aɪsbrɛçe]

Frachtschiff^N
['fraxtʃɪf]

Containerlaschsystem^N
[kɔn'teːne'laʃzvsteːm]

Tank^M
[taŋk]

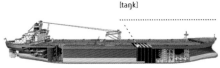

Containerschiff^N
[kɔn'teːneʃɪf]

Tanker^M
['taŋke]

Frachtraum^M
['fraxtraum]

Schleppkahn^M
['ʃlɛpkaːn]

Rollbahn^F
['rɔlbaːn]

Flugzeugträger^M
['fluːktsɔyktrɛːge]

Rakete^F
[ra'keːtə]

oberes Ruder^N
['oːbərəs 'ruːde]

Fregatte^F
[fre'gatə]

Atom^N**-Unterseeboot**^N
[a'toːmʔʊnte'zeːboːt]

Tiefenruder^N
['tiːfənruːde]

Schifffahrt*F*

Leuchtturmlampe*F*
['lɔyçttʊrmlampə']

Rettungsinsel*F*
['rɛtʊŋsʔɪnzəl]

Rettungsring*M*
['rɛtʊŋsrɪŋ]

Rettungsboje*F*
['rɛtʊŋsbo:jə]

Turm*M*
[tʊrm]

Leuchtturm*M*
['lɔyçttʊrm]

Anker*M*
['aŋkɐ]

Boje*F*
['bo:jə]

Nebelhorn*N*
['ne:bəlhɔrn]

See-Funkradio*N*
['ze:fʊŋkra:dio]

Sonar*N*
[zo'na:ɐ]

GPS-Empfangsantenne*F*
[ge:pe:'ʔɛsʔɛm'pfaŋzʔantɛnə]

Satelliten*M*-**Navigationssystem***N*
[zatɛ'li:tənnaviga'tsjo:nszʏste:m]

Kanalschleuse*F*
[ka'na:lʃlɔyzə]

Schleusenkammer*F*
['ʃlɔyzənkamɐ]

Turmkran*M*
['tʊrmkra:n]

Container*M*
[kɔn'te:nɐ]

Luftverkehr^M

Passagierterminal^M
[pasaˈʒiːetøːemɪnəl]

Informationsschalter^M
[ɪnfɔrmaˈtsjoːnsʃaltɐ]

Check-in-Schalter^M
[çɛkˈʔɪnʃaltɐ]

Eingangshalle^F
[ˈaɪŋaŋshalə]

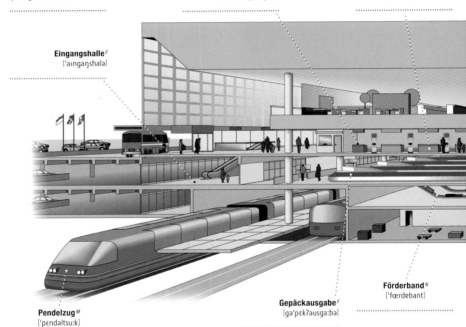

Förderband^N
[ˈfœrdebant]

Gepäckausgabe^F
[gəˈpɛkʔausgaːbə]

Pendelzug^M
[ˈpɛndəltsuːk]

Check-in-Automat^M
[çɛkˈʔɪnʔautoˈmaːt]

Gepäckanhänger^M
[gəˈpɛkʔanhɛŋɐ]

Passagiertransferfahrzeug^N
[pasaˈʒiːetransˈfeːefaːetsɔyk]

Zugangstreppe^F
[ˈtsuːgaŋstrɛpə]

Luftverkehr^M

Sicherheitskontrolle^F
['zɪçɛhaɪtskɔntrɔlə]

Duty-free-Shop^M
['dju:ti'fri:ʃɔp]

Fluginformationsanzeige^F
['flu:k?ɪnfɔrma'tsjo:ns?antsaɪgə]

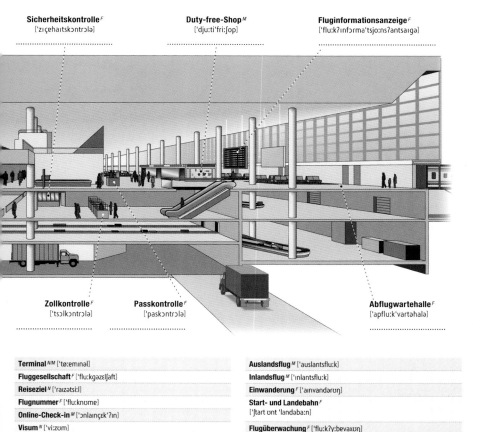

Zollkontrolle^F
['tsɔlkɔntrɔlə]

Passkontrolle^F
['paskɔntrɔlə]

Abflugwartehalle^F
['apflu:k'vartəhalə]

Terminal^{N/M} ['tø:emɪnəl]	Auslandsflug^M ['auslantsflu:k]
Fluggesellschaft^F ['flu:kgəzɛlʃaft]	Inlandsflug^M ['ɪnlantsflu:k]
Reiseziel^N ['raɪzətsi:l]	Einwanderung^F ['aɪnvandərʊŋ]
Flugnummer^F ['flu:knʊme]	Start- und Landebahn^F
Online-Check-in^M ['ɔnlaɪnçɛk'?ɪn]	['ʃtart ʊnt 'landəba:n]
Visum^N ['vi:zʊm]	Flugüberwachung^F ['flu:k?y:bevaxʊŋ]
Übergepäck^N ['y:begəpɛk]	verspätet
Bordkarte^F ['bɔrtkartə]	pünktlich
Flugsteig^M ['flu:kʃtaɪk]	einen Flug buchen
Boarding^N ['bɔrdɪŋ]	einen Sitzplatz reservieren
Anschlussflug^M ['anʃlʊsflu:k]	➔ 158-160, 170-173
Abflug^M/Ankunft^F ['apflu:k/'ankʊnft]	

Luftverkehr^M

Langstrecken-Düsenflugzeug^N
['laŋʃtrɛkən'dy:zənflu:ktsɔyk]

Querruder^N
['kve:eru:dɐ]

Frachtraum^M
['fraxtraum]

Seitenflosse^F
['zaɪtənflɔsə]

Tragflügel^M
['tra:kflygəl]

Passagierraum^M
[pasa'ʒi:eraum]

Heck^N
[hɛk]

Oberdeck^N
['o:bedɛk]

Höhenflosse^F
['hø:ənflɔsə]

Bug^M
[bu:k]

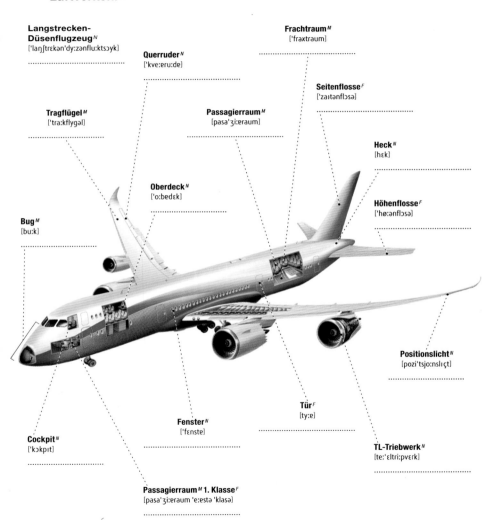

Positionslicht^N
[pozi'tsjo:nslɪçt]

Tür^F
[ty:ɐ]

Fenster^N
['fɛnstɐ]

Cockpit^N
['kɔkpɪt]

TL-Triebwerk^N
[te:'ɛltri:pvɛrk]

Passagierraum^M **1. Klasse**^F
[pasa'ʒi:eraum 'e:estə 'klasə]

Luftverkehr^M

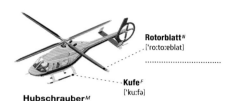

Rotorblatt^N
['ro:to:eblat]

....

Kufe^F
['ku:fə]

Hubschrauber^M
['hu:pʃraube]

....

Ballon^M
[ba'lɔŋ]

....

Brenner^M
['brɛne]

Heißluftballon^M
['haɪslʊftbaloːn]

....

Gondel^F
['gɔndəl]

....

Wasserflugzeug^N
['vasefluːktsɔyk]

....

Leichtflugzeug^N
['laɪçtfluːktsɔyk]

....

Doppeldecker^M
['dɔpəldɛke]

....

Löschflugzeug^N
['lœʃfluːktsɔyk]

....

Superjumbo^M
['zu:pejʊmbo]

....

Privatflugzeug^N
[pri'va:tfluktsɔyk]

....

Frachtflugzeug^N
['fraxtfluːktsɔyk]

....

Überschallflugzeug^N
['y:beʃalfluːktsɔyk]

....

Start^M [ʃtart]

Landung^F ['landʊŋ]

Turbulenz^F [tʊrbu'lɛnts]

Pilot^M [pi'loːt]

Kabinenpersonal^N [ka'bi:nənpɛrzonaːl]

Erste Klasse^F ['e:estə 'klasə]

Businessklasse^F ['bɪznɪsklasə]

Economyklasse^F [i'kɔnəmiklasə]

Notausgang^M ['noːtʔausgaŋ]

aufgegebenes Gepäck^N
['aufgəge:bənəs gə'pɛk]

Handgepäck^N ['hantgəpɛk]

Gepäckraum^M [gə'pɛkraum]

Essen^N**/Getränk**^N ['ɛsən/gə'trɛŋk]

Unterhaltung^F [ʊntɐ'haltʊŋ]

Kopfhörer^M ['kɔpfhøːre]

Sicherheitsgurt^M ['zɪçehaɪtsgʊrt]

Sicherheitsbestimmungen^{F, PL}
['zɪçehaɪtsbəʃtɪmʊŋən]

Schienenverkehr^M

Bahnhof^M
['ba:nho:f]

Anzeigetafel^F
['antsaɪɡəta:fəl]

Gleisnummer^F
['ɡlaɪsnʊme]

Zielbahnhof^M
['tsi:lba:nho:f]

Reisezug^M
['raɪzətsu:k]

Oberbau^M
['o:bebau]

Ticketschalter^M
['tɪkətʃalte]

Informationsschalter^M
[ɪnfɔrma'tsjo:nsʃalte]

Gepäckanhänger^M
[ɡə'pɛk?anhɛŋe]

Bahnsteig^M
['ba:nʃtaɪk]

Bahnhof^M
['ba:nho:f]

Parkplatz^M
['parkplats]

Bahnsteigüberdachung^F
['ba:nʃtaɪk?y:be'daxʊŋ]

Fußgängerbrücke^F
['fu:sɡɛŋebrʏkə]

Nahverkehrszug^M
[na:fɛɐ'ke:estsu:k]

Unterführung^F
[ʊnte'fy:rʊŋ]

Bahnsteig^M
['ba:nʃtaɪk]

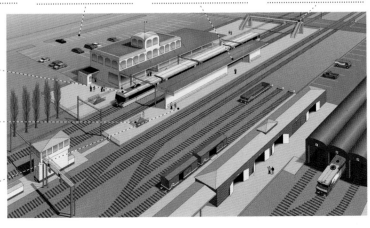

Schienenverkehr^M

Mittelwagen^M
['mɪtəlvaːgən]

Scherenstromabnehmer^M
['ʃeːrənʃtroːmˀapneːmɐ]

Oberleitung^F
['oːbɐlaɪtʊŋ]

Lokomotive^F
[lokomoˈtiːvə]

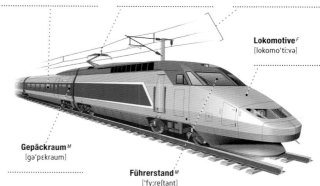

Gepäckraum^M
[gəˈpɛkraʊm]

Fahrkartenautomat^M
['faːekartənˀautoˈmaːt]

Führerstand^M
['fyːreʃtant]

Fahrkartenkontrolleur^M
['faːekartənkɔntroˈløːe]

Bahnhofshalle^F ['baːnhoːfshalə]	
Gepäckschließfächer^{N, Pl.} [gəˈpɛkʃliːsfɛçɐ]	
Entwerter^M [entˈvɛrtɐ]	
Reservierung^F [rezɛrˈviːrʊŋ]	
Erste Klasse^F ['eːestə ˈklasə]	
Zweite Klasse^F ['tsvaɪtə ˈklasə]	
Gang^M [gaŋ]	
Fenster^N ['fɛnstɐ]	
Auto^N ['auto]	
Abteil^N ['apˈtaɪl]	
Büfettwagen^M [byˈfeːvaːgən]	
Speisewagen^M ['ʃpaɪzəvaːgən]	
Schlafwagen^M ['ʃlaːfvaːgən]	
Schlafplatz^M ['ʃlaːfplats]	
registriertes Gepäck^N [regɪsˈtriːetəs gəˈpɛk]	
verspätet	
pünktlich	

Gepäckablage^F
[gəˈpɛkˀaplaːgə]

Mittelwagen^M
['mɪtəlvaːgən]

verstellbarer Sitz^M
[fɛɐˈʃtɛlbaːre ˈzɪts]

Fahrgast^M
['faːegast]

➜ 140, 158-160, 166-167, 172-173

Schienenverkehr^M

Großraumwagen^M
['gro:sraumva:gən]

verstellbarer Sitz^M
[fɛɛ'ʃtɛlba:re zɪts]

Gepäckablage^F
[gə'pɛkʔapla:gə]

Trittfläche^F
['trɪtflɛçə]

Einstiegstür^F
['aɪnʃti:ksty:ɐ]

Panoramafenster^N
[pano'ra:mafənste]

Schiene^F
['ʃi:nə]

Eisenbahn-Oberbau^M
['aɪzənba:n'ʔo:bebau]

Schwelle^F
['ʃvɛlə]

Weiche^F
['vaɪçə]

schienengleicher, gesicherter Bahnübergang^M
['ʃi:nənglaɪçe, gə'zɪçete ba:n'ʔy:begaŋ]

Führerstand^M
['fy:reʃtant]

dieselelektrische Lokomotive^F
['di:zəlʔelɛktrɪʃə lokomo'ti:və]

Kupplungsbügel^M
['kʊplʊŋsby:gəl]

Güterwaggon^M
['gy:tevagɔŋ]

Bremswagen^M
['brɛmsva:gən]

Schienenverkehr*M*

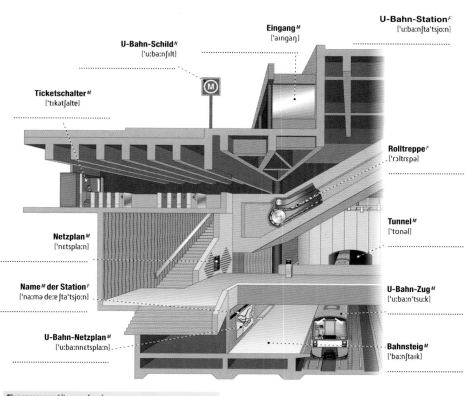

U-Bahn-Station*F*
['uːbaːnʃtaˈtsjoːn]

Eingang*M*
['aɪngaŋ]

U-Bahn-Schild*N*
['uːbaːnʃɪlt]

Ticketschalter*M*
['tɪkətʃaltɐ]

Rolltreppe*F*
['rɔltrɛpə]

Tunnel*M*
['tʊnəl]

Netzplan*M*
['nɛtsplaːn]

Name*M* **der Station***F*
['naːmə deːɐ ʃtaˈtsjoːn]

U-Bahn-Zug*M*
['uːbaːnˈtsuːk]

U-Bahn-Netzplan*M*
['uːbaːnnɛtsplaːn]

Bahnsteig*M*
['baːnʃtaɪk]

Eingangssperre*F* ['aɪngaŋsʃpɛrə]	
Ausgangsdrehkreuz*N* ['ausgaŋsˈdreːkrɔyts]	
Anschlusszug*M* ['anʃlʊstsuːk]	
Notbremse*F* ['noːtbrɛmsə]	
Rushhour*F* ['raʃʔauɐ]	
Durchlassfrequenz*F* ['dʊrçlasfreˈkvɛnts]	
Dienststörung*F* ['diːnstʃtøːrʊŋ]	

➙ 158-160, 170-171

Linienanzeige*F*
['liːniənʔantsaɪgə]

Straßenbahn*F*
['ʃtraːsənbaːn]

Schule^F

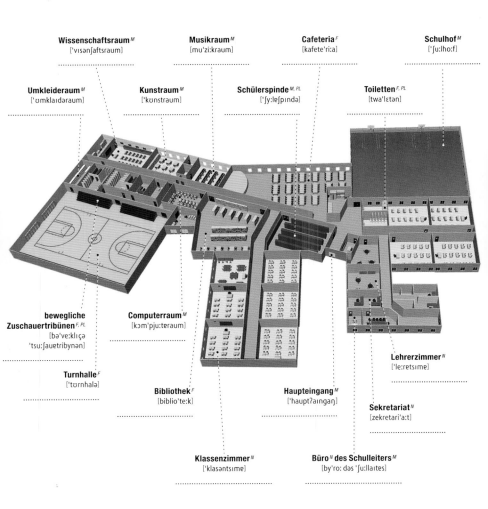

Wissenschaftsraum^M
['vɪsənʃaftsraum]

Musikraum^M
[mu'zi:kraum]

Cafeteria^F
[kafete'ri:a]

Schulhof^M
['ʃu:lho:f]

Umkleideraum^M
['ʊmklaɪdəraum]

Kunstraum^M
['kʊnstraum]

Schülerspinde^{M, PL}
['ʃy:leʃpɪndə]

Toiletten^{F, PL}
[twa'lɛtən]

bewegliche Zuschauertribünen^{F, PL}
[bə've:klɪçə 'tsu:ʃauetribynən]

Computerraum^M
[kɔm'pju:teraum]

Lehrerzimmer^N
['le:retsɪmе]

Turnhalle^F
['tʊrnhalə]

Bibliothek^F
[biblio'te:k]

Haupteingang^M
['haupt?aɪŋgaŋ]

Sekretariat^N
[zekretari'a:t]

Klassenzimmer^N
['klasəntsɪmе]

Büro^N **des Schulleiters**^M
[by'ro: dəs 'ʃu:llaɪtes]

Klassenzimmer^N

Klassenzimmer^N

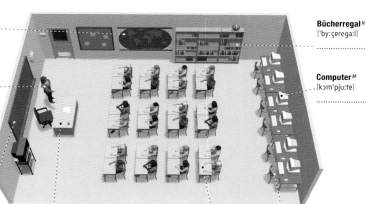

Landkarte^F
['lantkartə]

Bücherregal^N
['by:çerega:l]

Lehrer^M
['le:re]

Computer^M
[kɔm'pju:te]

Tafel^F
['ta:fəl]

Lehrerpult^N
['le:repʊlt]

Schulbank^F
['ʃu:lbaŋk]

Stuhl^M
[ʃtu:l]

Tafelreiniger^M
['ta:fəlraɪnɪge]

Kreide^F
['kraɪdə]

Reisnägel^{M, PL}
['raɪsnɛ:gəl]

Pinnwand^F
['pɪnvant]

Projektor^M
[pro'jɛkto:e]

Tageslichtprojektor^M
['ta:gəslɪçtpro'jɛkto:e]

Projektionswand^F
[projɛk'tsjo:nsvant]

interaktives Whiteboard^N
['ɪnteʔak'ti:vəs 'waɪtbɔ:d]

Schulbedarf*M*

Schultasche*F*
['ʃuːltaʃə]

....

Mäppchen*N*
['mɛpçən]

....

Bleistift*M*
['blaiʃtɪft]

....

Druckbleistift*M*
['drʊkblaiʃtɪft]

....

Tintenpatrone*F*
['tɪntənpatroːnə]

....

Kugelschreiber*M*
['kuːgəlʃraɪbe]

....

Füllfederhalter*M*
['fʏlfeːdehalte]

....

Bleistiftminenröhrchen*N*
['blaiʃtɪftmiːnənˈrøːeçən]

....

Filzstift*M*
['fɪltsʃtɪft]

....

Marker*M*
['marke]

....

Textmarker*M*
['tɛkstmarke]

....

Buntstifte*M, PL*
['bʊntʃtɪftə]

....

Korrekturband*N*
[kɔrɛkˈtuːebant]

....

Bleistiftspitzer*M*
['blaiʃtɪftʃpɪtse]

....

Radiergummi*M*
['radiːegʊmi]

....

Radierer*M*
[raˈdiːre]

....

Schulbedarf^M

Blatt^N **Papier**^N
[blat pa'pi:ɐ]

liniertes Papier^N
[li:'niətəs pa'pi:ɐ]

Ringbuch^N
['rɪŋbu:x]

Registriereinlagen^{F, PL}
[regɪs'tri:e?aɪnla:gən]

Spiralringbuch^N
['ʃpira:lrɪŋbu:x]

Heft^N
[hɛft]

Schulbuch^N
['ʃu:lbu:x]

Wörterbuch^N
['vœrtebu:x]

Karteikarten^{F, PL}
[kar'taɪkartən]

Lineal^N
[line'a:l]

Solarzelle^F
[zo'la:etsɛlə]

Etui^N
[ɛt'vi:]

Taschenrechner^M
['taʃənrɛçne]

Klebestift^M
['kle:bəʃtɪft]

Schere^F
['ʃe:rə]

USB-Stick^M
[u:'?ɛs'be:stɪk]

Diktiergerät^N
[dɪk'ti:egɛrɛ:t]

Schulfächer N, PL

Sprachen F, PL
['ʃpraːxən]

Lesen N
['leːzən]

Schrift F
[ʃrɪft]

Literatur F
[lɪtəraˈtuːɐ]

Mathematik F
[matemaˈtiːk]

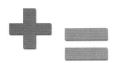

Rechnen N
['rɛçnən]

Geometrie F
[geomeˈtriː]

Informatik F
[ɪnfɔrˈmaːtik]

Wissenschaften F, PL
['vɪsənʃaftən]

Biologie F
[bioloˈgiː]

Chemie F
[çeˈmiː]

Physik F
[fyˈziːk]

Geschichte F
[gəˈʃɪçtə]

Geografie F
[geograˈfiː]

Kunst F
[kʊnst]

Sportunterricht M
['ʃpɔrtʔʊntərɪçt]

Schulbesuch^M

Kinderhort^M
['kɪndehɔrt]

....

Kindergarten^M
['kɪndegartən]

....

Grundschule^F
['grʊntʃuːlə]

....

Gymnasium^N
[gʏm'naːziʊm]

....

außerschulische Aktivität^F
['ausəʃuːlɪʃə aktiviˈtɛːt]

....

Hausaufgabe^F
['hausʔaufgaːbə]

....

Prüfung^F
['pryːfʊŋ]

....

Zeugnis^N
['tsɔyknɪs]

....

öffentliche Schule^F ['œfəntlɪçə 'ʃuːlə]
Privatschule^F [priˈvaːtʃuːlə]
Internat^N [ɪnteˈnaːt]
Rechtschreibung^F ['rɛçtʃraɪbʊŋ]
Aufsatz^M ['aufzats]
Universität^F [ʊnivɛrziˈtɛːt]
Lehrplan^M ['leːeplaːn]
Kurzausbildung^F ['kʊrtsʔausbɪldʊŋ]
Berufsausbildung^F [bəˈruːfsʔausbɪldʊŋ]
Austausch^M ['austauʃ]
Studentenvereinigung^F [ʃtuˈdɛntənfɛɐˈʔaɪnɪgʊŋ]
ehrenamtliche Tätigkeit^F ['eːrənʔamtlɪçə 'tɛːtɪçkaɪt]
eine Klasse wiederholen
studieren
lernen
eine Frage stellen
eine Frage beantworten

Schulferien^{PL}
['ʃuːlfeːriən]

....

Schulanfang^M
['ʃuːlʔanfaŋ]

....

Abschlusszeugnis^N
['apʃlʊstsɔyknɪs]

....

Hochschulwesen^N
['hoːxʃuːlveːzən]

....

➜ 174-177,184

Labor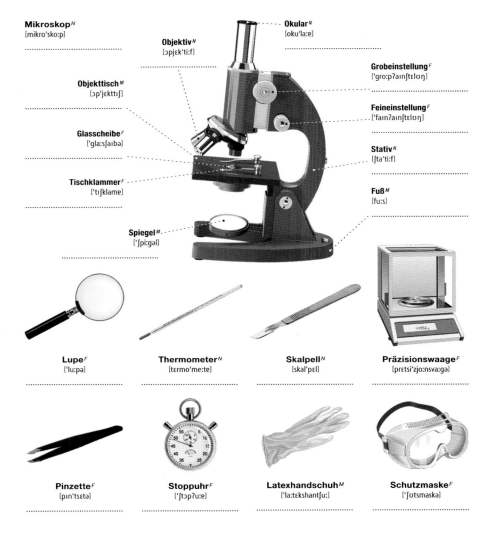ᴺ

Mikroskopᴺ
[mikro'sko:p]

Okularᴺ
[oku'la:ɐ]

Objektivᴺ
[ɔpjɛk'ti:f]

Grobeinstellungᶠ
['gro:pʔaɪnʃtɛlʊŋ]

Objekttischᴹ
[ɔp'jɛkttɪʃ]

Feineinstellungᶠ
['faɪnʔaɪnʃtɛlʊŋ]

Glasscheibeᶠ
['gla:sʃaɪbə]

Stativᴺ
[ʃta'ti:f]

Tischklammerᶠ
['tɪʃklamɐ]

Fußᴹ
[fu:s]

Spiegelᴹ
['ʃpi:gəl]

Lupeᶠ
['lu:pə]

Thermometerᴺ
[tɛrmo'me:tɐ]

Skalpellᴺ
[skal'pɛl]

Präzisionswaageᶠ
[prɛtsi'zjo:nsva:gə]

Pinzetteᶠ
[pɪn'tsɛtə]

Stoppuhrᶠ
['ʃtɔpʔu:ɐ]

Latexhandschuhᴹ
['la:tɛkshantʃu:]

Schutzmaskeᶠ
['ʃʊtsmaskə]

Labor^N

Magnet^M
[mag'ne:t]

Batterie^F
[batə'ri:]

Periodensystem^N **der Elemente**^N
[pe'rio:dənzyste:m de:ə ele'mɛntə]

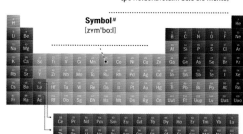

Symbol^N
[zym'bo:l]

Bunsenbrenner^M
['bʊnzənbrɛne]

Erlenmeyer-Kolben^M
['ɛrlənmaiekɔlbən]

Becherglas^N
['bɛçegla:s]

Rundkolben^M
['rʊntkɔlbən]

Reagenzglas^N
[rea'gɛntsgla:s]

Messzylinder^M
['mɛstsilɪnde]

Pipette^F
[pi'pɛtə]

Petrischale^F
['pe:trifa:lə]

Kittel ^M ['kɪtəl]	
Stativ ^N [ʃta'ti:f]	
Stativklemme ^F/**Klemmhalter** ^M [ʃta'ti:fklɛmə/'klɛmhalte]	
Bürette ^F [by'rɛtə]	
Experiment ^N [ɛksperi'mɛnt]	
praktische Arbeiten ^{F, Pl} ['praktiʃə 'arbaitən]	
chemische Reaktion ^F ['çe:miʃə reak'tsjo:n]	

➔ 316-317, 320

Mathematik*F*

Addition*F*
[adi'tsjo:n]

....

Subtraktion*F*
['zʊptrak'tsjo:n]

....

Multiplikation*F*
[mʊltiplika'tsjo:n]

....

Division*F*
[divi'zjo:n]

....

ist gleich
[ɪst 'glaɪç]

....

ist größer als
[ɪst 'grø:se als]

....

ist kleiner als
[ɪst 'klaɪne als]

....

Bruch*M*
[brʊx]

....

rechter Winkel*M*
['rɛçte 'vɪŋkəl]

....

spitzer Winkel*M*
['ʃpɪtse 'vɪŋkəl]

....

stumpfer Winkel*M*
['ʃtʊmpfe 'vɪŋkəl]

....

Prozent*N*
[pro'tsɛnt]

....

ist parallel zu
[ɪst para'le:l tsu:]

....

senkrecht
['zɛŋkrɛçt]

....

Geodreieck*N*
['ge:odraɪʔɛk]

....

Winkelmesser*M*
['vɪŋkalmɛse]

....

Mathematik*F*

Quadrat*N*
[kva'dra:t]

Rechteck*N*
['rɛçt?ɛk]

Würfel*M*
['vʏrfəl]

Zylinder*M*
[tsi'lɪndɐ]

Rhombus*M*
['rɔmbʊs]

Dreieck*N*
['draɪ?ɛk]

Pyramide*F*
[pyra'mi:də]

Kegel*M*
['ke:gəl]

unregelmäßiges Trapez*N*
['ʊnre:gəlmɛ:sɪgəs tra'pe:ts]

Parallelogramm*N*
[paralelo'gram]

Oval*N*
[o'va:l]

Kugel*F*
['ku:gəl]

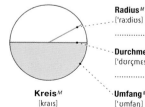

Kreis*M*
[kraɪs]

Radius*M*
['ra:diʊs]

Durchmesser*M*
['dʊrçmɛsɐ]

Umfang*M*
['ʊmfaŋ]

Zirkel *M* ['tsɪrkəl]	
Algebra *F* ['algebra]	
Formel *F* ['fɔrməl]	
Maß *N* [ma:s]	
Größe *F* ['grø:sə]	
Gleichung *F* ['glaɪçʊŋ]	
Statistik *N* [ʃta'tɪstɪk]	
rechnen	

➜ 316-320

Studium^N und Spezialisierung^F

Campus^M
['kampʊs]

....

Hörsaal^M
['hø:eza:l]

....

Lehrer^M
['le:re]

....

Student^M
[ʃtu'dɛnt]

....

Berufsschule^F
[bə'ru:fsʃu:lə]

....

Bibliothek^F
[biblio'te:k]

....

Ausleihe^F
['auslaɪə]

....

Stipendium^N
[ʃti'pɛndiʊm]

....

Studentenwohnheim^N
[ʃtu'dɛntənvo:nhaɪm]

....

Praktikum^N
['praktikʊm]

....

Vorstellungsgespräch^N
['fo:ɐʃtɛlʊŋsgəʃprɛ:ç]

....

Saisonarbeit^F
[zɛ'zõ:ʔarbaɪt]

....

Teilzeitarbeit^F
['taɪltsaɪtʔarbaɪt]

....

Studentenausweis^M [ʃtu'dɛntən?ausvaɪs]	**Geistes- und Sozialwissenschaften**^{F, PL} ['gaɪstəs ʊnt zo'tsja:lvɪsənʃaftən]
Bibliotheksausweis^M [biblio'te:ks?ausvaɪs]	**Ingenieurwesen**^N [ɪnʒe'niø:eve:zən]
Darlehen^N ['da:ele:ən]	**Sozialwissenschaften**^{F, PL} [zo'tsja:lvɪsənʃaftən]
Fälligkeitstermin^M ['fɛlɪçkaɪtstɛrmi:n]	**Konservatorium**^N [kɔnzɛrva'to:riʊm]
Fachbereich^M ['faxbəraɪç]	**akademischer Grad**^M [aka'de:mɪʃe 'gra:t]
Medizin^F [medi'tsi:n]	**Magister**^M/**Master**^M [ma'gɪste/'ma:ste]
Jura ['ju:ra]	**Promotion**^F [promo'tsjo:n]
Politikwissenschaften^{F, PL} [poli'ti:kvɪsənʃaftən]	**Lebenslauf**^M ['le:bənslauf]
Wirtschaftswissenschaften^{F, PL} ['vɪrtʃaftsvɪsənʃaftən]	

Berufe^{M, Pl.}

Polizistin^F
[poli'tsɪstɪn]

....

Wächter^M
['vɛçte]

....

Soldat^M
[zɔl'daːt]

....

Feuerwehrmann^M
['fɔyeveːeman]

....

Landwirt^M
['lantvɪrt]

....

Mechaniker^M
[me'çaːnɪke]

....

Reinigungskraft^F
['raɪnɪgʊŋskraft]

....

Bauarbeiter^M
['bauʔarbaɪte]

....

Pilot^M
[pi'loːt]

....

Fahrerin^F
['faːrərɪn]

....

Elektrikerin^F
[e'lɛktrɪkərɪn]

....

Klempner^M
['klɛmpne]

....

Flugbegleiterin^F
['fluːgbəglaɪtərɪn]

....

Verkäufer^M
[fɛɛ'kɔyfe]

....

Kellner^M
['kɛlne]

....

Köchin^F
['kœçɪn]

....

Berufe M, PL

Informatiker M
[ɪnfɔr'ma:tɪke]

....

Buchhalterin F
['bu:xhaltərɪn]

....

Empfangsdame F
[ɛm'pfaŋsda:mə]

....

Verkäufer M
[fɛɐ'kɔyfe]

....

Friseurin F
[fri'zø:rɪn]

....

Grafikerin F
['gra:fikərɪn]

....

Architektin F
[arçi'tɛktɪn]

....

Ingenieur M
[ɪnʒe'niø:e]

....

Ärztin F
['ɛ:etstɪn]

....

Krankenschwester F
['kraŋkənʃvɛste]

....

Psychologin F
[psyço'lo:gɪn]

....

Apotheker M
[apo'te:ke]

....

Tierärztin F
['ti:eʔɛ:etstɪn]

....

Augenoptiker M
['augənʔɔptike]

....

Zahnarzt M
['tsa:nʔa:etst]

....

Wissenschaftlerin F
['vɪsənʃaftlərɪn]

....

Berufe ^{M, PL}

Musikerin ^F
[ˈmuːzikərɪn]

Sänger ^M
[ˈzɛŋe]

Schauspieler ^M
[ˈʃauʃpiːle]

Fotografin ^F
[fotoˈgraːfɪn]

Journalist ^M
[ʒʊrnaˈlɪst]

Redakteur ^M
[redakˈtøːe]

Anwalt ^M
[ˈanvalt]

Lehrerin ^F
[ˈleːrarɪn]

Selbstständiger ^M [ˈzɛlpstʃtɛndɪge]

Arbeiter ^M [ˈarbaɪte]

Büroangestellter ^M
[byˈroːʔangəʃtɛlte]

Sekretär ^M [zekreˈtɛːe]

Sozialarbeiter ^M [zoˈtsjaːlʔarbaɪte]

Berater ^M [bəˈraːte]

Reiseberater ^M [ˈraɪzəbəraːte]

Immobilienmakler ^M [ɪmoˈbiːliənmaːkle]

Geschäftsmann ^M**/-frau** ^F [gəˈʃɛftsman/frau]

Politiker ^M [poˈliːtike]

Beamter ^M [bəˈʔamte]

Verleger ^M [fɛeˈleːge]

Übersetzer ^M [yːbeˈzɛtse]

Webmaster ^M [ˈwɛbmaːste]

Schneider ^M [ˈʃnaɪde]

Modeschöpfer ^M [ˈmoːdəʃœpfe]

Wäscher ^M [ˈvɛʃe]

Juwelier ^M [juːvəˈliːe]

Model ^N [ˈmɔdəl]

Ausstatter ^M [ˈausʃtate]

Archäologe ^M [arçeoˈloːgə]

Tischler ^M [ˈtɪʃle]

Maurer ^M [ˈmaure]

Kunsttischler ^M [ˈkʊnsttɪʃle]

Maler ^M [ˈmaːle]

Athlet ^M [ˈatˈleːt]

Gärtner ^M [ˈgɛrtne]

Seemann ^M [ˈzeːman]

Fischer ^M [ˈfɪʃe]

Fischhändler ^M [ˈfɪʃhɛndle]

Metzger ^M [ˈmɛtsge]

Bäcker ^M [ˈbɛke]

Caterer ^M [ˈkeɪtəre]

Barkeeper ^M
[ˈbaːkiːpe]

Kosmetiker ^M [kɔsˈmeːtike]

Müllmann ^M [ˈmʏlman]

➔ 12-15

Büroorganisation^F

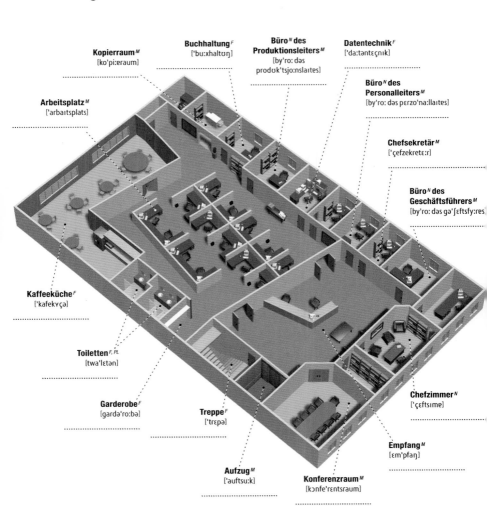

Kopierraum^M
[ko'pi:eraum]

Buchhaltung^F
['bu:xhaltʊŋ]

Büro^N **des Produktionsleiters**^M
[by'ro: das prodʊk'tsjo:nslaɪtes]

Datentechnik^F
['da:tantɛçnɪk]

Büro^N **des Personalleiters**^M
[by'ro: das pɛrzo'na:llaɪtes]

Arbeitsplatz^M
['arbaɪtsplats]

Chefsekretär^M
['çefzekretɛ:r]

Büro^N **des Geschäftsführers**^M
[by'ro: das gə'ʃɛftsfy:res]

Kaffeeküche^F
['kafekʏçə]

Toiletten^{F, PL}
[twa'lɛtən]

Garderobe^F
[gardə'ro:bə]

Treppe^F
['trɛpə]

Chefzimmer^N
['çɛftsɪme]

Empfang^M
[ɛm'pfaŋ]

Aufzug^M
['auftsu:k]

Konferenzraum^M
[kɔnfe'rɛntsraum]

Bürobedarf^M

Schreibunterlage^F
['ʃraɪpʔʊntela:gə]

Speichertelefon^N
['ʃpaɪçetelefo:n]

Schreibtisch^M
['ʃraɪptɪʃ]

Bürodrehstuhl^M
[by'ro:'dre:ʃtu:l]

Drehsessel^M
['dre:zɛsəl]

herausziehbare Tastaturablage^F
[hɛ'raustsi:ba:rə tastatu:ʔapla:gə]

Fußstütze^F
['fu:sʃtʏtsə]

Schublade^F
['ʃu:pla:də]

Papierkorb^M
[pa'pi:ekɔrp]

Gesellschaft^F [gə'zɛlʃaft]
Filiale^F [fi'lja:lə]
Geschäftsführung^F [gə'ʃɛftsfy:rʊŋ]
Geschäftsführer^M [gə'ʃɛftsfy:re]
Personal^N [pɛrzo'na:l]
Gewerkschaft^F [gə'vɛrkʃaft]
Gesellschafter^M [gə'zɛlʃafte]
Aktionär^M ['aktsjo'nɛ:e]
Kunde^M ['kʊndə]
Meeting^N ['mi:tɪŋ]
Tagesordnung^F ['ta:gəsʔɔrtnʊŋ]
Termin^M [tɛr'mi:n]
Geschäftsessen^N [gə'ʃɛfts?ɛsən]
Geschäftsreise^F [gə'ʃɛftsraɪzə]
Urlaub^M ['u:elaup]
Gehalt^N [gə'halt]
einbehaltener Betrag^M**/Steuer**^F ['aɪnbəhaltənə bə'tra:k/'ʃtɔye]
Entlassung^F [ɛnt'lasʊŋ]
Arbeitslosigkeit^F ['arbaɪtslo:zɪçkaɪt]

fahrbares Schubladenelement^N
['fa:eba:rəs 'ʃu:pla:dənʔele'mɛnt]

Hängekartei^F
['hɛŋəkartaɪ]

Dokumentenablage^F
[do:ku'mɛntənʔapla:gə]

Arbeitsleuchte^F
['arbaɪtslɔyçtə]

Bürobedarf^M

Aktenbox^F
['aktənbɔks]

Ringbuch^N
['rɪŋbuːx]

Aktenordner^M
['aktənʔɔrtne]

Dokumentaufbewahrung^F
[doku'mɛntʔaufbəvaːrʊŋ]

Dokumentenmappe^F
[doku'mɛntənmapə]

Hängemappe^F
['hɛŋəmapə]

Karteiregister^N
[kar'taɪregɪste]

Aktenmappe^F
['aktənmapə]

Fotokopierer^M
[fotoko'piːre]

Vorlageneinzug^M
['foːelaːgənʔaɪntsuːk]

Papiereinschubfach^N
[pa'piːeʔaɪnʃuːpfax]

Papierschneider^M
[pa'piːeʃnaɪde]

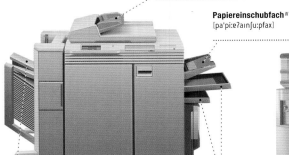

Kopienablage^F
[ko'piːənʔaplaːgə]

Papierablagen^F, PL
[pa'piːeʔaplaːgən]

Wasserspender^M
['vaseʃpɛnde]

Aktenvernichter^M
['aktənfɛenɪçte]

Bürobedarf^M

Terminkalender^M
[tɛr'miːnkalɛndɐ]

Notizblock^M
[no'tɪtsblɔk]

Klemmbrett^N
['klɛmbrɛt]

Tragemappe^F
['traːgəmapə]

Selbstklebeetiketten^{N, PL}
['zɛlpstkleːbə?eti'kɛtən]

Stempel^M
['ʃtɛmpəl]

Locher^M
['lɔxɐ]

Umschlag^M
['ʊmʃlaːk]

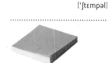

Haftnotiz^F
['haftnotiːts]

Stempelkissen^N
['ʃtɛmpəlkɪsən]

Pappkarton^M
['papkartɔŋ]

Klebebandabroller^M
['kleːbəbant?aprɔlɐ]

Hefter^M
['hɛftɐ]

Entklammerer^M
[ɛnt'klamarɐ]

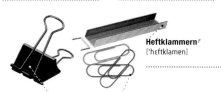

Heftklammern^F
['hɛftklamɐn]

Papierclip^M
[pa'piːeklɪp]

Büroklammern^F
[by'roːklamɐn]

Textmarker^M
['tɛkstmarkɐ]

Kugelschreiber^M
['kuːgəlʃraibɐ]

Korrekturstift^M
[kɔrɛk'tuːeʃtɪft]

Computer-Ausrüstung*F*

Tower-Computer*M*
['taʊekɔmpjuːte]

CD-/DVD-Laufwerk*N*
[tseːˈdeːˈdeːfauˈdeːlaufvɛrk]

Ein-/Ausschalter*M*
['aɪnˈausʃalte]

Anzeige*F*
['antsaɪgə]

Webcam*F*
['wɛbkɛm]

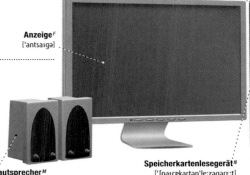

Lautsprecher*M*
['lautʃprɛçe]

Speicherkartenlesegerät*N*
['ʃpaɪçekartənˈleːzəgərɛːt]

USB-Schnittstelle*F*
[uːˈʔɛsˈbeːˈʃnɪtʃtɛlə]

Mikrofon*N*
[mikroˈfoːn]

Tastatur*F*
[tastaˈtuːe]

Löschtaste*F*
['lœʃtastə]

Eingabetaste*F*
['aɪngaːbətastə]

Grafiktablett*N*
['graːfɪktablɛt]

Tabulatortaste*F*
[tabuˈlaːtoːetastə]

Umschalttaste*F*
['ʊmʃalttastə]

Leertaste*F*
['leːetastə]

Mauspad*N*
['mauspɛt]

Funkmaus*F*
['fʊŋkmaus]

Computer-Ausrüstung^F

Laptop^M
['lɛptɔp]

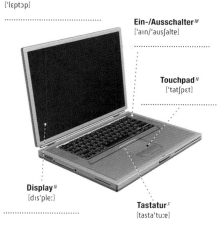

Ein-/Ausschalter^M
['aɪn/'ausʃaltɐ]

Touchpad^N
['tatʃpɛt]

Display^N
[dɪs'pleː]

Tastatur^F
[tasta'tuːɐ]

Scanner^M
['skɛnɐ]

Laptop^M**-Tasche**^F
['lɛptɔptaʃə]

USB-Stick^M
[uː'ʔɛs'beːstɪk]

USB-Kabel^N
[uː'ʔɛs'beːkaːbəl]

Laserdrucker^M
['leːzɐdrʊkɐ]

Papierausgabe^F
[pa'piːeʔausgaːbə]

Papierkassette^F
[pa'piːekasɛta]

Tonerpatrone^F
['toːnɐpatroːnə]

Tintenpatrone^F
['tɪntənpatroːnə]

Adapter^M
[a'daptɐ]

Tintenstrahldrucker^M
['tɪntənʃtraːldrʊkɐ]

Computer-Ausrüstung^F

interaktives Whiteboard^N
[ɪntɐʔakˈtiːvəs ˈwaɪtbɔːd]

Projektor^M
[proˈjɛktoːɐ]

Ein-/Stand-by-Taste^M
[aɪn/stɛntˈbaɪtastə]

Tablet-Computer^M
[ˈtɛblatkɔmpjuːtɐ]

Stumm-Taste^F
[ˈʃtʊmtastə]

Lautstärkeregelungstasten
[ˈlautʃtɛrkəˈreːgəlʊŋstastən]

Touchscreen^M
[ˈtatʃskriːn]

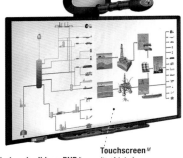

wiederbeschreibbare DVD^F
[ˈviːdebəʃraɪpbaːrə deːfauˈdeː]

Touchscreen^M
[ˈtatʃskriːn]

Starttaste^F
[ˈʃtarttastə]

DVD-Brenner^M
[deːfauˈdeːbrɛnɐ]

DVD^F
[deːfauˈdeː]

externe Festplatte^F
[ɛksˈtɛrnə ˈfɛstplatə]

Projektor^M
[proˈjɛktoːɐ]

Steckdosenleiste^F
[ˈʃtɛkdoːzənlaɪstə]

Netzwerkkabel^N
[ˈnɛtsvɛrkkaːbəl]

Koaxialkabel^N
[koʔaˈksiaːlkaːbəl]

Lichtleitkabel^N
[ˈlɪçtlaɪtkaːbəl]

Informatik^F

Cursor^M
['kø:eze]

Druck^M
[drʊk]

Suche^F
['zu:xə]

Einstellungen^{F, PL}
['aɪnʃtɛlʊŋən]

Ordner^M
['ɔrtnɐ]

Datei^F
[da'taɪ]

Fenster^N
['fɛnstɐ]

Papierkorb^M
[pa'pi:ekɔrp]

Ladekabel^N ['la:dəka:bəl]	**Taskleiste**^F/**Symbolleiste**^F ['ta:sklaɪstə/zʏm'bo:llaɪstə]
interne Festplatte^F [ɪn'tɛrnə 'fɛstplatə]	
Mainboard^N ['meɪnbɔ:d]	**klicken**
Grafikkarte^F ['gra:fɪkkartə]	**anklicken**
Hauptspeicher^M ['hauptʃpaiçɐ]	**verschieben**
Arbeitsspeicher^M ['arbaitsʃpaiçɐ]	**einfügen**
Cache-Speicher^M ['kɛʃʃpaiçɐ]	**kopieren/ausschneiden/einfügen**
Betriebssystem^N [bə'tri:pszʏste:m]	**rückgängig machen**
Prozessor^M [pro'tsɛso:ɐ]	**speichern**
Programm^N [pro'gram]	**neu starten**
Software^F ['sɔftvɛ:ɐ]	**installieren/deinstallieren**
Icon^N ['aɪkən]	**scrollen**
Megabyte^N **(Mb)** ['me:gabaɪt (ɛm'be:)]	**auswerfen**
Gigabyte^N **(Gb)** ['gi:gabaɪt]	**wiederherstellen**
Fehlermeldung^F ['fe:lemɛldʊŋ]	**durch Code**^M **sperren**
Passwort^N ['pasvɔrt]	**ausschalten**
Kennung^F ['kɛnʊŋ]	**öffnen**
Menü^N [me'ny:]	**schließen**

➡ 192, 196-199, 204-207

Internet[N]

Browser[M]
['brauze]

URL-Adresse[F]
[uː?ɛr'?ɛl?adrɛsə]

Internet-Provider[M]
['ɪntenɛtprovaɪde]

E-Mail-Software[F]
['iːmeːlsɔftvɛːe]

Server[M]
['søːeve]

Browser[M]
['brauze]

Hyperlinks[M, PL]
['haɪpelɪŋks]

Website[F]
['wɛbsaɪt]

Modem[N]
['moːdɛm]

Tischcomputer[M]
['tɪʃkɔmpjuːte]

Basisstation[F] **für Funknetzwerk**[N]
['baːzɪsʃtatsjoːn fyːe 'fuŋknɛtsvɛrk]

Netzwerkkarte[F]**, LAN-Karte**[F]
['nɛtsvɛrkkarta, 'laːnkartə]

Internetnutzer[M]**/-nutzerin**[F]
['ɪntenɛtnʊtse/'nʊtsərɪn]

Internetstick[M]
['ɪntenɛtstɪk]

WLAN-Karte[F]
['veːlaːnkartə]

Startseite[F] ['ʃtartzaɪtə]	
Suchmaschine[F] ['zuːxmaʃiːnə]	
Posteingang[M] ['pɔst?aɪngaŋ]	
online/live ['ɔnlaɪn/laɪf]	
offline/zeitversetzt ['ɔflaɪn/'tsaɪtfɛezɛtst]	
Antwort[F] ['antvɔrt]	
Spam[M] [spɛm]	
At-Zeichen[N] ['ɛttsaɪçən]	

➞ 192-195, 198-199, 202-207

Internetnutzung^F

elektronische Post^F
[elɛk'troːnɪʃə 'pɔst]

Instant Messaging^N
['ɪnstənt 'mɛsɪdʒɪŋ]

soziales Netzwerken^N
[zo'tsjaːləs 'nɛtsvɛrkən]

Blog^M
[blɔg]

Datenbank^F
['daːtənbaŋk]

Informationsverbreitung^F
[ɪnfɔrma'tsjoːnsfɛebraɪtʊŋ]

Suche^F
['zuːxə]

Online-Spiel^N
['ɔnlaɪnʃpiːl]

E-Commerce^M
['iːkɔmøes]

Warengeschäfte^N
['vaːrəngəʃɛftə]

Bildfernsprechen^N
['bɪltfɛrnʃprɛçən]

Fernsprechwesen^N
['fɛrnʃprɛçveːzən]

---

drahtloser Internetzugang^M **(WLAN**^N**)**
['draːtloːze 'ɪntenɛttsuːgaŋ ('veːlaːn)]

im Anhang senden
mit Lesezeichen versehen
eine Nachricht/ein Dokument senden
eine Datei downloaden
weiterleiten
einen Account haben/anlegen
sich einloggen
sich ausloggen

Podcasting^N
['pɔtkaːstɪŋ]

Telefonie*F*

Handy^N
['hɛndi]

Lautsprecher^M
·['lautʃprɛçe]

Anzeige^F
['antsaɪgə]·

Menütaste^F
[me'ny:tastə]

Fototaste^F
['fo:totastə]

Ruftaste^F
['ru:ftastə]·

Auflege-/Ausschalttaste^F
['aufle:gə/'ausʃalttastə]

Mikrofon^N
[mikro'fo:n]·

Navigationstaste^F
[navɪga'tsjo:nstastə]

Antenne^F
[an'tɛnə]

Anzeige^F
['antsaɪgə]

Objektiv^N
[ɔpjɛk'ti:f]

Hörer^M
['hø:re]

Speichertelefon^N
['ʃpaɪçetelefo:n]

Speichertaste^F
['ʃpaɪçetastə]

Freisprechanlage^F
['fraɪʃprɛçʔanla:gə]

Smartphone^N **mit Tastatur**^F
['sma:etfo:n mɪt tasta'tu:e]

Münzeinwurf^M
['mʏnts?aɪnvʊrf]

Kartenschlitz^M
['kartənʃlɪts]

öffentlicher Fernsprecher^M
['œfəntlɪçe 'fɛrnʃprɛçe]

USB-Anschluss^M
[u:'?ɛs'be:?anʃlʊs]

Batterieladegerät^N
·[batə'ri:'la:dəgɛrɛ:t]

Anschlussbuchse^F
['anʃlʊsbʊksə]

Basisstation^F
['ba:zɪsʃta'tsjo:n]

Telefonie ^F

Smartphone^N **mit Touchscreen**^M
['sma:ɛtfo:n mɪt 'tatʃskri:n]

....

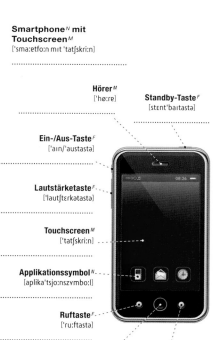

Hörer^M
['hø:re]

Standby-Taste^F
[stɛnt'baɪtastə]

....

Ein-/Aus-Taste^F
['aɪn/'austastə]

....

Lautstärketaste^F
['lautʃtɛrkətastə]

....

Touchscreen^M
['tatʃskri:n]

....

Applikationssymbol^N
[aplika'tsjo:nszvmbo:l]

....

Ruftaste^F
['ru:ftastə]

....

Menütaste^F
[me'ny:tastə]

....

Taste^F **Anruf**^M **beenden**
['tastə 'anru:f bə'ʔɛndən]

....

Lautsprecher^M
['lautʃprɛçe]

....

Objektivlinse^F
[ɔpjɛk'ti:flɪnzə]

Mikrofon^N
[mikro'fo:n]

....

schnurloses Telefon^N
['ʃnu:elo:zəs tele'fo:n]

....

digitaler Anrufbeantworter^M
[digi'ta:le 'anru:fbəʔantvɔrte]

....

Telefaxgerät^N
['te:ləfaksgərɛ:t]

....

SIM-Karte^F ['zɪmkartə]	telefonieren
Anschluss^M ['anʃlʊs]	antworten
Telefonbuch^N [tele'fo:nbu:x]	auflegen
Telefonist^M/**Telefonistin**^F [telefo'nɪst/telefo'nɪstɪn]	eine Nummer wählen
Wählton^M/**Freizeichen**^N ['vɛ:lto:n/'fraɪtsaɪçən]	eine Nachricht hinterlassen
Mailbox^F ['me:lbɔks]	eine SMS senden
Klingeln^N ['klɪŋəln]	Die Leitung ist besetzt.
Vorwahl^F ['fo:eva:l]	Die Verbindung wurde unterbrochen.
falsche Nummer^F ['falʃə 'nʊme]	

Postdienstleistungssystem^N

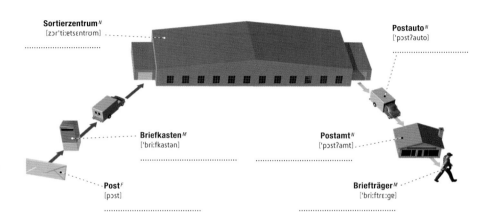

Sortierzentrum^N
[zɔr'tiːɐtsɛntrʊm]

Postauto^N
['pɔst?auto]

Briefkasten^M
['briːfkastən]

Postamt^N
['pɔst?amt]

Post^F
[pɔst]

Briefträger^M
['briːftrɛːɡɐ]

Brief^M
[briːf]

Briefmarke^F/
Postwertzeichen^N
['briːfmarkə/'pɔstvɛrttsaɪçən]

Massenversand^M
['masənfɛɐzant]

Postanweisung^F
['pɔst?anvaɪzʊŋ]

Postkarte^F
['pɔstkartə]

Postpaket^N
['pɔstpakeːt]

Empfänger^M
[ɛm'pfɛŋɐ]

Adresse^F/**Postleitzahl**^F
['a'drɛsə/'pɔstlaɪttsaːl]

Postfach^N ['pɔstfax]

Expressversand^M [ɛks'prɛsfɛɐzant]

Einschreiben^N ['aɪnʃraɪbən]

ein Paket verschicken

einen Brief einwerfen

Verlagswesen[N]

Titelseite[F]
['ti:təlzaɪtə]

Zeitungskopf[M]
['tsaɪtʊŋskɔpf]

Vortitel[M]
['fo:eti:təl]

Titelzeile[F]
['ti:təltsaɪlə]

Untertitel[M]
['ʊnteti:təl]

Inhalt[M]
['ɪnhalt]

Zeitung[F]
['tsaɪtʊŋ]

Redaktionsteil[M]
[redak'tsjo:nstaɪl]

Schlagzeile[F]
['ʃla:ktsaɪlə]

Titelfoto[N]
['ti:təlfoto]

Bildunterschrift[F]
['bɪlt?ʊnteʃrɪft]

Artikel[M]
[ar'ti:kəl]

Zusammenfassung[F] [tsu'zamənfasʊŋ]	
Abschnitt[M] ['apʃnɪt]	
Reportage[F] [repɔr'ta:ʒə]	
Kleinanzeigen[F, Pl] ['klaɪn?antsaɪgən]	
Tageszeitung[F] ['ta:gəstsaɪtʊŋ]	
Wochenzeitschrift[F] ['vɔxəntsaɪtʃrɪft]	
Auflage[F] ['aufla:gə]	
drucken	
veröffentlichen	

Zeitschrift[F]
['tsaɪtʃrɪft]

gebundenes Buch[N]
[gə'bʊndənəs 'bu:x]

Radio[N]

**Sprecher- und
Regieraum**[M]
['ʃprɛçe ʊnt re'ʒi:raum]

Wechselsprechanlage[F]
['vɛksəlʃprɛç?anla:gə]

Mikrofon[N]
[mikro'fo:n]

digitale Stoppuhr[F]
[digi'ta:lə 'ʃtɔp?u:ɐ]

Kopfhörer[M]
['kɔpfhø:re]

Schallfenster[N]
['ʃalfɛnste]

Kontrolllautsprecher[M]
[kɔn'trɔllautʃpreçe]

Mischpult[N]
['mɪʃpʊlt]

Kofferradio[N]
['kɔfera:dio]

Teleskopantenne[F]
[tele'sko:p?antɛnə]

Frequenzauswahltasten[F]
[fre'kvɛnts?ausva:ltasten]

Lautstärkeregler[M]
['lautʃtɛrkəre:gle]

Frequenzwähler[M]
[fre'kvɛntsvɛ:le]

Journalist[M] [ʒʊrna'lɪst]
Moderator[M] [modə'ra:to:e]
Kommentator[M] [kɔmɛn'ta:toe]
Reporter[M] [re'pɔrte]
Zuhörerschaft[F] ['tsu:hø:reʃaft]
Zuschauer[M]/**Hörer**[M] ['tsu:ʃaue/'hø:re]
Sender[M] ['zɛnde]
Sendung[F] ['zɛndʊŋ]
Serie[F] ['ze:riə]
Nachrichten[PL] ['na:xrɪçtən]
Interview[N] ['ɪntevju:]
Dokumentarfilm[M] [dokumɛn'ta:efɪlm]
Quizsendung[F] ['kvɪszɛndʊŋ]
live [laif]
Werbung[F] ['vɛrbʊŋ]
Programmübersicht[F] [pro'gram?y:bezɪçt]
senden/übertragen
aufnehmen

Fernsehen^N

Flächenleuchte^F
['flɛçənlɔyçtə]

beweglicher Scheinwerfer^M
[bə've:klıçe 'ʃaınvɛrfe]

fest montierter Scheinwerfer^M
['fɛst mɔn'ti:ete 'ʃaınvɛrfe]

Aufnahmestudio^N
['aufna:məʃtu:dio]

hochauflösende Kamera^F
['ho:x?auflø:zəndə 'kaməra]

Chromakey-Hintergrund^M
['kro:maki:hıntegrʊnt]

Lichtwanne^F
['lıçtvanə]

Mikrofonausleger^M
[mikro'fo:n?ausle:ge]

Kamerakran^M
['kamərakra:n]

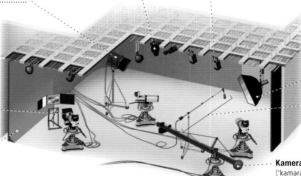

elektrodynamisches Mikrofon^N
[e'lɛktrodyna:mıʃəs mikro'fo:n]

Teleprompter^M
['te:ləprɔmpte]

Übertragungswagen^M
[y:be'tra:gʊŋsva:gən]

Telekommunikations-satellit^M
[telekɔmunika'tsjo:nszatə'li:t]

Lavaliermikrofon^N
[lava'li:emikrofo:n]

Ohrstöpsel^M
['o:eʃtœpsəl]

Schulterkamera^F
['ʃʊltəkaməra]

Parabolantenne^F
[para'bo:l?antɛnə]

Home-Entertainment^N

Großbildfernseher^M
['gro:sbɪltfɛrnze:ɐ]

Heimkino^N
['haɪmki:no]

Ein-/Aus-Taste^F
['aɪn/'austastə]

Bedientasten^F
[bə'di:ntastən]

LCD-Fernseher^M
[ɛltse:'de:'fɛrnze:ɐ]

Parabolantenne^F
[para'bo:l?antɛnə]

Fernbedienung^F
['fɛrnbədi:nʊŋ]

Plasmafernseher^M
['plasma'fɛrnze:ɐ]

Bildschirm^M
['bɪltʃɪrm]

Lautsprecher^M
['lautʃprɛçɐ]

DVD-Rekorder^M
[de:fau'de:rekɔrdɐ]

DVD^F
[de:fau'de:]

tragbarer DVD-Spieler^M
['tra:kba:rɐ de:fau'de:ʃpi:lɐ]

tragbare Spielkonsole^F
['tra:kba:rə 'ʃpi:lkɔn'zo:lə]

Zoomobjektiv^N
['zu:m?ɔpjɛkti:f]

Mikrofon^N
[mikro'fo:n]

Videokamera^F
['vi:deokaməra]

Spielekonsole^F
['ʃpi:lәkɔn'zo:lə]

Controller^M
[kɔn'tro:lɐ]

Videospielsystem^N
['vi:deoʃpi:lzʏste:m]

Home-Entertainment

Ein-/Stand-by-Taste^M
['aɪn/stɛnt'baɪtastə]

Lautstärkeregelungstasten^{F, PL}
['lautʃtɛrkə're:gəlʊŋstastən]

Tablet-Computer^M
['tɛblətkɔmpjuːtɐ]

Touchscreen^M
['tatʃskriːn]

MP3-Spieler^M
[ɛmpe:'draɪʃpiːlɐ]

Display^N
[dɪs'pleː]

Auswahltaste^F
['ausvaːltastə]

Kopfhörer^M
['kɔpfhøːrɐ]

Mini-HiFi-System^N
['mɪni'haɪfiːzʏsteːm]

Dockingstation^F **für MP3-Spieler**^M
['dɔkɪŋʃtatsjoːn fyːɐ ɛmpe:'draɪʃpiːlɐ]

Kopfhörer^M
['kɔpfhøːrɐ]

E-Book-Reader^M
['iːbʊkriːdɐ]

Lautsprecher^M
['lautʃprɛçɐ]

CD-Spieler^M
[tseː'deː'ʃpiːlɐ]

tragbarer CD-Spieler^M
['traːkbaːrɐ tseː'deː'ʃpiːlɐ]

Compact Disc^F **(CD)**
[kɔm'pakt dɪsk (tseː'deː)]

Radio^N ['raːdio]	
USB-Schnittstelle^F [uː'ʔɛs'beːʃnɪtʃtɛlə]	
Satellitenfernsehen^N [zatə'liːtənfɛrnzeːən]	
Kabelfernsehen^N ['kaːbəlfɛrnzeːən]	
Bezahlfernsehen^N/**Pay-TV**^N [bə'tsaːlfɛrnzeːən/'pɛɪtiːviː]	
Video-on-Demand^N ['viːdeoʔɔndiˈmaːnt]	
Music-on-Demand^N ['mjuːzɪkʔɔndiˈmaːnt]	
Zappen^N ['tsapən]	

Plattenspieler^M
['platənʃpiːlɐ]

Schallplatte^F
['ʃalplatə]

➔ 192-199, 201-203

Fotografie ^F

digitale Spiegelreflexkamera ^F
[digiˈtaːlə ˈʃpiːɡəlreflɛkskamərə]

Modusauswahl ^F
[ˈmoːdʊsʔausvaːl]

Blitz ^M
[blɪts]

Auslöser ^M
[ˈausløːze]

Objektivdeckel ^M
[ɔpjɛkˈtiːfdɛkəl]

Kameragehäuse ^N
[ˈkaməragəhɔyzə]

Zoomobjektiv ^N
[ˈzuːmʔɔpjɛktiːf]

Scharfstellring ^M
[ˈʃarfʃtɛlrɪŋ]

Farbfilter ^M
[faːrpfɪlte]

Speicherkarte ^F
[ˈʃpaiçekartə]

Batteriepack ^M
[batəˈriːpak]

Knopfzelle ^F
[ˈknɔpftsɛlə]

Gegenlichtblende ^F
[ˈgeːgənlɪçtblɛndə]

Elektronenblitz ^M
[elɛkˈtroːnənblɪts]

digitaler Belichtungsmesser ^M
[digiˈtaːle bəˈlɪçtʊŋsmɛse]

Kameratasche ^F
[ˈkamərataʃə]

Stativ ^N
[ʃtaˈtiːf]

Fotografie^F

Kompaktkamera^F
[kɔm'paktkaməra]

Einwegkamera^F
['aɪnveːkkaməra]

**analoge
Spiegelreflexkamera**^F
[ana'loːgə 'ʃpiːgəlreflɛkskaməra]

Sofortbildkamera^F
[zo'fɔrtbɪltkaməra]

USB-Stick^M
[uː'?ɛs'beːstɪk]

**digitale
Bildbearbeitung**^F
[digi'taːlə 'bɪltbə?arbaɪtʊŋ]

Filmpatrone^F
['fɪlmpatroːnə]

Projektionswand^F
[projɛk'tsjoːnsvant]

**digitaler
Bilderrahmen**^M
[digi'taːle 'bɪldəraːmən]

Fotoalbum^N
['foːto?albʊm]

Dia^N
['diːa]

Diaprojektor^M
['diːaproˈjɛktoːɐ]

Fotostudio^N ['foːtoʃtuːdio]	**rote Augen**^{N, PL} [roːtə 'augən]
Porträt^N [pɔr'trɛː]	**verschwommenes Foto**^N [fɛɐ'ʃvɔmənəs 'foːto]
Landschaft^F ['lantʃaft]	**mattes Foto(papier)**^N ['matəs 'foːto(papiːɐ)]
Hochformat^N ['hoːxfɔrmaːt]	**glänzendes Foto(papier)**^N
Querformat^N ['kveːefɔrmaːt]	['glɛntsəndəs 'foːto(papiːɐ)]
Scharfstellen^N ['ʃarfʃtɛlən]	**Vergrößerung**^F [fɛɐ'grøːsərʊŋ]
schwarz-weiß [ʃvarts'vaɪs]	**Überbelichtung**^F ['yːbebəlɪçtʊŋ]
Bildverarbeitungssoftware^F ['bɪltvɛɐ?arbaɪtʊŋs'sɔftvɛːɐ]	**Unterbelichtung**^F ['ʊntebəlɪçtʊŋ]
	ausrichten
	ein Foto machen

Kino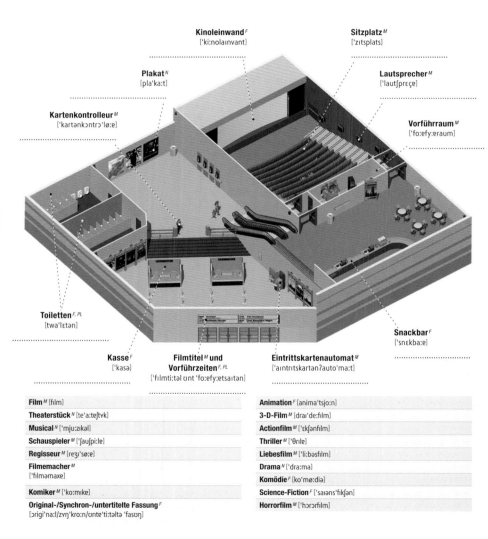

Kinoleinwand^F ['ki:nolaınvant]

Sitzplatz^M ['zıtsplats]

Plakat^N [pla'ka:t]

Lautsprecher^M ['lautʃprɛçe]

Kartenkontrolleur^M ['kartənkɔntrɔ'løːe]

Vorführraum^M ['fo:efy:eraum]

Toiletten^{F, PL} [twa'lɛtən]

Snackbar^F ['snɛkba:e]

Kasse^F ['kasə]

Filmtitel^M und **Vorführzeiten**^{F, PL} ['fılmti:təl unt 'fo:efy:etsaıtən]

Eintrittskartenautomat^M ['aıntrıtskartən?auto'ma:t]

Film^M [fılm]

Theaterstück^N [te'a:teʃtvk]

Musical^N ['mju:zıkəl]

Schauspieler^M ['ʃauʃpi:le]

Regisseur^M [reʒı'sø:e]

Filmemacher^M ['fılməmaxe]

Komiker^M ['ko:mıke]

Original-/Synchron-/untertitelte Fassung^F [ɔrigi'na:l/zvŋ'kro:n/unte'ti:təltə 'fasuŋ]

Animation^F [anima'tsjo:n]

3-D-Film^M [draɪ'de:fɪlm]

Actionfilm^M ['ɛkʃənfɪlm]

Thriller^M ['θrɪle]

Liebesfilm^M ['li:bəsfɪlm]

Drama^N ['dra:ma]

Komödie^F [ko'mø:diə]

Science-Fiction^F ['saɪəns'fɪkʃən]

Horrorfilm^M ['hɔrɔrfɪlm]

Theater^N

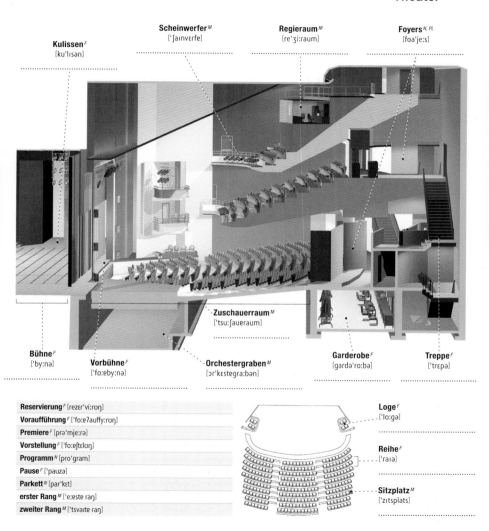

Kulissen^F
[ku'lɪsən]

Scheinwerfer^M
['ʃaɪnvɛrfɐ]

Regieraum^M
[re'ʒiːraum]

Foyers^{N, PL}
[foa'jeːs]

Bühne^F
['byːnə]

Vorbühne^F
['foːebyːnə]

Orchestergraben^M
[ɔr'kɛstegraːbən]

Zuschauerraum^M
['tsuːʃaueraum]

Garderobe^F
[gardə'roːbə]

Treppe^F
['trɛpə]

Reservierung^F [rezɛr'viːrʊŋ]	
Voraufführung^F ['foːeʔaʊffyːrʊŋ]	
Premiere^F [prə'mjeːrə]	
Vorstellung^F ['foːeʃtɛlʊŋ]	
Programm^N [pro'gram]	
Pause^F ['pauzə]	
Parkett^N [par'kɛt]	
erster Rang^M ['eːeste raŋ]	
zweiter Rang^M ['tsvaite raŋ]	

Loge^F
['loːgə]

Reihe^F
['raɪə]

Sitzplatz^M
['zɪtsplats]

Spiele^{N, PL} und Spielsachen^{F, PL}

Würfel^M
['vʏrfəl]

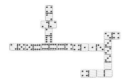

Dominosteine^{F, PL}
['do:minoʃtaɪnə]

Spielkarten^{F, PL}
['ʃpi:lkartən]

Joker^M
['dʒo:ke]

Bube^M
['bu:bə]

Dame^F
['da:mə]

König^M
['kø:nɪç]

Ass^N
[as]

Herz^N
[hɛrts]

Karo^N
['ka:ro]

Spielfigur^F ['ʃpi:lfigu:e]	
Kartenspiel^N ['kartənʃpi:l]	
Poker^{M/N} ['po:ke]	
Bridge^N [brɪdʒ]	
Gewinner^M [gə'vɪne]	
Verlierer^M [fɛɐ'li:re]	
Glück^N [glʏk]	
Pech^N [pɛç]	
Team^N [ti:m]	
Wette^F ['vɛtə]	
Blatt^N [blat]	
Stich^M [ʃtɪç]	
Wurf^M [vʊrf]	
Zug^M [tsu:k]	
die Karten^{F, PL} mischen	
verteilen	
betrügen/falschspielen	
Ich bin/Du bist an der Reihe.	

Kreuz^N
[krɔyts]

Pik^N
[pi:k]

→ 242, 316-317

Spiele[N, PL] und Spielsachen[F, PL]

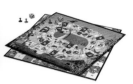

Brettspiel[N]
['brɛtʃpiːl]

Puzzle[N]
['pʊzl]

Dame[F]
['daːmə]

König[M]
['køːnɪç]

Läufer[M]
['lɔyfɐ]

Schach[N]
[ʃax]

Springer[M]
['ʃprɪŋɐ]

Turm[M]
[tʊrm]

Schachbrett[N]
['ʃaxbrɛt]

Bauer[M]
['bauɐ]

Dame[F]
['daːmə]

Wurfpfeil[M]
['vʊrfpfaɪl]

Backgammon[N]
[bæk'gæmən]

Dartspiel[N]
['dartʃpiːl]

Tischfußball[M]
['tɪʃfuːsbal]

Bauklötze[M, PL]
['bauklœtsə]

Drachen[M]
['draxən]

Puppe[F]
['pʊpə]

Plüschtier[N]
['plyːʃtiːɐ]

Kunst*F* und Kunsthandwerk*N*

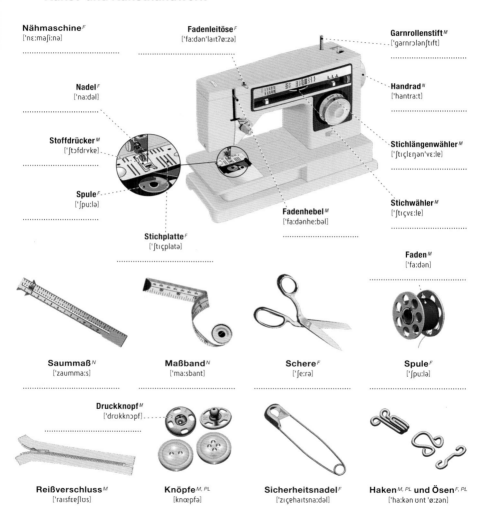

Nähmaschine*F*
['nɛːmaʃiːnə]

Fadenleitöse*F*
['faːdən'laɪtʔøːzə]

Garnrollenstift*M*
['garnrɔlənʃtɪft]

Nadel*F*
['naːdəl]

Handrad*N*
['hantraːt]

Stoffdrücker*M*
['ʃtɔfdrʏke]

Stichlängenwähler*M*
['ʃtɪçlɛŋən'vɛːle]

Spule*F*
['ʃpuːlə]

Stichwähler*M*
['ʃtɪçvɛːle]

Fadenhebel*M*
['faːdənheːbəl]

Stichplatte*F*
['ʃtɪçplatə]

Faden*M*
['faːdən]

Saummaß*N*
['zaʊmmaːs]

Maßband*N*
['maːsbant]

Schere*F*
['ʃeːrə]

Spule*F*
['ʃpuːlə]

Druckknopf*M*
['drʊkknɔpf]

Reißverschluss*M*
['raɪsfɛɐʃlʊs]

Knöpfe*M, PL*
[knœpfə]

Sicherheitsnadel*F*
['zɪçehaɪtsnaːdəl]

Haken*M, PL* und Ösen*F, PL*
['haːkən ʊnt 'øːzən]

Kunst^F und Kunsthandwerk^N

Nadelkissen^N
['na:dəlkɪsən]

Stecknadel^F
['ʃtɛkna:dəl]

Nadel^F
['na:dəl]

Fingerhut^M
['fɪŋəhu:t]

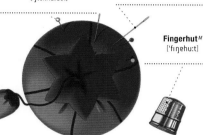

Häkelnadel^F
['hɛ:kəlna:dəl]

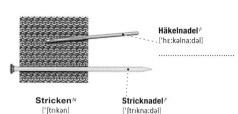

Stricken^N
['ʃtrɪkən]

Stricknadel^F
['ʃtrɪkna:dəl]

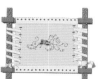

Stickerei^F
[ʃtɪkə'raɪ]

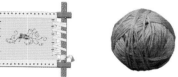

Wollknäuel^N
['vɔlknɔyəl]

Schneiderbüste^F
['ʃnaɪdebʏrstə]

Weben^N
['ve:bən]

Klöppelspitze^F
['klœpəlʃpɪtsə]

Glasmalerei^F
[gla:sma:lə'raɪ]

Hubel^M
['hu:bəl]

Töpferscheibe^F
['tœpfeʃaɪbə]

Schnittmuster^N
['ʃnɪtmʊstɐ]

Stoff^M
[ʃtɔf]

Töpferei^F
[tœpfə'raɪ]

Kunst*F* und Kunsthandwerk*N*

Buntstift*M*
['bʊntʃtɪft]

....

Wachsmalstift*M*
['vaksmaːlʃtɪft]

....

Filzstift*M*
['fɪltsʃtɪft]

....

Tinte*F*
['tɪntə]

....

Kohle*F*
['koːlə]

....

Ölpastell*N*
['øːlpastɛl]

....

Pastell*N*
[pas'tɛl]

....

Ölfarbe*F*
['øːlfarbə]

....

Tube*F*
['tuːbə]

....

Farbnäpfchen*N*
['farpnɛpfçən]

....

Aquarell*N*
[akva'rɛl]

....

Gouache*F*
[guaʃ]

....

Palette*F*
[pa'lɛtə]

....

Graphosfeder*F*
['graːfɔsfeːdɐ]

....

Pinsel*M*
['pɪnzəl]

....

Flachpinsel*M*
['flaxpɪnzəl]

....

Malspachtel*M*
['maːlʃpaxtəl]

....

Kunst*F* und Kunsthandwerk*N*

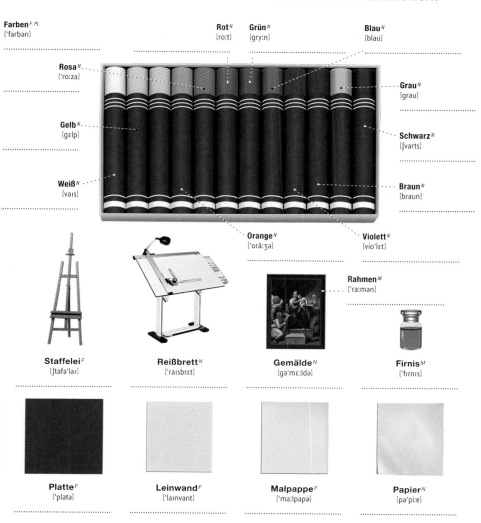

Farben*F, PL*
['farbən]

Rot*N*
[roːt]

Grün*N*
[gryːn]

Blau*N*
[blau]

Rosa*N*
['roːza]

Grau*N*
[grau]

Gelb*N*
[gɛlp]

Schwarz*N*
[ʃvarts]

Weiß*N*
[vaɪs]

Braun*N*
[braun]

Orange*N*
['orãːʒə]

Violett*N*
[vio'lɛt]

Rahmen*M*
['raːmən]

Staffelei*F*
[ʃtafə'laɪ]

Reißbrett*N*
['raɪsbrɛt]

Gemälde*N*
[gə'mɛːldə]

Firnis*M*
['fɪrnɪs]

Platte*F*
['platə]

Leinwand*F*
['laɪnvant]

Malpappe*F*
['maːlpapə]

Papier*N*
[pa'piːɐ]

Kunst*F* und Kunsthandwerk*N*

Barock*M*
[ba'rɔk]

Klassizismus*M*
[klasi'tsɪsmʊs]

Skizze*F*
['skɪtsə]

Modellbau*M*
[mo'dɛlbau]

Impressionismus*M*
[ɪmpresjo'nɪsmʊs]

Expressionismus*M*
[ɛkspresjo'nɪsmʊs]

Künstler *M*/Künstlerin *F* ['kʏnstle/'kʏnstlərɪn]

Atelier *N* [atə'lje:]

Ausstellung *F* ['ausʃtɛlʊŋ]

Galerie *F* [galə'ri:]

moderne Kunst *F* [mo'dɛrnə 'kʊnst]

zeitgenössische Kunst *F* ['tsaitgənœsiʃə 'kʊnst]

Acryl *N* [a'kry:l]

Stillleben *N* ['ʃtɪlle:bən]

Porträt *N* [pɔr'trɛ:]

Landschaft *F* ['lantʃaft]

Graffiti *N* [gra'fi:ti]

Malerei *F* [malə'rai]

Wandmalerei *F* [vantmalə'rai]

Mosaik *N* [moza'i:k]

Zeichnung *F* ['tsaiçnʊŋ]

Collage *F* [kɔ'la:ʒə]

Scrapbooking *N* ['skrɛpbʊkɪŋ]

Origami *N* [ori'ga:mi]

Pappmaschee *N* ['papmaʃe:]

Kalligrafie *F* [kaligra'fi:]

Häkeln *N* ['hɛ:kəln]

Nähen *N* ['nɛ:ən]

Stich *M* [ʃtɪç]

Stickerei *F* [ʃtɪkə'rai]

Juwelierkunst *F* [juvə'li:ekʊnst]

Goldschmiedekunst *F* ['gɔltʃmi:dəkʊnst]

Kunsttischlerei *F* ['kʊnsttɪʃlə'rai]

Töpferei *F* [tœpfə'rai]

Sammlung *F* ['zamlʊŋ]

Kubismus*M*
[ku'bɪsmʊs]

abstrakte Kunst*F*
[ap'straktə 'kʊnst]

naive Kunst*F*
[na'i:və 'kʊnst]

Realismus*M*
[rea'lɪsmʊs]

Kunst*F* und Kunsthandwerk*N*

Beitel*M*
['baɪtəl]

gerades Hohleisen*N*
[gəˈraːdəs ˈhoːlʔaɪzən]

Messer*N*
['mɛsɐ]

Schlägel*M*
['ʃlɛːgəl]

Zeichnen*N*
['tsaɪçnən]

Aussägen*N*
['auszɛːgən]

Holz*N*
[hɔlts]

Schnitzen*N*
['ʃnɪtsən]

Herausarbeiten*N*
[hɛˈrausʔarbaɪtən]

Holzschnitt*M*
['hɔltsʃnɪt]

Hochdruck*M*
['hoːxdrʊk]

Tiefdruck*M*
['tiːfdrʊk]

Lithografie*F*
[lɪtograˈfiː]

Farbe*F*
['farbə]

Spachtel*M*
['ʃpaxtəl]

Farbstein*M*
['farpʃtaɪn]

Andruckpresse*F*
['andrʊkprɛsə]

Farbwalze*F*
['farpvaltsə]

Musik*F*

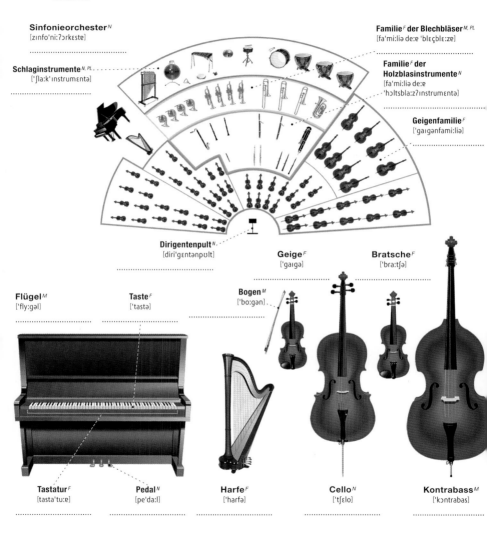

Sinfonieorchester*N*
[zɪnfoˈniːˈʔɔrkɛstɐ]

Schlaginstrumente*N, PL*
['ʃlaːkʼɪnstrumɛntə]

Familie*F* **der Blechbläser***M, PL*
[faˈmiːliə deːɐ 'blɛçblɛːzɐ]

Familie*F* **der Holzblasinstrumente***N*
[faˈmiːliə deːɐ 'hɔltsblaːʔɪnstrumɛntə]

Geigenfamilie*F*
['gaɪɡənfamiːliə]

Dirigentenpult*N*
[diriˈɡɛntənpʊlt]

Geige*F*
['gaɪɡə]

Bratsche*F*
['braːtʃə]

Bogen*M*
['boːɡən]

Flügel*M*
['flyːɡəl]

Taste*F*
['tastə]

Tastatur*F*
[tastaˈtuːɐ]

Pedal*N*
[peˈdaːl]

Harfe*F*
['harfə]

Cello*N*
['tʃɛlo]

Kontrabass*M*
['kɔntrabas]

Musik*F*

Tamburin*N*
['tamburiːn]

Kastagnetten*F, PL*
[kasta'njɛtən]

Kesselpauke*F*
['kɛsəlpaukə]

Waldhorn*N*
['valthɔrn]

Triangel*M*
['triːʔaŋəl]

Xylofon*N*
[ksylo'foːn]

Schlägel*M, PL*
['ʃlɛːgəl]

Trompete*F*
[trɔm'peːtə]

Klarinette*F*
[klari'nɛtə]

Fagott*N*
[fa'gɔt]

Oboe*F*
[o'boːə]

Posaune*F*
[po'zaunə]

Pikkoloflöte*F*
['pɪkolofløːtə]

Querflöte*F*
['kveːrfløːtə]

Englischhorn*N*
['ɛŋlɪʃhɔrn]

Tuba*F*
['tuːba]

Musik^F

Schlagzeug^N
['ʃlaːktsɔyk]

Becken^N
['bɛkən]

Hängetom^N
['hɛŋətɔm]

Standtom^N
['ʃtanttɔm]

Basstrommel^F
['bastrɔməl]

kleine Trommel^F
['klaɪnə 'trɔməl]

Stöcke^M, PL
['ʃtœkə]

Akkordeon^N
[aˈkɔrdeɔn]

Saxofon^N
[zaksoˈfoːn]

Mundharmonika^F
['mʊntharmoːnika]

akustische Gitarre^F
[aˈkʊstɪʃə giˈtarə]

elektrische Gitarre^F
[eˈlɛktrɪʃə giˈtarə]

Bassgitarre^F
['basgitarə]

Synthesizer^M
['sʏntəsaɪzə]

Violinschlüssel^M
[vioˈliːnʃlʏsəl]

Note^F
['noːtə]

Notenschrift^F
['noːtənʃrɪft]

Liniensystem^N
['liːniənzʏsteːm]

Solist^M/**Solistin**^F [zoˈlɪst/zoˈlɪstɪn]	
Duo^N ['duːo]	
Trio^N ['triːo]	
Quartett^N [kvarˈtɛt]	
Melodie^F [meloˈdiː]	
Refrain^M [raˈfrɛ̃ː]	
Partitur^F [partiˈtuːɐ]	
Tempo^N ['tɛmpo]	
ein Instrument spielen	

Musik*F*

Klassische Musik*F*
['klasɪʃə mu'ziːk]

....

Oper*F*
['oːpɐ]

....

Ballett*N*
[ba'lɛt]

....

Chor*M*
[koːɐ]

....

Jazz*M*
[dʒɛs]

....

Rock*M*
[rɔk]

....

Popmusik*F*
['pɔpmuziːk]

....

Weltmusik*F*
['vɛltmuziːk]

....

Countrymusik*F*
['kantrimuziːk]

....

Techno*N/M*
['tɛkno]

....

Rap*M*
[rɛp]

....

Heavy Metal*N*
['hɛvi'mɛtəl]

....

Band *F* [bɛnt]	**Disko** *F* ['dɪsko]
Sänger *M* ['zɛŋɐ]	**Rhythmus** *M* ['rʏtmʊs]
Star *M* [staːɐ]	**Tango** *M* ['taŋgo]
Discjockey (DJ) *M* ['dɪskdʒɔki]	**Flamenco** *M* [fla'mɛnko]
Fan *M* [fɛn]	**Salsa** *M* ['zalsa]
Konzert *N* [kɔn'tsɛrt]	**Hip-Hop** *M* ['hɪphɔp]
Festival *N* ['fɛstivəl]	**Blues** *M* [bluːs]
Lied *N* [liːt]	**Reggae** *M* ['rɛge]
Songtext *M* ['sɔŋtɛkst]	**Gehen wir tanzen!**

Fitness^F

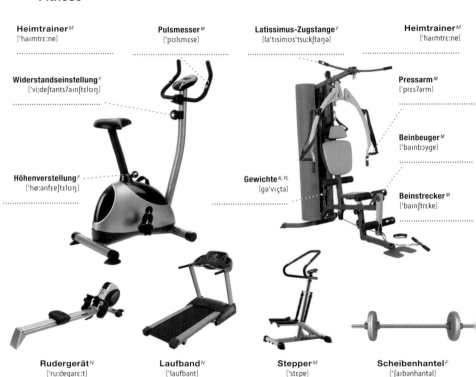

Heimtrainer^M
['haɪmtrɛːnɐ]

Pulsmesser^M
['pʊlsmɛsɐ]

Latissimus-Zugstange^F
[laˈtɪsimʊsˈtsuːkʃtaŋə]

Heimtrainer^M
['haɪmtrɛːnɐ]

Widerstandseinstellung^F
['viːdɐʃtants?aɪnʃtɛlʊŋ]

Pressarm^M
['prɛs?arm]

Beinbeuger^M
['baɪnbɔygɐ]

Höhenverstellung^F
['høːənfɛɐʃtɛlʊŋ]

Gewichte^{N, PL}
[gəˈvɪçtə]

Beinstrecker^M
['baɪnʃtrɛkɐ]

Rudergerät^N
['ruːdɐgərɛːt]

Laufband^N
['laʊfbant]

Stepper^M
['stɛpɐ]

Scheibenhantel^F
['ʃaɪbənhantəl]

Handmuskeltrainer^M
['hantmʊskəltrɛːnɐ]

Federstange^F
['feːdɐʃtaŋə]

**Fuß-/
Handgelenksgewicht**^N
['fuːs/'hantgəlɛŋksgəvɪçt]

Hantel^F
['hantəl]

Fitness^F

Aerobic^{F/N}
[ɛˈrɔbɪk]

Pilates^N
[piˈlaːtəs]

Jogging^N
[ˈdʒɔgɪŋ]

Bodybuilding^N/
Krafttraining^N
[ˈbɔdibɪldɪŋ/ˈkrafttrɛːnɪŋ]

Liegestütz^M
[ˈliːgəʃtvts]

Sit-up^M
[ˈsɪtʔap]

Wassergymnastik^F
[ˈvasɐgʏmnastɪk]

Dehnung^F
[ˈdeːnʊŋ]

Übungsmatte^F
[ˈyːbʊŋsmatə]

Fitnessball^M
[ˈfɪtnɛsbal]

Turnhalle^F [ˈtʊrnhalə]	
Personal Trainer^M [ˈpəːsənəl ˈtreɪnɐ]	
Aufwärmen^N [ˈaufvɛrmən]	
Training^N [ˈtrɛːnɪŋ]	
Kniebeuge^F [ˈkniːbɔygə]	
Dehnen^N/**Strecken**^N [ˈdeːnən/ˈʃtrɛkən]	
Kniebeuge^F [ˈkniːbɔygə]	
Muskeltonus^M [ˈmʊskəltoːnʊs]	
Muskelkater^M [ˈmʊskəlkaːtɐ]	
Muskelzerrung^F [ˈmʊskəltsɛrʊŋ]	
Muskelaufbau^M [ˈmʊskəlʔaufbau]	
Gehen^N [ˈgeːən]	
Laufen^N [ˈlaufən]	
Schwimmen^N [ˈʃvɪmən]	
Yoga^N [ˈjoːga]	
Entspannung^F [ɛntˈʃpanʊŋ]	
Kalorien^{F, PL} **verbrennen**	

→ 22, 39, 49

Expander^M
[ɛksˈpandɐ]

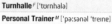

Springseil^N
[ˈʃprɪŋzaɪl]

Kunstturnen^N

Seitpferd^N
['zaɪtpfeːɐt]

Sprungbrett^N
['ʃprʊŋbrɛt]

Sprungtisch^M
['ʃprʊŋtɪʃ]

Schwebebalken^M
['ʃveːbəbalkən]

Reck^N
[rɛk]

Barren^M
['barən]

Stufenbarren^M
['ʃtuːfənbarən]

Ringe^{M, PL}
['rɪŋə]

Kampfrichter^M
['kampfrɪçtɐ]

Reifen^M
['raɪfən]

Bodenturnfläche^F
['boːdəntʊrnflɛçə]

Turner^M**/Turnerin**^F
['tʊrnɐ/'tʊrnərɪn]

Trampolin^N
['trampoliːn]

**rhythmische
Sportgymnastik**^F
['rʏtmɪʃə 'ʃpɔrtɡʏmnastɪk]

Seil^N
[zaɪl]

Band^N
[bant]

Ball^M
[bal]

Keulen^{F, PL}
['kɔylən]

Leichtathletik^F

Stadion^N
['ʃtaːdiɔn]

Aschenbahn^F
['aʃənbaːn]

Startnummer^F
['ʃtartnʊmɐ]

Startblock^M
['ʃtartblɔk]

Staffelstab^M
['ʃtafəlʃtaːp]

Wettlauf^M
['vɛtlaʊf]

Hürde^F
['hʏrdə]

Marathonlauf^M
['maratɔnlaʊf]

Staffellauf^M
['ʃtafəllaʊf]

Stabhochsprung^M
['ʃtaːphoːxʃprʊŋ]

Speerwurf^M
['ʃpeːevʊrf]

Hammerwerfen^N
['hamevɛrfən]

Weitsprung^M
['vaɪtʃprʊŋ]

Hochsprung^M
['hoːxʃprʊŋ]

Kugelstoßen^N
['kuːgəlʃtoːsən]

Diskuswerfen^N
['dɪskʊsvɛrfən]

Wettkampf^M ['vɛtkampf]	
Crosslauf^M/**Querfeldeinlauf**^M ['krɔslaʊf/kveːefəlt?aɪnlaʊf]	
Sprint^M [ʃprɪnt]	
Ausdauertraining^N ['aʊsdaʊetreːnɪŋ]	
Triathlon^M ['triːatlɔn]	
Gold-/Silber-/Bronzemedaille^M [gɔlt/'zɪlbe/'brõːsəmedaljə]	
Stoppuhr^F ['ʃtɔp?uːe]	
Rekord^M [re'kɔrt]	

Ballsportarten *F. PL*

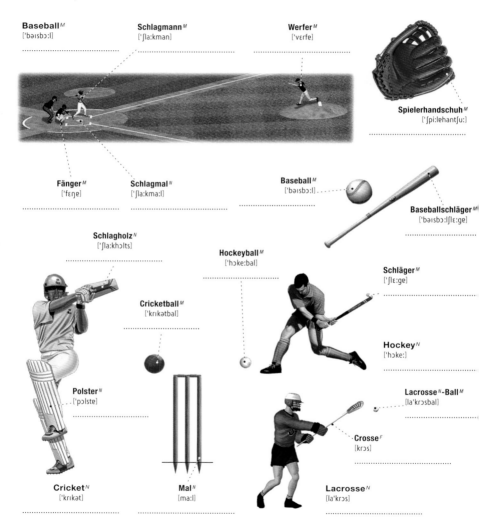

Baseball *M*
['baɪsbɔːl]

Schlagmann *M*
['ʃlaːkman]

Werfer *M*
['vɛrfe]

Spielerhandschuh *M*
['ʃpiːlehantʃuː]

Fänger *M*
['fɛŋe]

Schlagmal *N*
['ʃlaːkmaːl]

Baseball *M*
['baɪsbɔːl]

Baseballschläger *M*
['baɪsbɔːlʃlɛːge]

Schlagholz *N*
['ʃlaːkhɔlts]

Hockeyball *M*
['hɔkeːbal]

Schläger *M*
['ʃlɛːge]

Cricketball *M*
['krɪkətbal]

Hockey *N*
['hɔkeː]

Polster *N*
['pɔlste]

Lacrosse *N* **-Ball** *M*
[laˈkrɔsbal]

Crosse *F*
[krɔs]

Cricket *N*
['krɪkət]

Mal *N*
[maːl]

Lacrosse *N*
[laˈkrɔs]

Ballsportarten ^{F, PL}

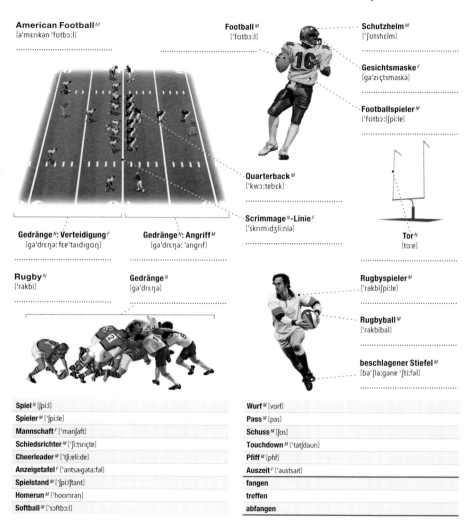

American Football ^M
[ə'mɛrɪkən 'fʊtbɔ:l]

....

Football ^M
['fʊtbɔ:l]

....

Schutzhelm ^M
['ʃʊtshɛlm]

....

Gesichtsmaske ^F
[gə'zɪçtsmaskə]

....

Footballspieler ^M
['fʊtbɔ:lʃpi:le]

....

Quarterback ^M
['kwɔ:tebɛk]

....

Scrimmage ^N**-Linie** ^F
['skrɪmɪdʒli:niə]

....

Tor ^N
[to:e]

....

Gedränge ^N**: Verteidigung** ^F
[gə'drɛŋə: fɛɛ'taɪdɪgʊŋ]

....

Gedränge ^N**: Angriff** ^M
[gə'drɛŋə: 'angrɪf]

....

Rugby ^N
['rakbi]

....

Gedränge ^N
[gə'drɛŋə]

....

Rugbyspieler ^M
['rakbiʃpi:le]

....

Rugbyball ^M
['rakbibal]

....

beschlagener Stiefel ^M
[bə'ʃla:gəne 'ʃti:fəl]

....

Spiel ^N [ʃpi:l]		**Wurf** ^M [vʊrf]	
Spieler ^M ['ʃpi:le]		**Pass** ^M [pas]	
Mannschaft ^F ['manʃaft]		**Schuss** ^M [ʃʊs]	
Schiedsrichter ^M ['ʃi:tsrɪçte]		**Touchdown** ^M ['tatʃdaun]	
Cheerleader ^M ['tʃi:eli:de]		**Pfiff** ^M [pfɪf]	
Anzeigetafel ^F ['antsaɪgəta:fəl]		**Auszeit** ^F ['austsaɪt]	
Spielstand ^M ['ʃpi:lʃtant]		**fangen**	
Homerun ^M ['hoʊmran]		**treffen**	
Softball ^M ['sɔftbɔ:l]		**abfangen**	

Ballsportarten^{F, PL}

Fußball^M
['fuːsbal]

Trikot^N
[triˈkoː]

Hose^F
['hoːzə]

Torwarthandschuhe^{M, PL}
['toːɐvarthantʃuːə]

Schraubstollen^M
['ʃraupʃtɔlən]

Schienbeinschoner^M
['ʃiːnbaɪnʃoːnɐ]

Stulpe^F
['ʃtʊlpə]

Fußballschuh^M
['fʊsbalʃuː]

Fußball^M
['fuːsbal]

Mauer^F
['maʊɐ]

Freistoß^M
['fraɪʃtoːs]

Elfmeter^M
[ɛlfˈmeːtɐ]

Gelbe Karte^F
['gɛlbə 'kartə]

Dribbling^N
['drɪblɪŋ]

Kopfball^M
['kɔpfbal]

Tackling^N
['tɛklɪŋ]

Rote Karte^F
['roːtə 'kartə]

Ballsportarten^{F, PL}

Fußballfeld^N
['fu:sbalfɛlt]

Verteidiger^M
[fɛɐ'taɪdɪɡe]

Innenverteidiger^M
['ɪnənfɛɐtaɪdɪɡe]

Mittelfeldspieler^M
['mɪtəlfɛltʃpi:le]

zentraler Mittelfeldspieler^M
[tsɛn'tra:le 'mɪtəlfɛltʃpi:le]

Elfmeterpunkt^M
[ɛlf'me:tepʊŋkt]

Tor^N
[to:ɐ]

Torwart^M
['to:ɐvart]

Torraum^M
['to:ɐraum]

Innenverteidiger^M
['ɪnənfɛɐtaɪdɪɡe]

Stürmer^M
['ʃtʏrme]

Stürmer^M
['ʃtʏrme]

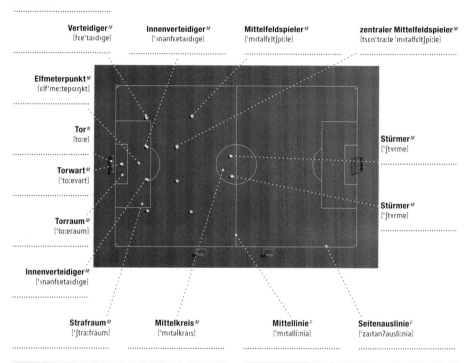

Strafraum^M
['ʃtra:fraum]

Mittelkreis^M
['mɪtəlkraɪs]

Mittellinie^F
['mɪtəlli:niə]

Seitenauslinie^F
['zaɪtən?ausli:niə]

Stadion^N ['ʃta:djɔn]	**Weltmeisterschaft**^F ['vɛltmaɪsteʃaft]
Zuschauertribünen^{F, PL} ['tsu:ʃauetriby:nən]	**Qualifikation**^F [kvalifika'tsjo:n]
Fußballspieler^M ['fusbalʃpi:le]	**Verein**^M [fɛɐ'?aɪn]
Schiedsrichter^M ['ʃi:tsrɪçte]	**Torschuss**^M ['to:eʃʊs]
Trainer^M ['trɛ:ne]	**Abseits**^N ['apzaɪts]
Ersatzspieler^M [ɛr'zatsʃpi:le]	**Halbzeit**^F ['halptsaɪt]
Fan^M [fɛ:n]	**Verlängerung**^F [fɛɐ'lɛŋərʊŋ]
Platzverweis^M ['platsfɛevaɪs]	**Unentschieden**^N ['ʊn?ɛntʃi:dən]
	ein Tor schießen

Ballsportarten^{F. PL}

Handball^M
['hantbal]

Handball^M
['hantbal]

Seitenlinie^F
['zaɪtənliːniə]

Torraumlinie^F
['toːeraumliːniə]

Torraum^M
['toːeraum]

Tor^N
[toːe]

7-m-Linie^F
[ziːbənˈmeːteliːniə]

Freiwurflinie^F
['fraɪvʊrfliːniə]

Volleyballspiel^N
['vɔlibalʃpiːl]

Angriffszone^{F.}
['angrɪfstsoːnə]

Netz^N
[nɛts]

Verteidigungszone^F
[fɛeˈtaɪdɪgʊŋstsoːnə]

Volleyball^M
['vɔlibal]

Aufschlag^M
['aufʃlaːk]

pritschen
['prɪtʃən]

baggern
['bagen]

Schmetterball^M
['ʃmɛtebal]

Ballsportarten^{F, PL}

Basketball^M
['baːskətbal]

Aufbauspieler^M
['aufbauʃpiːle]

Basketballspiel^N
['baːskətbalʃpiːl]

Center^M
['sɛnte]

Seitenlinie^F
['zaɪtənliːniə]

Endlinie^F
['ɛntliːniə]

Korb^M
[kɔrp]

Korbanlage^F
['kɔrpʔanlaːgə]

Power Forward^M
['paue 'fɔːwəd]

Dreipunktelinie^F
[draɪ'pʊŋktəliːniə]

begrenzte Zone^F
[bə'grɛntstə 'tsoːnə]

Flügelspieler^M
['flyːgəlʃpiːle]

Basketballspieler^M
['baːskətbalʃpiːle]

rechter Aufbauspieler^M
['rɛçte 'aufbauʃpiːle]

Mittellinie^F
['mɪtɛlliːniə]

Freiwurflinie^F
[fraɪvʊrfliːniə]

Turnier^N [tʊr'niːe]	**Schiedsrichterball**^M ['ʃiːtsrɪçtebal]
Meisterschaft^F ['maɪsteʃaft]	**Pass**^M [pas]
Beachvolleyball^M ['biːtʃvɔlibal]	**Schuss**^M [ʃʊs]
Netzball^M ['nɛtsbal]	**Aufsetzer**^M ['aufzɛtse]
Mannschaft^F ['manʃaft]	**Freiwurf**^M ['fraɪvʊrf]
Trainer^M ['trɛːne]	**Korbleger**^M ['kɔrpleːge]
Foul^N [faul]	**dribbeln**
Halbzeit^F ['halptsaɪt]	**fangen**
Umkleideraum^M ['ʊmklaɪdəraum]	**blocken**

Spiele^{N, PL} mit Schlägern^{M, PL}

Tennis^N
['tɛnɪs]

Rückschläger^M
['rʊkʃlɛːge]

Aufschlaglinie^F
['aufʃlaːkliːniə]

Aufschläger^M
['aufʃlɛːge]

Gasse^F
['gasə]

Schiedsrichter^M
['ʃiːtsrɪçte]

Grundlinie^F
['grʊntliːniə]

Aufschlagrichter^M
['aufʃlaːkrɪçte]

Seitenlinie^F **für das Einzelspiel**^N
['zaɪtənliːniə fyːe das 'aɪntsəlʃpiːl]

Linienrichter^M
['liːniənrɪçte]

Netz^N
[nɛts]

mittlere Aufschlaglinie^F
['mɪtlərə 'aufʃlaːkliːniə]

Seitenlinie^F **für das Doppelspiel**^N
['zaɪtənliːniə fyːe das 'dɔpəlʃpiːl]

Tennisplatz^M ['tɛnɪsplats]	**Austausch**^M ['austauʃ]
Tennisspieler^M ['tɛnɪsʃpiːle]	**Ass**^N [as]
Satz^M [zats]	**Rückhand**^F ['rʊkhant]
Spiel^N [ʃpiːl]	**Vorhand**^F ['foːehant]
Punkt^M [pʊŋkt]	**Fehler**^M ['feːle]
null [nʊl]	**Einzel**^N ['aɪntsəl]
Vorteil^M ['foːetaɪl]	**Doppel**^N ['dɔpəl]
Einstand^M ['aɪnʃtant]	**gemischtes Doppel**^N [gə'mɪʃtəs 'dɔpəl]
Entscheidungsspiel^N [ɛnt'ʃaɪdʊŋsʃpiːl]	**Grandslam**^M [grɛnt'slɛm]

Spiele^{N. PL.} mit Schlägern^{M. PL.}

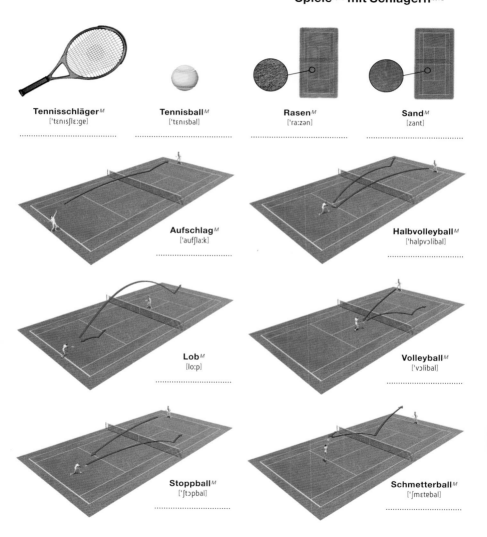

Tennisschläger^M
['tɛnɪʃlɛːgɐ]

Tennisball^M
['tɛnɪsbal]

Rasen^M
['raːzən]

Sand^M
[zant]

Aufschlag^M
['aufʃlaːk]

Halbvolleyball^M
['halpvɔlibal]

Lob^M
[loːp]

Volleyball^M
['vɔlibal]

Stoppball^M
['ʃtɔpbal]

Schmetterball^M
['ʃmɛtɐbal]

Spiele^{N, PL} mit Schlägern^{M, PL}

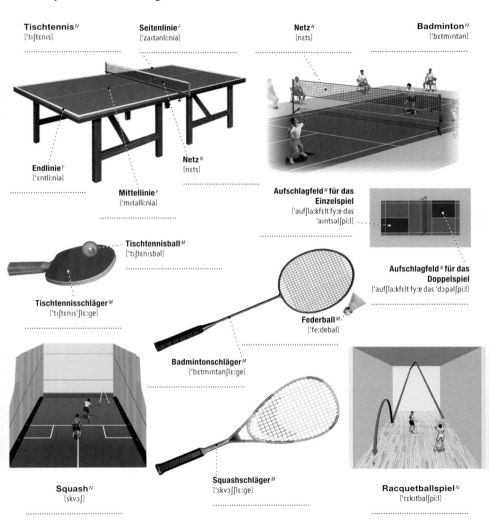

Tischtennis^N
['tɪʃtɛnɪs]

Seitenlinie^F
['zaɪtənliːniə]

Netz^N
[nɛts]

Badminton^N
['bɛtmɪntən]

Endlinie^F
['ɛntliːniə]

Netz^N
[nɛts]

Mittellinie^F
['mɪtəliːniə]

Aufschlagfeld^N **für das Einzelspiel**
['aufʃlaːkfɛlt fyːe das 'aɪntsəlʃpiːl]

Tischtennisball^M
['tɪʃtɛnɪsbal]

Aufschlagfeld^N **für das Doppelspiel**
['aufʃlaːkfɛlt fyːe das 'dɔpəlʃpiːl]

Tischtennisschläger^M
['tɪʃtɛnɪsʃlɛːge]

Federball^{M,}
['feːdebal]

Badmintonschläger^M
['bɛtmɪntənʃlɛːge]

Squash^N
[skvɔʃ]

Squashschläger^M
['skvɔʃʃlɛːge]

Racquetballspiel^N
['rɛkɪtbalʃpiːl]

Wassersport^M

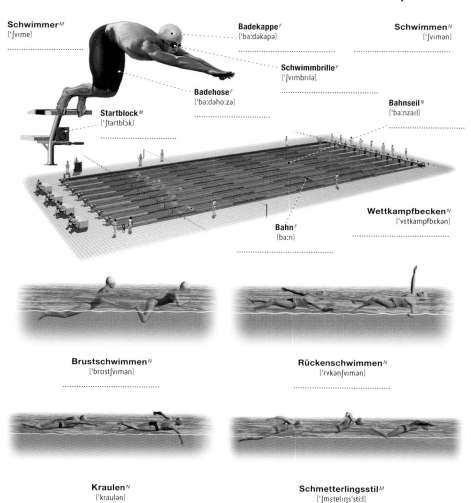

Schwimmer^M
['ʃvɪmɐ]

Badekappe^F
['baːdəkapə]

Schwimmen^N
['ʃvɪmən]

Schwimmbrille^F
['ʃvɪmbrɪlə]

Badehose^F
['baːdəhoːzə]

Bahnseil^N
['baːnzaɪl]

Startblock^M
['ʃtartblɔk]

Bahn^F
[baːn]

Wettkampfbecken^N
['vɛtkampfbɛkən]

Brustschwimmen^N
['brʊstʃvɪmən]

Rückenschwimmen^N
['rʏkənʃvɪmən]

Kraulen^N
['kraulən]

Schmetterlingsstil^M
['ʃmɛtɐlɪŋsˈstiːl]

Wassersport^M

Wassersport^M

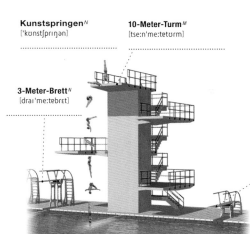

Kunstspringen^N
['kʊnstʃprɪŋən]

10-Meter-Turm^M
[tseːnˈmeːtetʊrm]

3-Meter-Brett^N
[draɪˈmeːtebrɛt]

Schwimmbrett^N
['ʃvɪmbrɛt]

Schwimmflügel^M
['ʃvɪmflyːgəl]

1-Meter-Brett^N
['aɪnˈmeːtebrɛt]

Wasserball^M
['vasebal]

Nasenklammer^F
['naːzənklame]

Badekappe^F
['baːdəkapə]

Kopfsprung^M **vorwärts**
['kɔpfʃprʊŋ 'foːevɛrts]

Kopfsprung^M
rückwärts
['kɔpfʃprʊŋ 'rʏkvɛrts]

Wasserballspiel^N
['vasebalʃpiːl]

Synchronschwimmen^N
[zʏnˈkroːnʃvɪmən]

Saltostellung^F
['zaltoʃtɛlʊŋ]

Hechtsprungstellung^F
['hɛçtʃprʊŋʃtɛlʊŋ]

Schwimmbecken ^N ['ʃvɪmbɛkən]	
Planschbecken ^N ['planʃbɛkən]	
Erlebnisbad ^N [ɛrˈleːpnɪsbaːt]	
Bademeister ^M ['baːdəmaɪste]	
Schwimmreifen ^M ['ʃvɪmraɪfən]	
Freistil ^M ['fraɪstiːl]	
Salto ^M ['zalto]	
schwimmen	
tauchen	

Tauchenᴺ

Taucherᴹ
['tauxe]

Schnorchelᴹ
['ʃnɔrçəl]

Maskeᶠ
['maskə]

Druckregulierungᶠ
['drʊkregu'li:rʊŋ]

Druckmindererᴹ
['drʊkmɪndəre]

Aufblasteilᴺ
['aufbla:staɪl]

Auftriebsausgleichᴹ
['auftri:ps?ausglaɪç]

Thermometerᴺ
[tɛrmo'me:te]

Bleigürtelᴹ
['blaɪgʏrtəl]

Druckanzeigerᴹ
['drʊk?antsaɪge]

Notregulierungᶠ
['no:tregu'li:rʊŋ]

Tiefenmesserᴹ
['ti:fənmɛse]

Tauchanzugᴹ
['taux?antsu:k]

Druckluftflascheᶠ
['drʊklʊftflaʃə]

Flossenᶠ, ᴾᴸ
['flɔsən]

Wassertiefeᶠ ['vaseti:fə]	
seichtes Wasserᴺ ['zaɪçtəs 'vase]	
Tiefwasserᴺ ['ti:fvase]	
Wasserdruckᴹ ['vasedrʊk]	
Dekompressionsphaseᶠ [dekɔmprɛ'sjo:nsfa:zə]	
gefährliche Strömungᶠ [gə'fɛ:rliçə 'ʃtrø:mʊŋ]	
Sicherheitsvorschriftᶠ ['zɪçehaɪts'fo:ɐʃrɪft]	
in Not sein/um Hilfe rufen	
Hilfe leisten	

Schnorchelnᴺ
['ʃnɔrçəln]

Wassersport^M

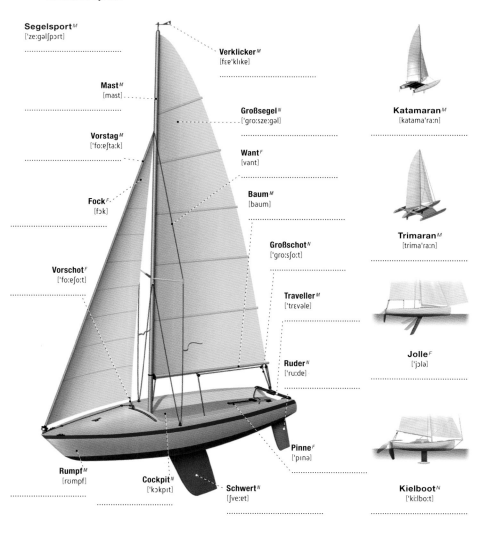

Segelsport^M
['ze:gəlʃpɔrt]

Verklicker^M
[fɛɐˈklɪke]

Mast^M
[mast]

Großsegel^N
['groːzeːgəl]

Katamaran^M
[katamaˈraːn]

Vorstag^M
['foːɐʃtaːk]

Want^F
[vant]

Fock^F
[fɔk]

Baum^M
[baum]

Trimaran^M
[trimaˈraːn]

Großschot^N
['groːsʃoːt]

Vorschot^F
['foːɐʃoːt]

Traveller^M
['trɛvəle]

Ruder^N
['ruːde]

Jolle^F
['jɔlə]

Pinne^F
['pɪnə]

Rumpf^M
[rumpf]

Cockpit^N
['kɔkpɪt]

Schwert^N
[ʃveːɐt]

Kielboot^N
['kiːlboːt]

Wassersport ^{M}

Spritzschutz ^{M}
['ʃprɪtsʃʊts]

....

Doppelpaddel ^{N}
['dɔpəlpadəl]

....

Kajak $^{M/N}$
['ka:jak]

....

Stechpaddel ^{N}
['ʃtɛçpadəl]

....

Surfboard ^{N}
['zø:efbɔ:et]

....

Kanu ^{N}
['ka:nu]

....

Gabelbaum ^{M}
['ga:bəlbaum]

Surfbrett ^{N}
['zø:efbrɛt]

....

Brett ^{N}
[brɛt]

....

Surfen ^{N}
['zø:efən]

....

Wasserskisport ^{M}
['vaseʃi:ʃpɔrt]

....

Regatta ^{F} [re'gata]
Rudern ^{N} ['ru:den]
Wildwasserkajak $^{M/N}$ ['vɪltvase'ka:jak]
Seekajak $^{M/N}$ ['ze:ka:jak]
Zweier-Kajak $^{M/N}$ ['tsvaɪe'ka:jak]
Einer-Kajak $^{M/N}$ ['aɪne'ka:jak]
Drachenboot ^{N} ['draxənbo:t]
Rafting ^{N} ['ra:ftɪŋ]
Stromschnellen $^{F, PL}$ ['ʃtro:mʃnɛlən]
Wakeboard ^{N} ['we:kbɔ:et]
Bodyboarding ^{N} ['bɔdibɔ:edɪŋ]
Kitesurfen ^{N} ['kaitzø:efən]
Stehpaddeln ^{N} ['ʃte:padəln]
Welle ^{F} ['vɛlə]
Windrichtung ^{F} ['vɪntrɪçtʊŋ]
Rettung ^{F} ['rɛtʊŋ]
Leuchtrakete ^{F} ['lɔyçtrake:tə]
sich abseilen
kentern

Surfschuh ^{M}
['zø:efʃu:]

....

Rettungsweste ^{F}
['rɛtʊŋsvestə]

....

Rettungsring ^{M}
['rɛtʊŋsrɪŋ]

....

Rettungsboje ^{F}
['rɛtʊŋsbo:jə]

....

Golfspiel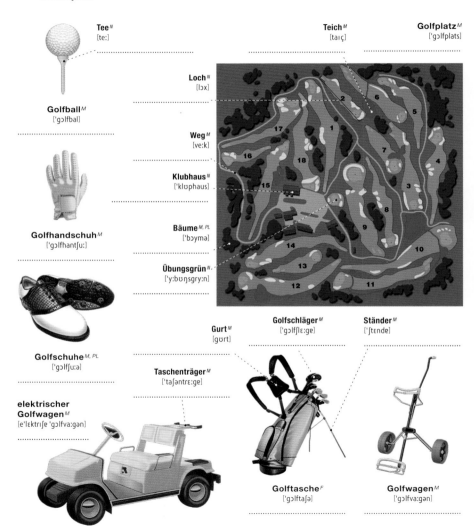

Teeᴺ
[te:]

Teichᴹ
[taɪç]

Golfplatzᴹ
['gɔlfplats]

Golfballᴹ
['gɔlfbal]

Lochᴺ
[lɔx]

Wegᴹ
[veːk]

Klubhausᴺ
['klʊphaus]

Golfhandschuhᴹ
['gɔlfhantʃuː]

Bäumeᴹ, ᴾᴸ
['bɔymə]

Übungsgrünᴺ
['yːbʊŋsgryːn]

Golfschuheᴹ, ᴾᴸ
['gɔlfʃuːə]

Gurtᴹ
[gʊrt]

Golfschlägerᴹ
['gɔlfʃlɛːgɐ]

Ständerᴹ
['ʃtɛndɐ]

Taschenträgerᴹ
['taʃəntrɛːgɐ]

elektrischer Golfwagenᴹ
[e'lɛktrɪʃɐ 'gɔlfvaːgən]

Golftascheᶠ
['gɔlftaʃə]

Golfwagenᴹ
['gɔlfvaːgən]

Golfspiel[N]

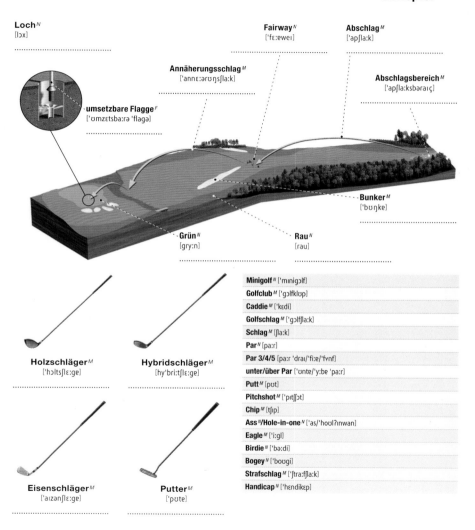

Loch[N]
[lɔx]

Fairway[N]
['fɛːeweɪ]

Abschlag[M]
['apʃlaːk]

Annäherungsschlag[M]
['annɛːərʊŋsʃlaːk]

Abschlagsbereich[M]
['apʃlaːksbəraɪç]

umsetzbare Flagge[F]
['ʊmzɛtsbaːrə 'flagə]

Bunker[M]
['bʊŋke]

Grün[N]
[gryːn]

Rau[N]
[rau]

Holzschläger[M]
['hɔltsʃlɛːge]

Hybridschläger[M]
[hy'briːtʃlɛːge]

Eisenschläger[M]
['aɪzənʃlɛːge]

Putter[M]
['pʊte]

Minigolf[N] ['mɪnigɔlf]	
Golfclub[M] ['gɔlfklʊp]	
Caddie[M] ['kɛdi]	
Golfschlag[M] ['gɔlfʃlaːk]	
Schlag[M] [ʃlaːk]	
Par[N] [paːr]	
Par 3/4/5 [paːr 'draɪ/'fiːe/'fʏnf]	
unter/über Par ['ʊnte/'yːbe 'paːr]	
Putt[M] [pʊt]	
Pitchshot[M] ['pɪtʃʃɔt]	
Chip[M] [tʃɪp]	
Ass[N]/**Hole-in-one**[N] ['as/'hoʊl?ɪnwan]	
Eagle[M] ['iːgl]	
Birdie[N] ['bəːdi]	
Bogey[N] ['boʊgi]	
Strafschlag[M] ['ʃtraːfʃlaːk]	
Handicap[N] ['hɛndikɛp]	

Präzisionssport^M

Pistolenschießen^N
['pɪstoːlanʃiːsən]

Gewehrschießen^N
[gəˈveːeʃiːsən]

Zielscheibe^F
['tsiːlʃaɪbə]

Patronen^F
[paˈtroːnən]

Pfeil^M
[pfaɪl]

Bogen^M
['boːgən]

Zielkugel^F
['tsiːlkuːgəl]

Bogenschießen^N
['boːgənʃiːsən]

Boule^N
[buːl]

Kugeln^{F, PL}
['kuːgəln]

Bowling^N
['boːlɪŋ]

Rinne^F
['rɪnə]

Billardqueue^{N/M}
['bɪljartkøː]

Billard^N
['bɪljart]

Pin^M
[pɪn]

Snooker^N
['snuːke]

Bowlingbahn^F
['boːlɪŋbaːn]

Bowlingkugel^F
['bɔːlɪŋkuːgəl]

Kraft- und Kampfsport^M

- - - **Kopfschutz**^M
['kɔpfʃʊts]

....

- - **Boxhandschuh**^M
['bɔkshantʃuː]

....

Gewichtheben^N
[gəˈvɪçtheːbən]

Fechtsport^M
[ˈfɛçtʃpɔrt]

Boxen^N
[ˈbɔksən]

....

Karategi^M
[karaˈteːgi] - - - -

Karate^N
[kaˈraːtə]

Obi^M
[ˈoːbi]

Judo^N
[ˈjuːdo]

Taekwondo^N
[tɛkvɔnˈdoː]

....

Ringen^N
[ˈrɪŋən]

Kung-Fu^N
[kʊŋˈfuː]

Kickboxen^N
[ˈkɪkbɔksən]

Kendo^N
[ˈkɛndo]

....

Ring^M [rɪŋ]	
Gürtel^M [ˈgʏrtəl]	
Gewichtsklasse^F [gəˈvɪçtsklasə]	
Mundschutz^M [ˈmʊntʃʊts]	
Sparring^N [ˈʃparɪŋ]	
Kampf^M [kampf]	
Runde^F [ˈrʊndə]	
Knock-out^M [nɔkˈʔaut]	
Selbstverteidigung^F [ˈzɛlpstfɛɐtaidigʊŋ]	

Sumo^N
[ˈzuːmo]

Aikido^N
[aiˈkiːdo]

Reitsport

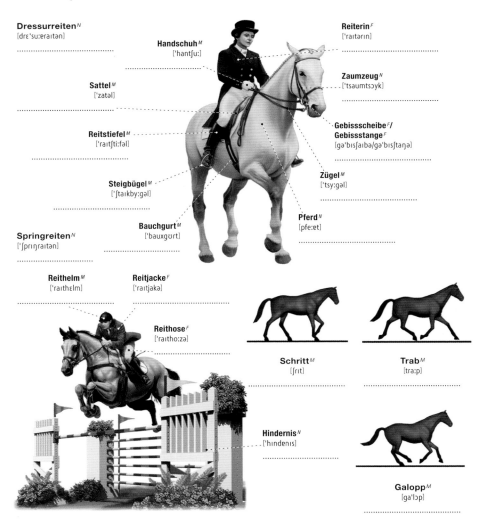

Dressurreiten^N
[drɛ'suːraɪtən]

....

Handschuh^M
['hantʃuː]

....

Sattel^M
['zatəl]

....

Reitstiefel^M
['raɪtʃtiːfəl]

....

Steigbügel^M
['ʃtaɪkbyːgəl]

....

Bauchgurt^M
['bauxgʊrt]

....

Springreiten^N
['ʃprɪŋraɪtən]

....

Reiterin^F
['raɪtərɪn]

....

Zaumzeug^N
['tsaumtsɔyk]

....

Gebissscheibe^F/
Gebissstange^F
[gə'bɪsʃaɪbə/gə'bɪsʃtaŋə]

....

Zügel^M
['tsyːgəl]

....

Pferd^N
[pfeːɐt]

....

Reithelm^M
['raɪthɛlm]

Reitjacke^F
['raɪtjakə]

....

Reithose^F
['raɪthoːzə]

....

Hindernis^N
['hɪndɛrnɪs]

....

Schritt^M
[ʃrɪt]

....

Trab^M
[traːp]

....

Galopp^M
[ga'lɔp]

....

Reitsport

Pferderennbahn F
['pfe:edəˈrɛnbaːn]

Startmaschine F
['ʃtartmaʃiːnə]

Ziellinie F
['tsiːlliːniə]

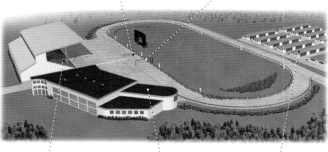

Trabrennsport M
['traːprɛnʃpɔrt]

Jockey M
['dʒɔke]

Haupttribüne F
['hauptttriˈbyːnə]

Sattelplatz M
['zatəlplats]

Stall M
[ʃtal]

Rennen N **mit Reiter** M
['rɛnən mɪt 'raɪte]

Reiten N ['raɪtən]	
Reiten N ['raɪtən]	
Weide F ['vaɪdə]	
Geschirr N [gəˈʃɪr]	
Hufeisen N ['huːfʔaɪzən]	
Reitgerte F ['raɪtgɛrtə]	
Reithalle F ['raɪthalə]	
Reitplatz M ['raɪtplats]	
Reiterhof M ['raɪtehoːf]	
Pferdewirt M ['pfeːedəvɪrt]	
Wette F ['vɛtə]	
Sprungreitparcours M ['ʃpruŋraɪtparˈkuːɐ]	
Galopprennen N [gaˈlɔprɛnən]	
Rodeo N/M ['roːdeo]	
Tempo N ['tɛmpo]	
reiten	
eine Kutschfahrt machen	

➔ 292-293

Stick M
[stɪk]

Polopony N
['poːlopɔni]

Poloball M
['poːlobal]

Polo N
['poːlo]

Rad- und Rollsport^M

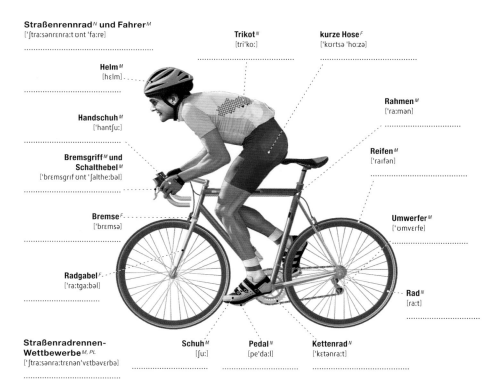

Straßenrennrad^N und Fahrer^M
['ʃtraːsənrɛnraːt ʊnt 'faːrɐ]

Helm^M
[hɛlm]

Handschuh^M
['hantʃuː]

**Bremsgriff^M und
Schalthebel^M**
['brɛmsɡrɪf ʊnt 'ʃaltheːbəl]

Bremse^F
['brɛmsə]

Radgabel^F
['raːtɡaːbəl]

**Straßenradrennen-
Wettbewerbe^{M, PL}**
['ʃtraːsənraːtrɛnən'vɛtbəvɛrbə]

Trikot^N
[tri'koː]

kurze Hose^F
['kʊrtsə 'hoːzə]

Rahmen^M
['raːmən]

Reifen^M
['raɪfən]

Umwerfer^M
['ʊmvɛrfɐ]

Rad^N
[raːt]

Schuh^M
[ʃuː]

Pedal^N
[pe'daːl]

Kettenrad^N
['kɛtənraːt]

Hauptfeld^N
['hauptfɛlt]

Führungsgruppe^F
['fyːrʊŋsɡrʊpə]

Radsport^M	['raːtʃpɔrt]
Mountainbike^N	['mauntənbaik]
Geländerennen^N	[gə'lɛndərɛnən]
Etappenrennen^N	[e'tapənrɛnən]
Zeitfahren^N	['tsaɪtfaːrən]
Skateboard^N	['skeːtbɔːet]
Skateboarder^M	['skeːtbɔːedɐ]

➜ 156-157

Rad- und Rollsport^M

Stoßdämpfer^M **hinten**
['ʃtoːsdɛmpfɐ 'hɪntən]

Querfeldeinrad^N **und
Fahrer**^M
[kveːefəlt'ʔaɪnraːt ʊnt 'faːrɐ]

**hydraulische
Scheibenbremse**^F
[hyˈdraulɪʃə 'ʃaɪbənbrɛmsə]

Downhillrad^N **und Fahrer**^M
['daʊnhɪlraːt ʊnt 'faːrɐ]

Bahnradsport^M
['baːnraːtʃpɔrt]

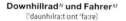

BMX^N
[beːʔɛm'ʔɪks]

Knieschützer^M
['kniːʃʏtsɐ]

Helm^M
[hɛlm]

Skateboarding^N
['skeːtboːedɪŋ]

Ellbogenschützer^M
['ɛlboːgənʃʏtsɐ]

Handgelenkschützer^M
['hantgəlɛŋkʃʏtsɐ]

Inlineskating^N
['ɪnlaɪnskeːtɪŋ]

Halfpipe^F
['haːfpaɪp]

Absatzstopper^M
['apzatsʃtɔpɐ]

Rollen^N
['rɔlən]

Rollschuh^M
['rɔlʃuː]

Motorsport^M

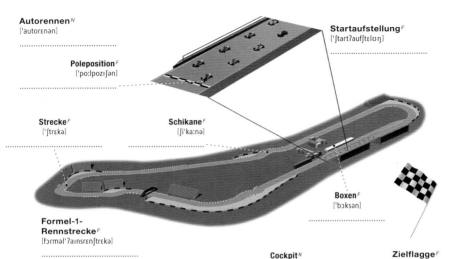

Autorennen^N
['autorɛnən]

Startaufstellung^F
['ʃtartʔaufʃtɛlʊŋ]

Poleposition^F
['po:lpozɪʃən]

Strecke^F
['ʃtrɛkə]

Schikane^F
[ʃi'ka:nə]

Boxen^F
['bɔksən]

**Formel-1-
Rennstrecke**^F
[fɔrməl'ʔaɪnsrɛnʃtrɛkə]

Cockpit^N
['kɔkpɪt]

Zielflagge^F
['tsi:lflagə]

Rennfahrer^M
['rɛnfa:rɐ]

Formel-1-Auto^N
[fɔrməl'ʔaɪnsʔauto]

Formel-Indy-Auto^N
[fɔrməl'ɪndi'ʔauto]

NASCAR-Auto^N
['naskar'ʔauto]

Geländefahrzeug^N
[gə'lɛndəfa:etsɔyk]

Prototyp^M**-Sportauto**^M
['pro:toty:p'ʃpɔrtʔauto]

Formel-3000-Auto^N
[fɔrməldraɪ'tauzənt'ʔauto]

Motorsport^M

Motocross^N und Supercross^N
['mo:tokrɔs ʊnt 'zu:pekrɔs]

Helm^M
[hɛlm]

Schutzanzug^M
['ʃʊts?antsu:k]

Schneemobil^N
['ʃne:mobi:l]

Jetski®^M
['dʒɛtʃi:]

Integralhelm^M
['ɪntegra:lhɛlm]

Scheibenbremse^F
['ʃaɪbənbrɛmzə]

Stollenreifen^M
['ʃtɔlənraɪfən]

Grand-Prix-Motorrad^N
[grã:'pri:'mo:to:era:t]

Rallye-Motorrad^N
['rɛli'mo:to:era:t]

Trial-Motorrad^N
['traɪəlmo:'to:era:t]

Motorrad-Rennstrecke^F
[mo:'to:era:t'rɛnʃtrɛkə]

Hindernisse^{N, PL}
['hɪndenɪsə]

Fahrer^M
['fa:re]

Buckel^M
['bʊkəl]

Startgatter^N
['ʃtartgate]

Wintersport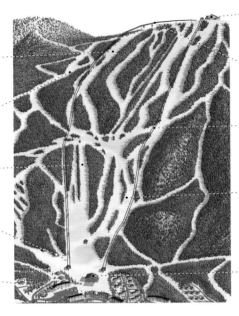*M*

Skigebiet^N
['ʃiːɡəbiːt]

....

mittelschwere Piste^F
['mɪtəlʃveːrə 'pɪstə]

....

Anfängerpiste^F
['anfɛŋɛpɪstə]

....

schwere Piste^F
['ʃveːrə 'pɪstə]

....

Bergwacht^F
['bɛrkvaxt]

....

Hauptunterkunft^F
['haupt?ʊntekʊnft]

....

Gipfelhütte^F
['ɡɪpfəlhʏtə]

....

Kabinenseilbahn^F
['kaˈbiːnənzaɪlbaːn]

....

Sessellift^M
['zɛsəllɪft]

....

Alpin-Skipiste^F
[alˈpiːnˈʃiːpɪstə]

....

Skihütte^F
['ʃiːhʏtə]

....

Skischule^F
['ʃiːʃulə]

....

Langlaufloipe^F
['laŋlaufloypə]

....

Seilbahnabfahrt^F
['zaɪlbaːn?apfaːet]

....

Sesselliftabfahrt^F
['zɛsəllɪft?apfaːet]

....

Unterkünfte^{F, PL}
['ʊntekʏnftə]

....

Appartements^{N, PL}
[apartəˈmãs]

....

Hotel^N
[hoˈtɛl]

....

Dorf^N
[dɔrf]

....

Parkplatz^M
['parkplats]

....

Berghütte^F
['bɛrkhʏtə]

....

Wintersport*M*

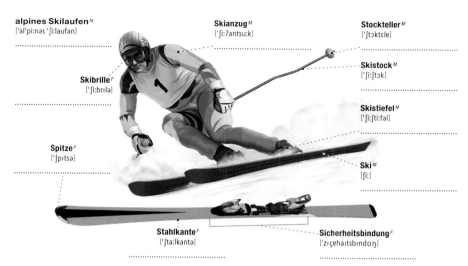

alpines Skilaufen*N*
['al'pi:nəs 'ʃi:laufən]

Skianzug*M*
['ʃi:?antsu:k]

Stockteller*M*
['ʃtɔktɛlɐ]

Skibrille*F*
['ʃi:brɪlə]

Skistock*M*
['ʃi:ʃtɔk]

Skistiefel*M*
['ʃi:ʃti:fəl]

Spitze*F*
['ʃpɪtsə]

Ski*M*
[ʃi:]

Stahlkante*F*
['ʃta:lkantə]

Sicherheitsbindung*F*
['zɪçɐhaɪtsbɪndʊŋ]

Abfahrtslauf*M*
['apfa:ɐtslauf]

Superriesenslalom*M*
['zu:pɐri:zən'sla:lɔm]

Riesenslalom*M*
['ri:zənsla:'lɔm]

Spezialslalom*M*
[ʃpe'tsja:l'sla:lɔm]

Skipass*M* ['ʃi:pas]	
Skiunterricht*M* ['ʃi:?ʊnterɪçt]	
Skilehrer*M* ['ʃi:le:rɐ]	
Winterurlaub*M* ['vɪntɐ'?u:ɐlaup]	
Schlepplift*M* ['ʃlɛplɪft]	
Seilbahn*F* ['zaɪlba:n]	
Freeriding*N* ['fri:raɪdɪŋ]	
Pulverschnee*M* ['pʊlvɐʃne:]	
eisige Piste*F* ['aɪzɪgə pɪstə]	
Kunstschnee*M* ['kʊnstʃne:]	
Lawine*F* [la'vi:nə]	
Anfängerniveau*N* ['anfɛŋɐni'vo:]	
mittleres Niveau*N* ['mɪtlərəs ni'vo:]	
Profi-Niveau*N* ['pro:fi:ni'vo:]	
Schlittschuhschritt*M* ['ʃlɪtʃu:ʃrɪt]	
Diagonalschritt*M* [di:ago'na:lʃrɪt]	
Ich möchte Skier ausleihen.	

➜ 28-29, 128-129, 252

Wintersport^M

Freestyle^M
['fri:staɪl]

Skispringen^N
['ʃi:ʃprɪŋən]

Speedski^M
['spi:dʃi:]

Biathlon^N
['bi:atlɔn]

Skilanglauf^M
['ʃi:'laŋlauf]

Skistock^M
['ʃi:ʃtɔk]

**Langlauf-
Rattenfallbindung**^F
['laŋlauf'ratənfalbɪndʊŋ]

Kork^M
[kɔrk]

Abziehklinge^F
['aptsi:klɪŋə]

Wachs^N
[vaks]

Wachsausrüstung^F
['vaks?ausrʏstʊŋ]

Skilangschuh^M
['ʃi:'laŋʃu:]

Langlaufski^M
['laŋlaufʃi:]

Snowboarden^N
['sno:bo:edən]

Schienbeinschützer^M
['ʃi:nbaɪnʃʏtse]

Skibrille^F
['ʃi:brɪlə]

Helm^M
[hɛlm]

Steigeisen^N
['ʃtaɪk?aɪzən]

Snowboard^N
['sno:bo:et]

Schneeschuhwandern^N
['ʃne:ʃu:vanden]

Wintersport^M

Eishockey^N
['aɪshɔke:]

neutrale Zone^F
[nɔy'tra:lə 'tso:nə]

blaue Linie^F
[blauə 'li:niə]

Tor^N
[to:ɐ]

Torlinie^F
['to:eli:niə]

Anspielpunkt^M
['anʃpi:lpʊŋkt]

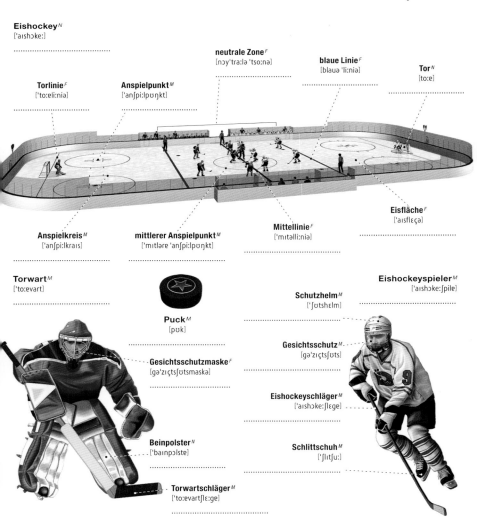

Anspielkreis^M
['anʃpi:lkraɪs]

mittlerer Anspielpunkt^M
['mɪtlərə 'anʃpi:lpʊŋkt]

Mittellinie^F
['mɪtəlli:niə]

Eisfläche^F
['aɪsflɛçə]

Torwart^M
['to:evart]

Puck^M
[pʊk]

Gesichtsschutzmaske^F
[gə'zɪçtsʃʊtsmaskə]

Beinpolster^N
['baɪnpɔlste]

Torwartschläger^M
['to:evartʃlɛ:ge]

Eishockeyspieler^M
['aɪshɔke:ʃpile]

Schutzhelm^M
['ʃʊtshɛlm]

Gesichtsschutz^M
[gə'zɪçtsʃʊts]

Eishockeyschläger^M
['aɪshɔke:ʃlege]

Schlittschuh^M
['ʃlɪtʃu:]

Wintersport^M

Zweierbob^M
['tsvaɪɐbɔp]

Viererbob^M
['fiːrɐbɔp]

Rennrodel^M
['rɛnroːdəl]

Skeleton^M
['skɛlətən]

Eiskunstläufer^M
['aɪskʊnstlɔyfɐ]

Eisfläche^F
['aɪsflɛçə]

Eiskunstlauf^M
['aɪskʊnstlauf]

Kufe^F
['kuːfə]

Abstoßsäge^F
['apʃtoːszɛːgə]

Eiskunstlaufstiefel^M
['aɪskʊnstlaufˈʃtiːfəl]

Eisschnelllauf^M
(Langstrecke^F**)**
['aɪsˈʃnɛllauf('laŋʃtrɛkə)]

Eisschnelllauf^M
(Kurzstrecke^F**)**
['aɪsˈʃnɛllauf('kʊrtsʃtrɛkə)]

Curlingbesen^M
['køːelɪŋ'beːzən]

Curling^N
['køːelɪŋ]

Curlingstein^M
['køːelɪŋʃtaɪn]

Rodelschlitten^M ['roːdəlʃlɪtən]	**Hardboot**^M ['haːetbuːt]
Hundeschlitten^M ['hʊndəʃlɪtən]	**Softboot**^M ['sɔftbuːt]
Schlittenfahrt^F ['ʃlɪtənfaːet]	**Knieschützer**^M ['kniːʃʏtse]
Rutschen^N ['rʊtʃən]	**Eisklettern**^N ['aɪsklɛten]
Bobbahn^F ['bɔpbaːn]	**Eisfischen**^N ['aɪsfɪʃən]
Buckelpiste^F ['bʊkəlpɪstə]	**Skilager**^N ['ʃiːlaːge]
Sprungschanze^F ['ʃprʊŋʃantsə]	**Schneemann**^M ['ʃneːman]
Kurve^F ['kʊrvə]	**im Schnee spielen**

→ 48-49, 54

Klettersport M

Bergsteiger M
['bɛrkʃtaɪɡe]

Helmlampe F
['hɛlmlampə]

Seil N
[zaɪl]

Kombihammer M
['kɔmbihame]

Eishaken M
['aɪsha:kən]

Eisschraube F
['aɪsʃraubə]

Bergsteigerstiefel M
['bɛrkʃtaɪɡeʃti:fəl]

Klettergürtel M
['klɛtegʏrtəl]

Karabinerhaken M
[kara'bi:neha:kən]

Klemmschlaufe F
['klɛmʃlaufə]

Eispickel M
['aɪspɪkəl]

Schneegamasche F
['ʃne:gamaʃə]

Spike M
[spaɪk]

Abseilhaken M
['apzaɪlha:kən]

Sitzgürtel M
['zɪtsgʏrtəl]

Kletterhaken M
['klɛteha:kən]

Kletterer M
['klɛtəre]

Sicherungsseil N
['zɪçərʊŋszaɪl]

Verlängerungsschlinge F
[fɛɐ'lɛŋərʊŋsʃlɪŋə]

Kletterschuh M
['klɛteʃu:]

Seilschaft F
['zaɪlʃaft]

Abseilen N
['apzaɪlən]

Luftsport^M

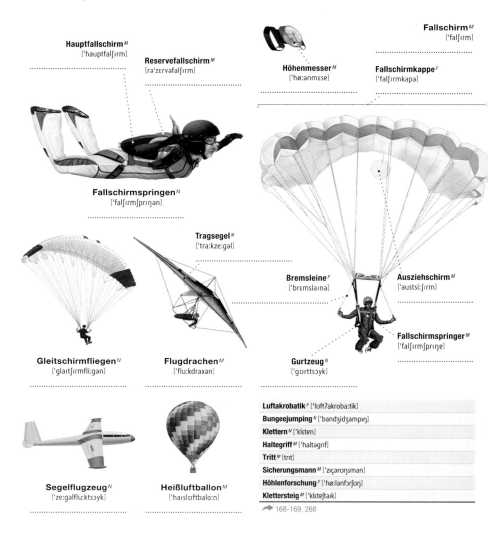

Hauptfallschirm^M
['hauptfalʃɪrm]

Reservefallschirm^M
[rə'zɛrvəfalʃɪrm]

Höhenmesser^M
['høːənmɛse]

Fallschirm^M
['falʃɪrm]

Fallschirmkappe^F
['falʃɪrmkapə]

Fallschirmspringen^N
['falʃɪrmʃprɪŋən]

Tragsegel^N
['traːkzeːgəl]

Bremsleine^F
['brɛmslaɪnə]

Ausziehschirm^M
['austsiːʃɪrm]

Gleitschirmfliegen^N
['glaɪtʃɪrmfliːgən]

Flugdrachen^M
['fluːkdraxən]

Gurtzeug^N
['gʊrttsɔyk]

Fallschirmspringer^M
['falʃɪrmʃprɪŋe]

Segelflugzeug^N
['zeːgəlfluːktsɔyk]

Heißluftballon^M
['haɪslʊftbaloːn]

Luftakrobatik^F	['lʊft?akrobaːtik]
Bungeejumping^N	['bandʒidʒampɪŋ]
Klettern^N	['klɛten]
Haltegriff^M	['haltəgrɪf]
Tritt^M	[trɪt]
Sicherungsmann^M	['zɪçərʊŋsman]
Höhlenforschung^F	['høːlənfɔrʃʊŋ]
Klettersteig^M	['klɛteʃtaɪk]

➜ 168-169, 268

Jagd^F

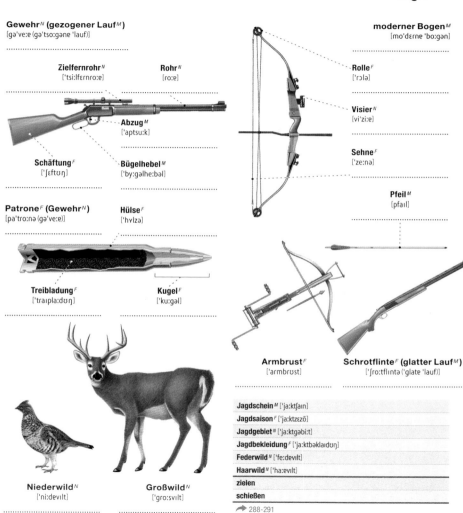

Gewehr^N **(gezogener Lauf**^M**)**
[gə've:ɐ (gə'tso:gəne 'lauf)]

Zielfernrohr^N
['tsi:lfɛrnro:ɐ]

Rohr^N
[ro:ɐ]

Abzug^M
['aptsu:k]

Schäftung^F
['ʃɛftʊŋ]

Bügelhebel^M
['by:gəlhe:bəl]

Patrone^F **(Gewehr**^N**)**
[pa'tro:nə (gə've:ɐ)]

Hülse^F
['hʏlzə]

Treibladung^F
['traipla:dʊŋ]

Kugel^F
['ku:gəl]

moderner Bogen^M
[mo'dɛrne 'bo:gən]

Rolle^F
['rɔlə]

Visier^N
[vi'zi:ɐ]

Sehne^F
['ze:nə]

Pfeil^M
[pfail]

Armbrust^F
['armbrʊst]

Schrotflinte^F **(glatter Lauf**^M**)**
['ʃro:tflɪntə ('glate 'lauf)]

Niederwild^N
['ni:dɐvɪlt]

Großwild^N
['gro:svɪlt]

Jagdschein^M ['ja:ktʃain]	
Jagdsaison^F ['ja:ktzɛzõ]	
Jagdgebiet^N ['ja:ktgəbi:t]	
Jagdbekleidung^F ['ja:ktbəklaidʊŋ]	
Federwild^N ['fe:dɐvɪlt]	
Haarwild^N ['ha:ɐvɪlt]	
zielen	
schießen	

➡ 288–291

Sportfischerei^F

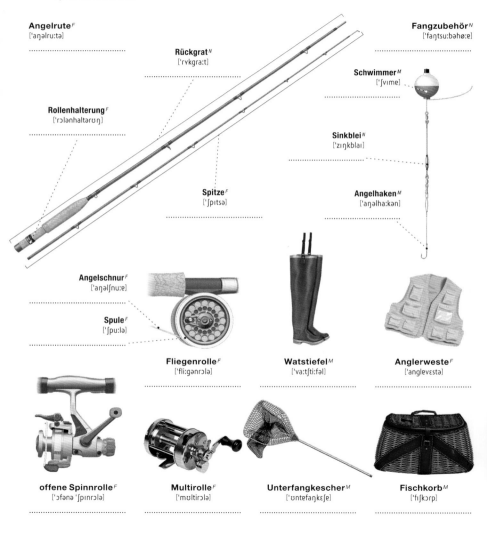

Angelrute^F
['aŋəlruːtə]

Rückgrat^N
['rʊkgraːt]

Rollenhalterung^F
['rɔlənhaltərʊŋ]

Spitze^F
['ʃpɪtsə]

Fangzubehör^N
['faŋtsuːbəhøːɐ]

Schwimmer^M
['ʃvɪmɐ]

Sinkblei^N
['zɪŋkblaɪ]

Angelhaken^M
['aŋəlhaːkən]

Angelschnur^F
['aŋəlʃnuːɐ]

Spule^F
['ʃpuːlə]

Fliegenrolle^F
['fliːgənrɔlə]

Watstiefel^M
['vaːtʃtiːfəl]

Anglerweste^F
['anglevɛstə]

offene Spinnrolle^F
['ɔfənə 'ʃpɪnrɔlə]

Multirolle^F
['mʊltirɔlə]

Unterfangkescher^M
['ʊntefaŋkɛʃe]

Fischkorb^M
['fɪʃkɔrp]

Sportfischerei^F

Kunstfliege^F
['kʊnstfliːgə]

Köder^M
['køːdɐ]

Fisch^M
[fɪʃ]

Krustentier^N
['krʊstəntiːɐ]

Spinnerschachtel^F
['ʃpɪneʃaxtəl]

Blinker^M
['blɪŋkɐ]

Herzmuschel^F
['hɛrtsmʊʃəl]

Muschel^F
['mʊʃəl]

Strandschnecke^F
['ʃtrantʃnɛkə]

Süßwasserangeln^N
['zyːsvasɐʔaŋəln]

Hochseeangeln^N
['hoːxzeːʔaŋəln]

Angelschein^M ['aŋəlʃaɪn]	
Fischereizone^F [fɪʃə'raɪtsoːnə]	
Angelsaison^F ['aŋəlzɛzõ]	
Fischerboot^N ['fɪʃeboːt]	
Fangquote^F ['faŋkvoːtə]	
Köder^M ['køːde]	
Netz^N [nɛts]	
Harpune^F [har'puːnə]	
Angeln^N ['aŋəln]	
Freizeitfischerei^F ['fraɪtsaɪtfɪʃe'raɪ]	
Handelsfischerei^F ['handəlsfɪʃe'raɪ]	
fischen	
anbeißen	
ziehen	
einholen	
fangen	
freilassen	
die Angel auswerfen	

Fliegenfischerei^F
['fliːgənfɪʃəraɪ]

Brandungsangeln^N
['brandʊŋsʔaŋəln]

➥ 281-282, 286

CampingN und Wandern N

WohnmobilN
['vo:nmobil]

WohnwagenM
['vo:nva:gən]

ZeltwagenM
['tsɛltva:gən]

CampingstuhlM
['kɛmpɪŋʃtu:l]

ÜberdachN
['y:bedax]

FliegenfensterN
['fli:gənfɛnste]

ZeltspannleineF
['tsɛltʃpanlaɪnə]

HeringM
['he:rɪŋ]

FamilienzeltN
[fa'mi:liəntsɛlt]

StangeF
['ʃtaŋə]

ZweipersonenzeltN
[tsvaɪpɛr'zo:nəntsɛlt]

SchlafsackM
['ʃla:fzak]

LuftmatratzeF
['lʊftmatratsə]

KombipumpeF
['kɔmbipʊmpə]

LampeF
['lampə]

PicknicktischM
['pɪknɪktɪʃ]

KühlboxF
['ky:lbɔks]

BrennerM
['brɛne]

FaltgrillM
['faltgrɪl]

zweiflammiger GasbrennerM
['tsvaɪflamɪge 'ga:sbrɛne]

Camping^N und Wandern^N

Rucksack^M
['rʊkzak]

Wanderschuh^M
['vandeʃuː]

Sportflasche^F
['ʃpɔrtflaʃə]

Thermoskanne^F
['tɛrmɔskanə]

Multifunktionsmesser^N
[mʊltifʊŋk'tsjoːnsmɛse]

Beil^N
[baɪl]

Filter^M
['fɪlte]

Wasseraufbereiter^M
['vaseʔaufbəraɪte]

Wasserkanister^M
['vasekanɪste]

Batterie^F
[batə'riː]

Stablampe^F
['ʃtaːplampə]

Stirnlampe^F
['ʃtɪrnlampə]

Campingplatz ^M	['kɛmpɪŋplats]
Trinkwasser ^N	['trɪŋkvase]
Stromanschluss ^M	['ʃtroːmʔanʃlʊs]
Toiletten ^{F, PL}	[twa'lɛtən]
Duschen ^{F, PL}	['duːʃən]
Abfallentsorgung ^F	['apfalʔɛntzɔrgʊŋ]
Lagerfeuer ^N	['laːgefɔye]
Holzscheit ^N	['hɔltsʃaɪt]
Holzkohle ^F	['hɔltskoːlə]
Anzünder ^M	['antsʏnde]
geführte Wanderung ^F	[gə'fyːetə 'vandərʊŋ]
Karte ^F	['kartə]
Weg ^M	[veːk]
Insektenschutzmittel ^N	[ɪn'zɛktənʃʊtsmɪtəl]
Darf man hier campen?	
Es ist alles belegt.	
Ich habe mich verirrt.	

Streichholzschachtel^F
['ʃtraɪçhɔltsʃaxtəl]

Magnetkompass^M
[ma'gneːtkɔmpas]

Strand^M

Sonnencreme^F
['zɔnənkreːm]

Strandtuch^N
['ʃtranttuːx]

Sonnenbrille^F
['zɔnənbrɪlə]

Liegestuhl^M
['liːgəʃtuːl]

Sonnenhut^M
['zɔnənhuːt]

Zehensandale^F
['tseːənzandaːlə]

Bikini^M
[biˈkiːni]

Badeanzug^M
['baːdəʔantsuːk]

Sandburg^F
['zantbʊrk]

Palme^F
['palmə]

Schaufel^F
['ʃaufəl]

Sonnenschirm^M
['zɔnənʃɪrm]

Welle^F
['vɛlə]

Eimer^M
['aɪmɐ]

Sand^M
[zant]

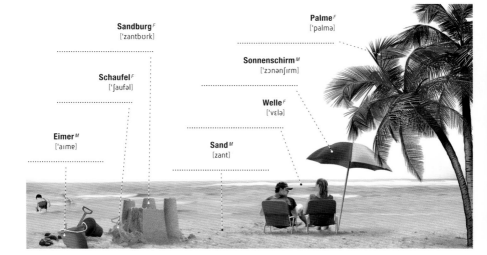

Strand^M

Muschel^F
['mʊʃəl]

Fisch^M
[fɪʃ]

Korallenriff^N
[koˈralənrɪf]

Delfin^M
[dɛlˈfiːn]

Alge^F
['algə]

Qualle^F
['kvalə]

Möwe^F
['møːvə]

Krabbe^F
['krabə]

Ball^M
[bal]

Surfboard^N
['søːɐfboːɐt]

Rettungsschwimmer^M ['rɛtʊŋsʃvɪmɐ]
Rettungsring^M ['rɛtʊŋsrɪŋ]
Meeresufer^N ['meːrəsʔuːfɐ]
Spaziergang^M**/Promenade**^F [ʃpaˈtsiːɐɡaŋ/proməˈnaːdə]
Flut^F**/Ebbe**^F [fluːt/'ɛbə]
Strömung^F ['ʃtrøːmʊŋ]
ruhige/raue See^F ['ruːɪɡə/'rauə 'zeː]
Strandkabine^F ['ʃtrantkabiːnə]
Windschutz^M ['vɪntʃʊts]
Schnorchel^M ['ʃnɔrçəl]
After-Sun-Lotion^F ['aːftɐˈsʌnloʊʃən]
in der Sonne/im Schatten [ɪn deːɐ 'zɔnə/ɪm 'ʃatən]
bräunen
einen Sonnenbrand bekommen
Sonnencreme auftragen
Baden verboten!

Maske^F
['maskə]

Flosse^F
['flɔsə]

➟ 28-30, 49-52, 269

Wettervorhersage^F

Wolke^F
['vɔlkə]

Regenbogen^M
['reːgənboːgən]

Sonne^F
['zɔnə]

Wind^M
[vɪnt]

Gewitter^N
[gə'vɪte]

Blitz^M
[blɪts]

Hagelkorn^N
['haːgəlkɔrn]

Sprühregen^M
['ʃpryːreːgən]

Regen^M
['reːgən]

starker Regen^M
['ʃtarkə 'reːgən]

Hagel^M
['haːgəl]

gefrierender Regen^M
[gə'friːrəndə 'reːgən]

Schneeregen^M
['ʃneːreːgən]

Schnee^M
[ʃneː]

Schneeflocke^F
['ʃneːflɔkə]

Eis^N
['aɪs]

Frost^M
[frɔst]

Glatteis^N
['glatʔaɪs]

Reif^M
[raɪf]

Tau^M
[tau]

Wettervorhersage^F

Grad^N Fahrenheit^N
[graːt ˈfaːrənhaɪt]

Grad^N Celsius^N
[graːt ˈtsɛlziʊs]

Temperatur^F
[tɛmpəraˈtuːɐ]

warmes Wetter^N
[ˈvarməs ˈvɛtɐ]

kaltes Wetter^N
[ˈkaltəs ˈvɛtɐ]

Sturm^M
[ʃtʊrm]

Wirbelsturm^M
[ˈvɪrbəlʃtʊrm]

Trockenheit^F
[ˈtrɔkənhaɪt]

Luftfeuchtigkeit^F
[ˈlʊftfɔʏçtɪçkaɪt]

Smog^M
[smɔk]

Tornado^M
[tɔrˈnaːdo]

Wetterbericht ^M [ˈvɛtebərɪçt]	
heute [ˈhɔʏtə]	
morgen [ˈmɔrgən]	
Regenschauer ^M [ˈreːgənʃaʊe]	
Schneesturm ^M [ˈʃneːʃtʊrm]	
Windstoß ^M [ˈvɪntʃtoːs]	
Donner ^M [ˈdɔne]	
schönes Wetter ^N [ˈʃøːnəs ˈvɛtɐ]	
schlechtes Wetter ^N [ˈʃlɛçtəs ˈvɛtɐ]	
Regenwetter ^N [ˈreːgənvɛtɐ]	
bewölktes Wetter ^N [bəˈvœlktəs ˈvɛtɐ]	
windiges Wetter ^N [ˈvɪndɪgəs ˈvɛtɐ]	
feuchtes Wetter ^N [ˈfɔʏçtəs ˈvɛtɐ]	
trockenes Wetter ^N [ˈtrɔkənəs ˈvɛtɐ]	
Hitzewelle ^F [ˈhɪtsəvɛlə]	
Orkan ^M [ɔrˈkaːn]	
Wie ist das Wetter?	
Wird es regnen?	

Dunst^M
[dʊnst]

Nebel^M
[ˈneːbəl]

➜ 48-56, 266-267

Jahreszeiten^F,PL^ und Klimate^N,PL^

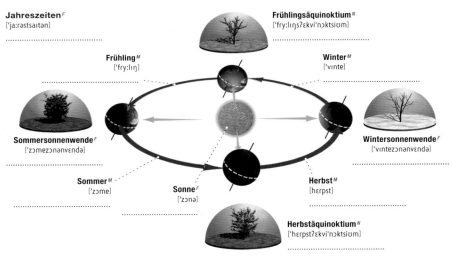

Jahreszeiten^F^
['jaːrəstsaɪtən]

Frühlingsäquinoktium^N^
['fryːlɪŋsʔɛkvi'nɔktsiʊm]

Frühling^M^
['fryːlɪŋ]

Winter^M^
['vɪntɐ]

Sommersonnenwende^F^
['zɔmɐzɔnənvɛndə]

Wintersonnenwende^F^
['vɪntɐzɔnənvɛndə]

Sommer^M^
['zɔmɐ]

Sonne^F^
['zɔnə]

Herbst^M^
[hɛrpst]

Herbstäquinoktium^N^
['hɛrpstʔɛkvi'nɔktsiʊm]

gemäßigtes Klima^N^
[gə'mɛːsɪçtəs 'kliːma]

tropisches Klima^N^
['troːpɪʃəs 'kliːma]

trockenes Klima^N^
['trɔkənəs 'kliːma]

Eisklima^N^
['aɪskliːma]

Kontinentalklima^N^ [kɔntinɛn'taːlklima]	**Waldbrand**^M^ ['valtbrant]
subarktisches Klima^N^ ['zʊpʔarktɪʃəs 'kliːma]	**Trockenzeit**^F^ ['trɔkəntsaɪt]
subtropisches Klima^N^ ['zʊptroːpɪʃəs 'kliːma]	**Regenzeit**^F^ ['reːgəntsaɪt]
äquatoriales Klima^N^ [ɛkvato'riaːləs 'kliːma]	**Monsun**^M^ [mɔn'zuːn]
mediterranes Klima^N^ [meditɛ'raːnəs 'kliːma]	**Überschwemmung**^F^ [yːbɐ'ʃvɛmʊŋ]
ozeanisches Klima^N^ [otse'aːnɪʃəs 'kliːma]	**La Niña**^F^ [la 'ninja]
Gebirgsklima^N^ [gə'bɪrkskliːma]	**El Niño**^M^ [ɛl 'ninjɔ]
feuchtes Klima^N^ ['fɔʏçtəs 'kliːma]	**Eiskappe**^F^ ['aɪskapə]
Mikroklima^N^ ['mikrokliːma]	**Steppe**^F^ ['ʃtɛpə]

Vegetationszonen ^{F, PL}

gemäßigtes Grasland^N
[gə'mɛːsɪçtəs 'graːslant]

gemäßigter Wald^M
[gə'mɛːsɪçte 'valt]

borealer Wald^M
[bore'aːle 'valt]

Tundra^F
['tʊndra]

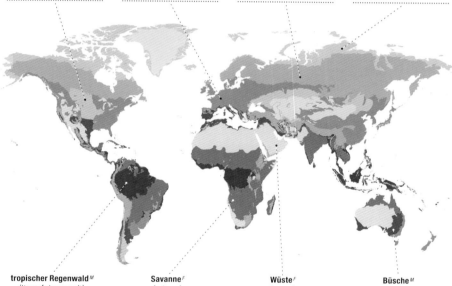

tropischer Regenwald^M
['troːpɪʃe 'reːgənvalt]

Savanne^F
[za'vanə]

Wüste^F
['vyːstə]

Büsche^M
['bʏʃə]

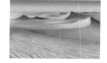

Landschaft*F*

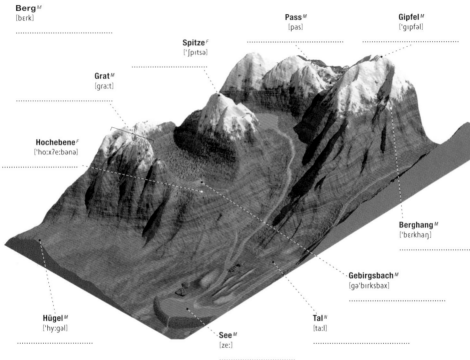

Berg*M*
[bɛrk]

Grat*M*
[graːt]

Spitze*F*
[ˈʃpɪtsə]

Pass*M*
[pas]

Gipfel*M*
[ˈɡɪpfəl]

Hochebene*F*
[ˈhoːxʔeːbənə]

Berghang*M*
[ˈbɛrkhaŋ]

Gebirgsbach*M*
[ɡəˈbɪrksbax]

Hügel*M*
[ˈhyːɡəl]

See*M*
[zeː]

Tal*N*
[taːl]

Wasserfall*M*
[ˈvasəfal]

künstlicher See*M*
[ˈkʏnstlɪçə ˈzeː]

Damm*M*
[dam]

Oase*F*
[oˈaːzə]

Düne*F*
[ˈdyːnə]

Wüste*F*
[ˈvyːstə]

Landschaft^F

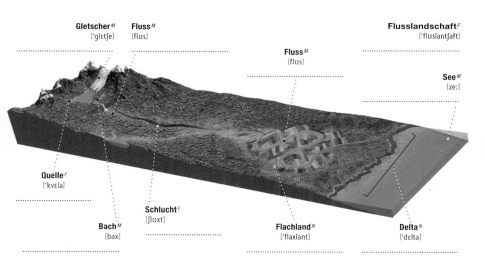

Gletscher^M
['glɛtʃɐ]

Fluss^M
[flʊs]

Fluss^M
[flʊs]

Flusslandschaft^F
['flʊslantʃaft]

See^M
[zeː]

Quelle^F
['kvɛlə]

Schlucht^F
[ʃlʊxt]

Bach^M
[bax]

Flachland^N
['flaxlant]

Delta^N
['dɛlta]

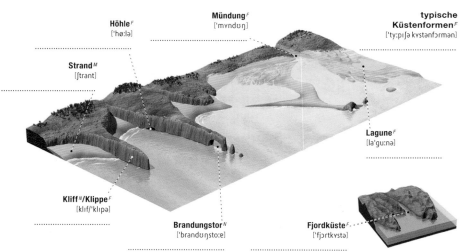

Höhle^F
['høːlə]

Mündung^F
['mʏndʊŋ]

**typische
Küstenformen**^F
['tyːpɪʃə kʏstənfɔrmən]

Strand^M
[ʃtrant]

Lagune^F
[la'guːnə]

Kliff^N/**Klippe**^F
[klɪf/'klɪpə]

Brandungstor^N
['brandʊŋstoːɐ]

Fjordküste^F
['fjɔrtkʏstə]

geologische Phänomene ^{N, PL}

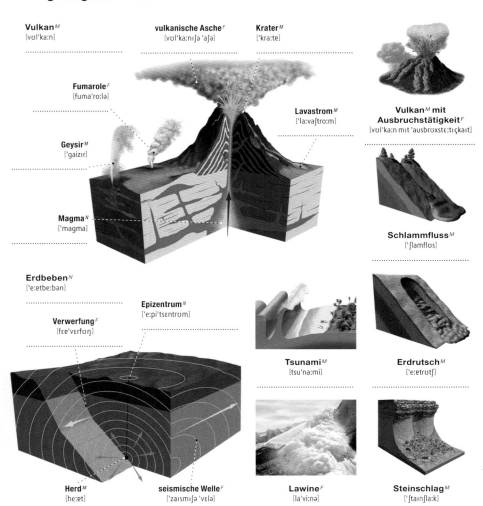

Vulkan ^M
[vʊl'ka:n]

vulkanische Asche ^F
[vʊl'ka:nɪʃə 'aʃə]

Krater ^M
['kra:te]

Fumarole ^F
[fuma'ro:lə]

Lavastrom ^M
['la:vaʃtro:m]

Vulkan ^M **mit
Ausbruchstätigkeit** ^F
[vʊl'ka:n mɪt 'ausbrʊxstɛ:tɪçkaɪt]

Geysir ^M
['gaɪzɪr]

Magma ^N
['magma]

Schlammfluss ^M
['ʃlamflʊs]

Erdbeben ^N
['e:etbe:bən]

Epizentrum ^N
['e:pi'tsɛntrʊm]

Verwerfung ^F
[fɛɐ'vɛrfʊŋ]

Tsunami ^M
[tsu'na:mi]

Erdrutsch ^M
['e:etrʊtʃ]

Herd ^M
[he:et]

seismische Welle ^F
['zaɪsmɪʃə 'vɛlə]

Lawine ^F
[la'vi:nə]

Steinschlag ^M
['ʃtaɪnʃla:k]

Erdaufbau ^M

Erde ^F **im Querschnitt** ^M
['eːedə ɪm 'kveːeʃnɪt]

Erdmantel ^M
['eːetmantəl]

Erdatmosphäre ^F **im Querschnitt** ^M
['eːetʔatmɔsfɛːrə ɪm 'kveːeʃnɪt]

Exosphäre ^F
[ɛkso'sfɛːrə]

Erdkruste ^F
['eːetkrʊstə]

Polarlicht ^N
[po'laːelɪçt]

500 km
310 mi

innerer Kern ^M
['ɪnəre kɛrn]

äußerer Kern ^M
['ɔysəre kɛrn]

Thermosphäre ^F
[tɛrmo'sfɛːrə]

Sternschnuppe ^F
['ʃtɛrnʃnʊpə]

Ozonschicht ^F
[o'tsoːnʃɪçt]

80 km
50 mi

Mündung ^F ['mʏndʊŋ]

Ufer ^N ['uːfe]

Küste ^F ['kʏstə]

Felsen ^M ['fɛlzən]

Küste ^F ['kʏstə]

Insel ^F ['ɪnzəl]

Korallenriff ^N [ko'ralənrɪf]

Holz ^N [hɔlts]

Heide ^F ['haɪdə]

Wiese ^F ['viːzə]

Lichtung ^F ['lɪçtʊŋ]

Sumpf ^M [zʊmpf]

Sumpf ^M [zʊmpf]

Thermalquelle ^F [tɛr'maːlkvɛlə]

ewiger Schnee ^M ['eːvɪge 'ʃneː]

Stromschnelle ^F ['ʃtroːmʃnɛlə]

Wasserfall ^M ['vasefal]

Schlucht ^F [ʃlʊxt]

Thermosphäre ^F
[tɛrmo'sfɛːrə]

Sternschnuppe ^F
['ʃtɛrnʃnʊpə]

Ozonschicht ^F
[o'tsoːnʃɪçt]

Mesosphäre ^F
[meːzo'sfɛːrə]

Stratosphäre ^F
[ʃtrato'sfɛːrə]

50 km
30 mi

Troposphäre ^F
[tropo'sfɛːrə]

15 km
10 mi

➔ 264-267, 297

Umwelt^F

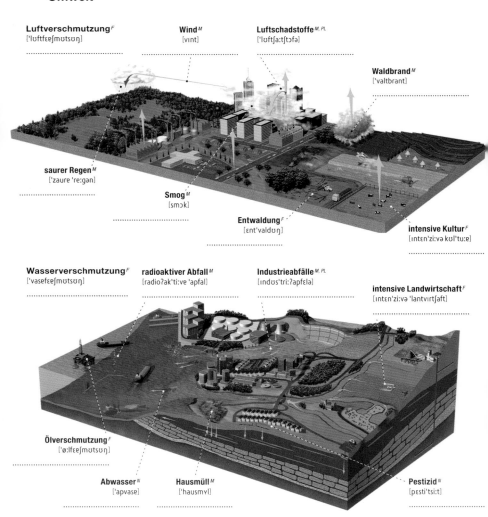

Luftverschmutzung^F
['lʊftfɛɐʃmʊtsʊŋ]

Wind^M
[vɪnt]

Luftschadstoffe^{M, PL}
['lʊftʃaːtʃtɔfə]

Waldbrand^M
['valtbrant]

saurer Regen^M
['zaurɐ 'reːgən]

Smog^M
[smɔk]

Entwaldung^F
[ɛnt'valdʊŋ]

intensive Kultur^F
[ɪntɛn'ziːvə kʊl'tuːɐ]

Wasserverschmutzung^F
['vasɐfɛɐʃmʊtsʊŋ]

radioaktiver Abfall^M
[radioʔak'tiːvɐ 'apfal]

Industrieabfälle^{M, PL}
[ɪndʊs'triːʔapfɛlə]

intensive Landwirtschaft^F
[ɪntɛn'ziːvə 'lantvɪrtʃaft]

Ölverschmutzung^F
['øːlfɛɐʃmʊtsʊŋ]

Abwasser^N
['apvasɐ]

Hausmüll^M
['hausmʏl]

Pestizid^N
[pɛsti'tsiːt]

Umwelt^F

biologisch nicht abbaubare Schadstoffe ^{M, PL}
[bio'lo:gɪʃ nɪçt 'apbauba:rə 'ʃa:tʃtɔfə]

Bodenverschmutzung^F
['bo:dənfɛɐʃmʊtsʊŋ]

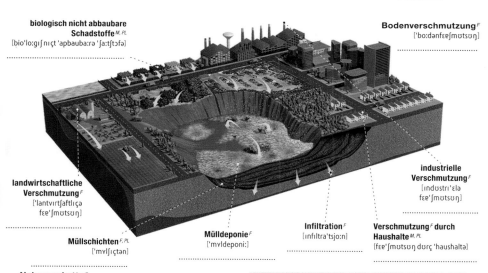

landwirtschaftliche Verschmutzung^F
['lantvɪrtʃaftlɪçə fɛɐʃmʊtsʊŋ]

industrielle Verschmutzung^F
[ɪndʊstriˈɛlə fɛɐˈʃmʊtsʊŋ]

Müllschichten^{F, PL}
['mʏlʃɪçtən]

Mülldeponie^F
['mʏldeponi:]

Infiltration^F
[ɪnfiltra'tsjo:n]

Verschmutzung^F **durch Haushalte**^{M, PL}
[fɛɐˈʃmʊtsʊŋ dʊrç 'haushaltə]

Nahrungskette^F
['na:rʊŋskɛtə]

Fleischfresser^M
['flaɪʃfrɛsɐ]

Pflanzenfresser^M
['pflantsənfrɛsɐ]

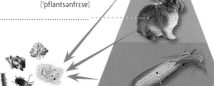

zersetzende Organismen^{M, PL}
[tsɛɐ'zɛtsəndə ɔrga'nɪsmən]

Pflanzen^{F, PL}
['pflantsən]

Ökologie^F [økoloˈgiː]	
Ökosystem^N ['øːkozvste:m]	
Artenvielfalt^F ['artənfiːlfalt]	
globale Erwärmung^F [gloˈbaːlə ɛrˈvɛrmʊŋ]	
UV-Strahlung^F [uːˈfaʊʃtraːlʊŋ]	
Treibhauseffekt^M ['traiphausʔɛˈfɛkt]	
Gletscherschmelze^F ['glɛtʃəʃmɛltsə]	
Verödung^F/**Versteppung**^F [fɛɐˈʔøːdʊŋ/fɛɐˈʃtɛpʊŋ]	
Container^M [kɔnˈteːnɐ]	
Kompostkiste^F ['kɔmˈpɔstkɪstə]	
Bioabfallbehälter^M ['biːoˈʔapfalbəhɛltɐ]	
Sortierung^F **von Kunststoff**^M [zɔrˈtiːrʊŋ fɔn 'kʊnstʃtɔf]	
Sortierung^F **von Papier**^N/**Pappe**^F [zɔrˈtiːrʊŋ fɔn pa'piːɐ/'papə]	
Sortierung^F **von Glas**^N [zɔrˈtiːrʊŋ fɔn 'glaːs]	
Sortierung^F **von Metall**^N [zɔrˈtiːrʊŋ fɔn me'tal]	
erneuerbare Energie^F [ɛrˈnɔyeba:rə enɛrˈgiː]	
Wiederaufforsten^N [viːdeˈauffɔrstən]	

Pflanzenwelt^F

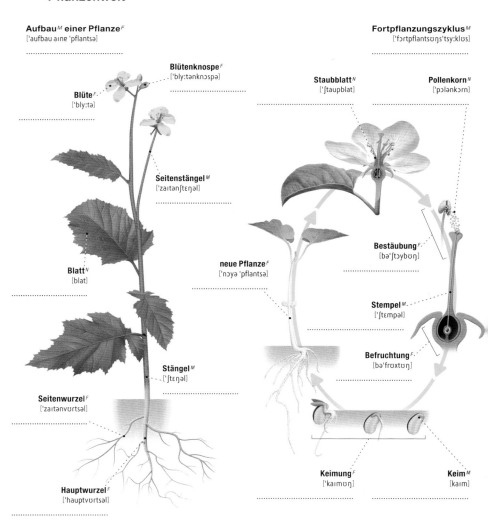

Aufbau^M **einer Pflanze**^F
['aufbau aɪnə 'pflantsə]

....

Blütenknospe^F
['bly:tənknɔspə]

....

Blüte^F
['bly:tə]

....

Seitenstängel^M
['zaɪtənʃtɛŋəl]

....

Blatt^N
[blat]

....

Stängel^M
['ʃtɛŋəl]

....

Seitenwurzel^F
['zaɪtənvʊrtsəl]

....

Hauptwurzel^F
['hauptvʊrtsəl]

....

Fortpflanzungszyklus^M
['fɔrtpflantsʊŋs'tsy:klʊs]

....

Staubblatt^N
['ʃtaupblat]

....

Pollenkorn^N
['pɔlənkɔrn]

....

neue Pflanze^F
['nɔʏə 'pflantsə]

....

Bestäubung^F
[bə'ʃtɔʏbʊŋ]

....

Stempel^M
['ʃtɛmpəl]

....

Befruchtung^F
[bə'frʊxtʊŋ]

....

Keimung^F
['kaɪmʊŋ]

....

Keim^M
[kaɪm]

....

Pflanzenwelt*F*

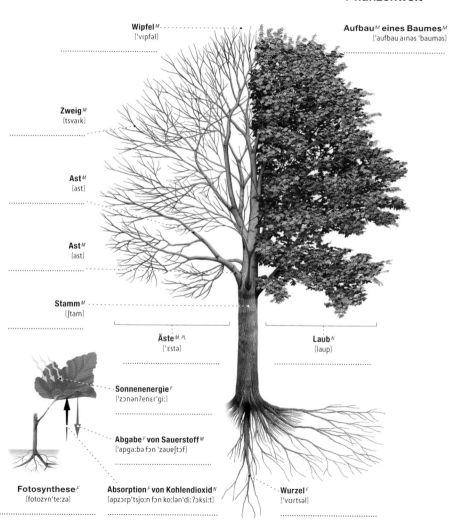

Wipfel*M*
['vɪpfəl]

Aufbau*M* **eines Baumes***M*
['aufbau aɪnəs 'bauməs]

Zweig*M*
[tsvaɪk]

Ast*M*
[ast]

Ast*M*
[ast]

Stamm*M*
[ʃtam]

Äste*M, PL*
['ɛstə]

Laub*N*
[laup]

Sonnenenergie*F*
['zɔnənʔenɛr'gi:]

Abgabe*F* **von Sauerstoff***M*
['apga:bə fɔn 'zauəʃtɔf]

Fotosynthese*F*
[fotozʏn'te:zə]

Absorption*F* **von Kohlendioxid***N*
[apzɔrp'tsjo:n fɔn ko:lən'di:ʔɔksi:t]

Wurzel*F*
['vʊrtsəl]

Pflanzenwelt^F

Samen^M
['za:mən]

Zwiebel^F
['tsvi:bəl]

Rhizom^N
[ri'tso:m]

Wurzelknolle^F
['vʊrtsəlknɔlə]

Wurzelausläufer^{M, PL}
['vʊrtsəl?auslɔyfe]

Stelzwurzeln^{F, PL}
['ʃtɛltsvʊrtsəln]

Haftwurzeln^{F, PL}
['haftvʊrtsəln]

Blütenstand^M
['bly:tənʃtant]

Nadelbaum^M
['na:dəlbaum]

Laubbaum^M
[laupbaum]

Strauch^M
[ʃtraux]

Frucht^F
[frʊxt]

Zapfen^M
['tsapfən]

Nadeln^{F, PL}
['na:dəln]

Schössling^M
['ʃœslɪŋ]

Borke^F
['bɔrkə]

Stumpf^M
[ʃtʊmpf]

Pflanzenwelt^F

Blüte^F
['bly:tə]

Staubblatt^N
['ʃtaupblat]

Stempel^M
['ʃtɛmpəl]

Blütenblatt^N
['bly:tənblat]

Samenanlage^F
['za:mənʔanla:gə]

Blütenstiel^M
['bly:tənʃti:l]

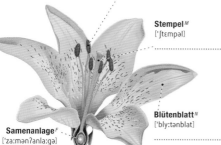

Sonnenblume^F
['zɔnənblu:mə]

Lilie^F
['li:liə]

Krokus^M
['kro:kʊs]

Narzisse^F
[nar'tsɪsə]

Tulpe^F
['tʊlpə]

Rose^F
['ro:zə]

Nelke^F
['nɛlkə]

Begonie^F
[be'go:niə]

Maiglöckchen^N
['maɪglœkçən]

Veilchen^N
['faɪlçən]

Schlüsselblume^F
['ʃlʏsəlblu:mə]

Stiefmütterchen^N
['ʃti:fmʏteçən]

Pflanzenwelt*F*

Gänseblümchen*N*
['gɛnzəbly:mçən]

Mohn*M*
[mo:n]

Distel*F*
['dɪstəl]

Löwenzahn*M*
['løːvəntsaːn]

Hahnenfuß*M*
['haːnənfuːs]

Geranie*F*
[geˈraːniə]

Orchidee*F*
[ɔrçiˈdeːə]

Pinie*F*
['piːniə]

Weymouthskiefer*F*
['vaimuːtskiːfɐ]

Zypresse*F*
[tsyˈprɛsə]

Mammutbaum*M*
['mamuːtbaum]

Libanonzeder*F*
['liːbanɔntseːdɐ]

Tanne*F*
['tanə]

Fichte*F*
['fɪçtə]

Lärche*F*
['lɛrçə]

Pflanzenwelt^F

Flieder^M
['fliːdɐ]

Birke^F
['bɪrkə]

Eiche^F
['aɪçə]

Pappel^F
['papəl]

Ahorn^M
['aːhɔrn]

Buche^F
['buːxə]

Walnuss^F
['valnʊs]

Esche^F
['ɛʃə]

Linde^F
['lɪndə]

Ulme^F
['ʊlmə]

Trauerweide^F
['trauevaɪdə]

Olivenbaum^M
['oˈliːvənbaum]

Akazie^F
[aˈkaːtsiə]

Kautschukbaum^M
['kautʃʊkbaum]

Affenbrotbaum^M
['afənbroːtbaum]

Palme^F
['palmə]

Pflanzenwelt*F*

Pilz *M*
[pɪlts]

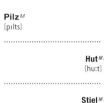

Hut *M*
[huːt]

Sporen *F, PL*
['ʃpoːrən]

Stiel *M*
[ʃtiːl]

Giftpilz *M*
['gɪftpɪlts]

Speisepilz *M*
['ʃpaɪzəpɪlts]

Flechte *F*
['flɛçtə]

Moos *N*
[moːs]

Alge *F*
['algə]

Farn *M*
[farn]

fleischfressende Pflanze *F*
['flaɪʃfrɛsəndə 'pflantsə]

Schmarotzerpflanze *F*
[ʃma'rɔtsepflantsə]

Blüte *F* ['blyːtə]	
Bestäuber *M* [bə'ʃtɔybe]	
Laub abwerfendes Blattwerk *N* [laup 'apvɛrfəndəs 'blatvɛrk]	
immergrünes Blattwerk *N* ['ɪmɛgryːnəs 'blatvɛrk]	
Saft *M* [zaft]	
Seerose *F* ['zeːroːzə]	
Klee *M* [kleː]	
Heidekraut *N* ['haɪdəkraut]	
Lavendel *M* [la'vɛndəl]	
Eukalyptus *M* [ɔyka'lʏptʊs]	
aromatische Pflanze *F* [aro'maːtɪʃə 'pflantsə]	
Kletterpflanze *F* ['klɛtepflantsə]	
Weinstock *M* ['vaɪnʃtɔk]	
Unkraut *N* ['ʊnkraut]	
Pflanze *F* **mit stechenden Pflanzenhaaren** *N, PL* ['pflantsə mɪt 'ʃtɛçəndən 'pflantsənhaːrən]	

keimen/wachsen
blühen
verwelken

Wasserpflanze *F*
['vasepflantsə]

Sukkulente *F*
[zʊku'lɛntə]

➤ 78-79, 80-89, 274

Wirbellose (Tiere) *N. PL*

Schwamm *M*
[ʃvam]

Seegurke *F*
[ˈzeːɡʊrkə]

Koralle *F*
[koˈralə]

Anemone *F*
[ˈanəmoːnə]

Seestern *M*
[ˈzeːʃtɛrn]

Seeigel *M*
[ˈzeːʔiːɡəl]

Qualle *F*
[ˈkvalə]

Miesmuschel *F*
[ˈmiːsmʊʃəl]

Tentakel *M*
[tɛnˈtaːkəl]

Krake *M*
[ˈkraːkə]

Muschelschale *F*
[ˈmʊʃəlʃaːlə]

Auster *F*
[ˈauste]

Herzmuschel *F*
[ˈhɛrtsmʊʃəl]

Strandschnecke *F*
[ˈʃtrantʃnɛkə]

Napfschnecke *F*
[ˈnapfʃnɛkə]

Rasse *F* [ˈrasə]	
Unterart *F* [ˈʊntɐˈʔaːɐt]	
Art *F* [ˈaːɐt]	
Gattung *F* [ˈɡatʊŋ]	
Familie *F* [faˈmiːliə]	
Ordnung *F* [ˈɔrdnʊŋ]	
Klasse *F* [ˈklasə]	
Stamm *M* [ʃtam]	
Reich *N* [raɪç]	

Wirbellose (Tiere) N. PL

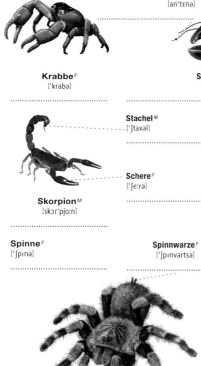

AntenneF
[an'tɛnə]

CarapaxM
['ka:rapaks]

KrabbeF
['krabə]

SchereF
['ʃe:rə]

HummerM
['hʊme]

FlusskrebsM
['flʊskre:ps]

StachelM
['ʃtaxəl]

SchereF
['ʃe:rə]

SkorpionM
[skɔr'pjo:n]

SpinneF
['ʃpɪnə]

KrabbenspinneF
['krabənʃpinə]

GartenkreuzspinneF
['gartənkrɔytsʃpinə]

SpinnwarzeF
['ʃpɪnvartsə]

Schwarze WitweF
['ʃvartsə 'vɪtvə]

**Mexikanische
Rotknievogelspinne**F
[mɛksi'ka:nɪʃə 'ro:tknifo:gəlʃpinə]

GiftklaueF
['gɪftklauə]

KiefertasterM
['ki:fetaste]

LaufbeinN
['laufbain]

SpinnennetzN
['ʃpɪnənnɛts]

WasserspinneF
['vaseʃpinə]

Wirbellose (Tiere) N. PL.

Zecke F
['tsɛkə]

Floh M
[flo:]

Laus F
[laus]

Moskito M
[mɔs'ki:to]

Flügel M
['fly:gəl]

Fliege F
['fli:gə]

Bremse F
['brɛmsə]

Tsetsefliege F
['tse:tsefli:gə]

orientalische Schabe F
[oriɛn'ta:lɪʃə 'ʃa:bə]

Maikäfer M
['maikɛ:fe]

Bockkäfer M
['bɔkkɛ:fe]

Larve F ['larfə]	
Insekt M [ɪn'zɛkt]	
Ohrwurm M ['o:evʊrm]	
Eintagsfliege F ['aɪnta:ksfli:gə]	
Schädling M ['ʃɛ:tlɪŋ]	
Parasit M [para'zi:t]	
Befall M [bə'fal]	
Milbe F ['mɪlbə]	
Blattlaus F ['blatlaus]	
Schildlaus F ['ʃɪltlaus]	
Bettwanze F ['bɛtvantsə]	
Blutegel M ['blu:tʔe:gəl]	
Stich M/**Biss** M [ʃtɪç/bɪs]	
Virus N/M ['vi:rʊs]	
exotische Krankheit F [ɛ'kso:tɪʃə 'kraŋkhaɪt]	
Malaria F [ma'la:ria]	
Lyme-Borreliose F ['laɪmbɔrə'lio:zə]	

➜ 26-31, 96

Wespe F
['vɛspə]

Hornisse F
[hɔr'nɪsə]

Wirbellose (Tiere) N. PL.

WabeF
['va:bə]

HonigbieneF
['ho:nɪçbi:nə]

ArbeiterinF **(Biene**F**)**
['arbaɪtərɪn ('bi:nə)]

KöniginF **(Biene**F**)**
['kø:nɪgɪn ('bi:nə)]

BienenstockM
['bi:nənʃtɔk]

AmeiseF
['a:maɪzə]

TermiteF
[tɛr'mi:tə]

HummelF
['hʊməl]

DrohneF **(Biene**F**)**
['dro:nə ('bi:nə)]

TotengräberM
['to:təngrɛ:bɐ]

PillendreherM
['pɪləndre:ɐ]

MarienkäferM
[ma'riənkɛ:fɐ]

GlühwürmchenN
['gly:vʏrmçən]

LibelleF
[li'bɛlə]

WasserläuferM
['vasɐlɔyfɐ]

WasserkäferM
['vasɐkɛ:fɐ]

ZikadeF
[tsi'ka:də]

Wirbellose (Tiere)^{N, PL}

Gottesanbeterin^F
['gɔtesʔanbeːtərɪn]

Laubheuschrecke^F
['laʊphɔyʃrɛkə]

Nachtigall^F**-Grashüpfer**^M
['naxtɪgal'graːshʏpfɐ]

Atlasspinner^M
['atlasʃpɪnɐ]

Monarchfalter^M
[moˈnarçfaltɐ]

Birkenspanner^M
['bɪrkənʃpanɐ]

Kleidermotte^F
['klaɪdɛmɔtə]

Raupe^F
['raʊpə]

Puppe^F
['pʊpə]

Flügel^M
['flyːgəl]

Antenne^F
[anˈtɛnə]

Bein^N
[baɪn]

Schmetterling^M
['ʃmɛtɛlɪŋ]

Gehäuse^N
[gəˈhɔyzə]

Schnecke^F
['ʃnɛkə]

Nacktschnecke^F
['naktʃnɛkə]

Hundertfüßer^M
['hʊndɛtfyːsə]

Regenwurm^M
['reːgənvʊrm]

Tiere^{N, PL} (Fische^{M, PL})

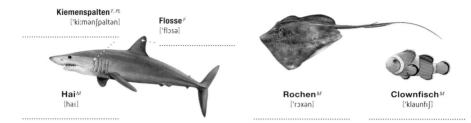

Kiemenspalten^{F, PL}
['ki:mənʃpaltən]

Flosse^F
['flɔsə]

Hai^M
[haɪ]

Rochen^M
['rɔxən]

Clownfisch^M
['klaunfɪʃ]

Piranha^M
[pi'ranja]

Fliegender Fisch^M
['fli:gəndɐ 'fɪʃ]

Goldfisch^M
['gɔltfɪʃ]

Schwertfisch^M
['ʃveːɐtfɪʃ]

Lachs^M
[laxs]

Aal^M
[aːl]

Forelle^F
[fo'rɛlə]

Fischteich ^M ['fɪʃtaɪç]

Schwarm ^M [ʃvarm]

Laichen ^N [laɪçən]

Kiemen ^{F, PL} ['ki:mən]

Süßwasserfisch ^M ['zy:svasefɪʃ]

Seefisch ^M ['ze:fɪʃ]

tropischer Fisch ^M ['tro:pɪʃe 'fɪʃ]

Tiefseefisch ^M ['ti:fze:fɪʃ]

➤ 73, 94-95, 258-259

Seepferdchen^N
['ze:pfe:ɐtçən]

Wels^M/**Katzenfisch**^M
[vɛls/'katsənfɪʃ]

Tiere^{N, PL} (Amphibien^{N, PL}, Reptilien^{N, PL})

Kaulquappe^F
['kaulkvapə]

Frosch^M
[frɔʃ]

Kröte^F
['krø:tə]

Salamander^M
[zala'mande]

Panzer^M
['pantse]

Schildkröte^F
['ʃiltkrø:tə]

Schuppe^F
['ʃʊpə]

Eidechse^F
['aidɛksə]

Gecko^M
['gɛko]

Krokodil^N
[kroko'di:l]

Alligator^M
[ali'ga:to:ɐ]

Kaiman^M
['kaiman]

Leguan^M
['le:gua:n]

Chamäleon^N
[ka'mɛ:leɔn]

Schlange^F
['ʃlaŋə]

Dinosaurier^M
[dino'zaurie]

Tiere^{N, PL} (Vögel^{M, PL})

Schnabel^M
['ʃnaːbəl]

Flügel^M
['flyːɡəl]

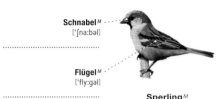

Sperling^M
['ʃpɛrlɪŋ]

Adler^M
['aːdlɐ]

Eule^F
['ɔylə]

Rabe^M
['raːbə]

Feder^F
['feːdɐ]

Fink^M
[fɪŋk]

Rotkehlchen^N
['roːtkeːlçən]

Specht^M
[ʃpɛçt]

Taube^F
['taubə]

Rebhuhn^N
['reːphuːn]

Fasan^M
[faˈzaːn]

Truthahn^M
['truːthaːn]

Gans^F
[gans]

Hahn^M
[haːn]

Küken^N
['kyːkən]

Huhn^N
[huːn]

Wachtel^F
['vaxtəl]

Tiere *N. PL.* (Vögel *M. PL.*)

Pfau *M*
[pfau]

Schwalbe *F*
['ʃvalbə]

Kolibri *M*
['koːlibri]

Strauß *M*
[ʃtraus]

Ente *F*
['ɛntə]

Schwan *M*
[ʃvaːn]

Papagei *M*
[papa'gaɪ]

Kakadu *M*
['kakadu]

Möwe *F*
['møːvə]

Reiher *M*
['raɪɐ]

Storch *M*
[ʃtɔrç]

Flamingo *M*
[fla'mɪŋgo]

Pelikan *M*
['peːlikaːn]

Pinguin *M*
['pɪŋguiːn]

Vogelkunde *F*	['foːgəlkʊndə]
Vogelfutterstelle *F*	['foːgəlfʊteʃtɛlə]
Nest *N*	[nɛst]
Legezeit *F*	['leːgətsaɪt]
Zugvogel *M*	['tsuːkfoːgəl]
Raubvogel *M*	['raupfoːgəl]
Wasser- und Watvogel *M*	['vasɐ ʊnt 'vaːtfoːgəl]
Watvogel *M*	['vaːtfoːgəl]
Baumvogel *M*	['baumfoːgəl]

Tiere N. PL. (Säugetiere N. PL.)

HausmausF
['hausmaus]

FeldmausF
['fɛltmaus]

HamsterM
['hamste]

RatteF
['ratə]

FledermausF
['fle:demaus]

EichhörnchenN
['aɪçhœrnçən]

BackenhörnchenN
['bakənhœrnçən]

MeerschweinchenN
['me:ɐʃvaɪnçən]

MaulwurfM
['maulvʊrf]

KaninchenN
[ka'ni:nçən]

HaseM
['ha:zə]

WaldmurmeltierN
['valtmʊrməlti:ɐ]

IgelM
['i:gəl]

StachelschweinN
['ʃtaxəlʃvaɪn]

BiberM
['bi:bɐ]

OtterM
['ɔte]

Tiere^{N, PL} (Säugetiere^{N, PL})

Wiesel^N
['viːzəl]

Stinktier^N
['ʃtɪŋktiːɐ]

Dachs^M
[daks]

Fuchs^M
[fʊks]

Waschbär^M
['vaʃbɛːɐ]

Wildschwein^N
['vɪltʃvaɪn]

Schwarzbär^M
['ʃvartsbɛːɐ]

Wolf^M
[vɔlf]

Geweih^N
[gə'vaɪ]

Hirsch^M
[hɪrʃ]

Rentier^N
['rɛntiːɐ]

Eisbär^M
['aɪsbɛːɐ]

Walross^N
['vaːlrɔs]

Wal^M
[vaːl]

Seehund^M
['zeːhʊnt]

Delfin^M
[dɛl'fiːn]

Seelöwe^M
['zeːløːvə]

Tiere^{N, PL} (Säugetiere^{N, PL})

Pfote^F
['pfo:tə]

Kralle^F
['kralə]

Hund^M
[hʊnt]

Mähne^F
['mɛ:nə]

Huf^M
[hu:f]

Pferd^N
[pfe:et]

Schwanz^M
[ʃvants]

Fell^N
[fɛl]

Katze^F
['katsə]

Schwein^N
[ʃvaɪn]

Esel^M
['e:zəl]

Ochse^M
['ɔksə]

Kuh^F
[ku:]

Kalb^N
[kalp]

Schaf^N
[ʃa:f]

Ziege^F
['tsi:gə]

Lama^N
['la:ma]

Dromedar^N
['dromeˈda:ɐ]

Trampeltier^N
['trampəlti:ɐ]

Tiere^{N, PL} (Säugetiere^{N, PL})

Stoßzahn^M
[ˈʃtoːstsaːn]

Elefant^M
[eleˈfant]

Antilope^F
[antiˈloːpə]

Zebra^N
[ˈtseːbra]

Giraffe^F
[giˈrafə]

Nilpferd^N
[ˈniːlpfeːɐt]

Nashorn^N
[ˈnaːshɔrn]

Löwe^M
[ˈløːvə]

Leopard^M
[leoˈpart]

Gorilla^M
[goˈrɪla]

Affe^M
[ˈafə]

Hyäne^F
[ˈhyˈɛːnə]

Tiger^M
[ˈtiːgɐ]

Koala^M
[koˈaːla]

Känguru^N
[ˈkɛŋguru]

Menschenaffe^M [ˈmɛnʃənˀafə]

Meeressäugetier^N [ˈmeːrəssɔygətiːɐ]

fleischfressendes Säugetier^N
[ˈflaɪʃfrɛsəndəs ˈzɔygətiːɐ]

Nagetier^N [ˈnaːgətiːɐ]

Beuteltier^N [ˈbɔytəltiːɐ]

nachtaktives Tier^N [ˈnaxtˀaktiːvəs tiːɐ]

Vieh^N [fiː]

Haustier^N [ˈhaustiːɐ]

➜ 73, 97-98, 257

Steine^M, PL und Mineralien^M, PL

Steinsalz^N
['ʃtaɪnzalts]

Sandstein^M
['zantʃtaɪn]

Kreide^F
['kraɪdə]

Steinkohle^F **(Kohle**^F**)**
['ʃtaɪnkoːlə ('koːlə)]

Kalkstein^M
['kalkʃtaɪn]

Basalt^M
[baˈzalt]

Granit^M
[graˈniːt]

Bimsstein^M
['bɪmsʃtaɪn]

Schiefer^M
['ʃiːfe]

Marmor^M
['marmoːe]

Steinbruch^M ['ʃtaɪnbrʊx]	
Grube^F ['gruːbə]	
Bergarbeiter^M ['bɛrkʔarbaɪte]	
Vorkommen^N ['foːekɔmən]	
Ader^F ['aːde]	
Oberflächenerkundung^F ['oːbeflɛçənʔɛekʊndʊŋ]	
Abbau^M ['apbau]	
Metall^N [meˈtal]	
Erz^N ['ɛrts]	
Kristall^M [krɪsˈtal]	
Bernstein^M ['bɛrnʃtaɪn]	
Granat^M [graˈnaːt]	
Asphalt^M [asˈfalt]	
Bauxit^M [bauˈksiːt]	
Schwefel^M ['ʃveːfəl]	
Kalisalz^N ['kaːlizalts]	
Chrom^N [kroːm]	
Asbest^N ['asˈbɛst]	

Gneis^M
[gnaɪs]

Quarzit^M
[kvarˈtsiːt]

→ 57

Steine *M. PL.* und Mineralien *M. PL.*

Kupfer *N*
['kʊpfe]

Silber *N*
['zɪlbe]

Gold *N*
[gɔlt]

Platin *N*
['pla:ti:n]

Eisen *N*
['aɪzən]

Aluminium *N*
[alu'mi:niʊm]

Nickel *N*
['nɪkəl]

Zink *N*
[tsɪŋk]

Zinn *N*
[tsɪn]

Titan *N*
[ti'ta:n]

Uran *N*
[u'ra:n]

Quecksilber *N*
['kvɛkzɪlbe]

Blei *N*
[blaɪ]

Bronze *F* = **Kupfer** *N* + **Zinn** *N*
['brõ:sə glaɪç kʊpfe plʊs tsɪn]

Stahl *M* = **Eisen** *N* + **Kohlenstoff** *M*
[ʃta:l glaɪç 'aɪzən plʊs 'ko:lənʃtɔf]

Blech *N* = **Kupfer** *N* + **Zink** *N*
[blɛç glaɪç 'kʊpfe plʊs 'tsɪŋk]

Metalllegierungen *F. PL.*
[me'tallegi:rʊŋən]

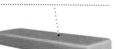

Koordinatensystem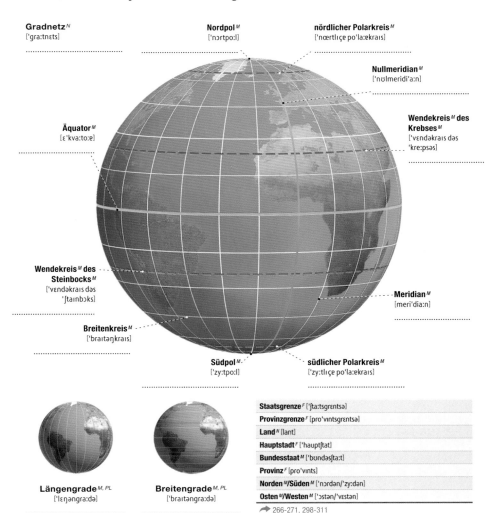^N der Erdkugel^F

Gradnetz^N
['gra:tnɛts]

Nordpol^M
['nɔrtpo:l]

nördlicher Polarkreis^M
['nœrtlɪçe po'la:ekraɪs]

Nullmeridian^M
['nʊlmeridi'a:n]

Äquator^M
[ɛ'kva:to:ɐ]

Wendekreis^M **des Krebses**^M
['vɛndəkraɪs dəs 'kre:psəs]

Wendekreis^M **des Steinbocks**^M
['vɛndəkraɪs dəs 'ʃtaɪnbɔks]

Meridian^M
[meri'dia:n]

Breitenkreis^M
['braɪtəŋkraɪs]

Südpol^M
['zy:tpo:l]

südlicher Polarkreis^M
['zy:tlɪçe po'la:ekraɪs]

Längengrade^{M, PL}
['lɛŋəŋgra:də]

Breitengrade^{M, PL}
['braɪtəŋgra:də]

Staatsgrenze^F ['ʃta:tsgrɛntsə]	
Provinzgrenze^F [pro'vɪntsgrɛntsə]	
Land^N [lant]	
Hauptstadt^F ['haʊptʃtat]	
Bundesstaat^M ['bʊndəsʃta:t]	
Provinz^F [pro'vɪnts]	
Norden^N/**Süden**^M ['nɔrdən/'zy:dən]	
Osten^N/**Westen**^M ['ɔstən/'vɛstən]	

➜ 266-271, 298-311

topografische Kartografie^F

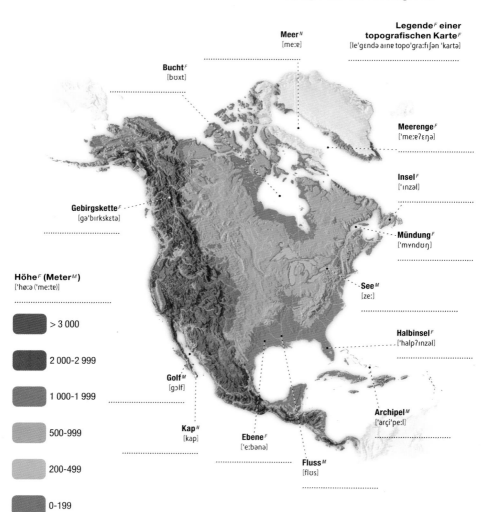

Meer^N
[me:ɐ]

Legende^F **einer
topografischen Karte**^F
[le'gɛndə aɪnə topo'gra:fɪʃən 'kartə]

Bucht^F
[bʊxt]

Meerenge^F
['me:ɐʔɛŋə]

Insel^F
['ɪnzəl]

Gebirgskette^F
[gə'bɪrkskɛtə]

Mündung^F
['mʏndʊŋ]

Höhe^F **(Meter**^M**)**
['hø:ə ('me:tɐ)]

See^M
[ze:]

Halbinsel^F
['halpʔɪnzəl]

> 3 000

2 000-2 999

1 000-1 999

Golf^M
[gɔlf]

Archipel^M
['arçi'pe:l]

500-999

Kap^N
[kap]

Ebene^F
['e:bənə]

200-499

Fluss^M
[flʊs]

0-199

Lage^F der Kontinente^{M, PL}

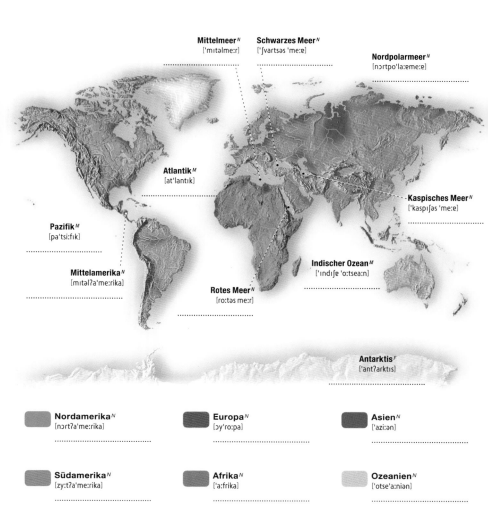

Mittelmeer^N
['mɪtəlmeːr]

Schwarzes Meer^N
['ʃvartsəs 'meːɐ]

Nordpolarmeer^N
[nɔrtpoˈlaːɐmeːɐ]

Atlantik^M
[atˈlantɪk]

Kaspisches Meer^N
['kaspɪʃəs 'meːɐ]

Pazifik^M
[paˈtsiːfɪk]

Mittelamerika^N
[mɪtəlʔaˈmeːrika]

Rotes Meer^N
[roːtəs meːr]

Indischer Ozean^M
['ɪndɪʃe 'oːtseaːn]

Antarktis^F
['antʔarktɪs]

Nordamerika^N
[nɔrtʔaˈmeːrika]

Europa^N
[ɔyˈroːpa]

Asien^N
['aziːən]

Südamerika^N
[zyːtʔaˈmeːrika]

Afrika^N
['aːfrika]

Ozeanien^N
['otseˈaːniən]

politische Kartografie^F

Kanada^N
['kanada]
....

Grönland^N **(DK)**
['grø:nlant]
....

Vereinigte Staaten^{M, PL} **von Amerika**^N
[fɛɐ̯'?aɪnɪçtə 'ʃta:tən fɔn 'ame:rika]
....

Belize^N
[be'li:s]
....

Honduras^N
[hɔn'du:ras]
....

Mexiko^N
['mɛksiko] ....

Costa Rica^N
[kɔsta 'ri:ka]
....

Guatemala^N
[guate'ma:la]
....

El Salvador^N
[ɛl zalva'do:ɐ̯]
....

Nicaragua^N
[nika'ra:gua]
....

Panama^N
['panama]
....

politische Kartografie^F

Karibische Inseln^{F, PL}
[ka'ri:bɪʃə 'ɪnzəln]

....

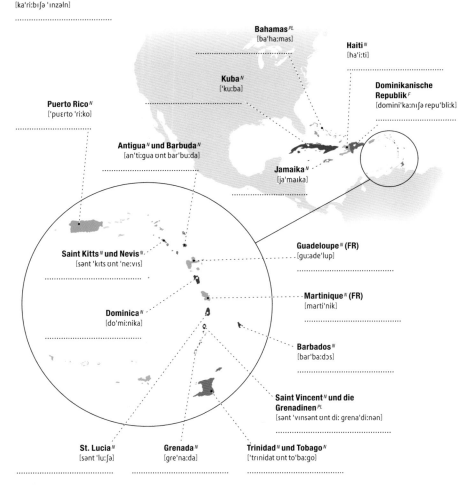

Bahamas^{PL}
[ba'ha:mas]

Haiti^N
[ha'i:ti]

....

Kuba^N
['ku:ba]

Dominikanische Republik^F
[domini'ka:nɪʃə repu'bli:k]

Puerto Rico^N
['puɛrto 'ri:ko]

....

Antigua^N **und Barbuda**^N
[an'ti:gua ʊnt bar'bu:da]

....

Jamaika^N
[ja'maɪka]

....

Saint Kitts^N **und Nevis**^N
[sənt 'kɪts ʊnt 'ne:vɪs]

....

Guadeloupe^N **(FR)**
[gu:ade'lup]

....

Martinique^N **(FR)**
[marti'nik]

....

Dominica^N
[do'mi:nika]

....

Barbados^N
[bar'ba:dɔs]

....

Saint Vincent^N **und die Grenadinen**^{PL}
[sənt 'vɪnsənt ʊnt di: grena'di:nən]

....

St. Lucia^N
[sənt 'lu:ʃə]

....

Grenada^N
[gre'na:da]

....

Trinidad^N **und Tobago**^N
['trɪnidat ʊnt to'ba:go]

....

politische Kartografie^F

Venezuela^N
[vene'tsue:la]

Guyana^N
[gu'ja:na]

Südamerika^N
[zy:t?a'me:rika]

Kolumbien^N
[ko'lʊmbiən]

Suriname^N
[zuri'na:mə]

Französisch-Guayana^N **(FR)**
[fran'tsø:zɪʃguaja:na]

Ecuador^N
[ekua'do:ɐ]

Peru^N
[pe'ru:]

Bolivien^N
[bo'li:viən]

Brasilien^N
[bra'zi:liən]

Paraguay^N
['pa:raguaɪ]

Chile^N
['çi:le]

Uruguay^N
['uru'guaɪ]

Argentinien^N
['argɛn'ti:niən]

politische Kartografie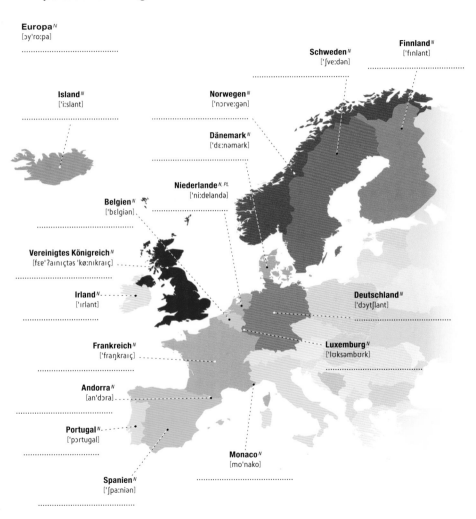

EuropaN
[ɔy'roːpa]

IslandN
['iːslant]

SchwedenN
['ʃveːdən]

FinnlandN
['fɪnlant]

NorwegenN
['nɔrveːgən]

DänemarkN
['dɛːnəmark]

NiederlandeN, PL
['niːdelandə]

BelgienN
['bɛlgiən]

Vereinigtes KönigreichN
[fɛɐ'ʔaɪnɪçtəs 'køːnɪkraɪç]

IrlandN
['ɪrlant]

DeutschlandN
['dɔytʃlant]

FrankreichN
['fraŋkraɪç]

LuxemburgN
['lʊksəmbʊrk]

AndorraN
[an'dɔra]

PortugalN
['pɔrtugal]

MonacoN
[mo'nako]

SpanienN
['ʃpaːniən]

politische Kartografie^F

Europa^N
[ɔy'roːpa]

Polen^N
['poːlən]

Russland^N
['rʊslant]

Tschechien^N
['tʃɛçiən]

Österreich^N
['øːstəraiç]

Slowakei^F
[slovaˈkai]

Liechtenstein^N
['liːçtənʃtain]

Ungarn^N
['ʊngarn]

Schweiz^F
[ʃvaits]

Slowenien^N
[sloˈveːniən]

San Marino^N
[zan maˈriːno]

Kroatien^N
[kroˈaːtsiən]

Vatikanstadt^F
[vatiˈkaːnʃtat]

Bosnien^N **und
Herzegowina**^N
['bɔsniən ʊnt hɛrtseˈgɔvina]

Italien^N
[iˈtaːliən]

Montenegro^N
[mɔnteˈneːgro]

Malta^N
['malta]

politische Kartografie^F

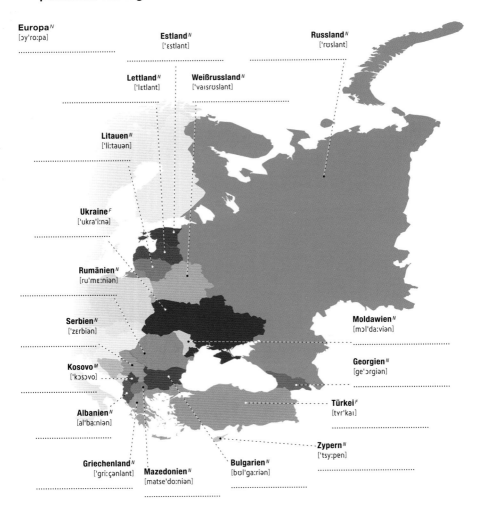

Europa^N
[ɔy'ro:pa]

Estland^N
['ɛstlant]

Russland^N
['rʊslant]

Lettland^N
['lɛtlant]

Weißrussland^N
['vaɪsrʊslant]

Litauen^N
['li:tauən]

Ukraine^F
['ukra'i:nə]

Rumänien^N
[ru'mɛ:niən]

Serbien^N
['zɛrbiən]

Moldawien^N
[mɔl'da:viən]

Kosovo^M
['kɔsɔvo]

Georgien^N
[ge'ɔrgiən]

Albanien^N
[al'ba:niən]

Türkei^F
[tʏr'kaɪ]

Zypern^N
['tsy:pen]

Griechenland^N
['gri:çənlant]

Mazedonien^N
[matse'do:niən]

Bulgarien^N
[bʊl'ga:riən]

politische Kartografie*F*

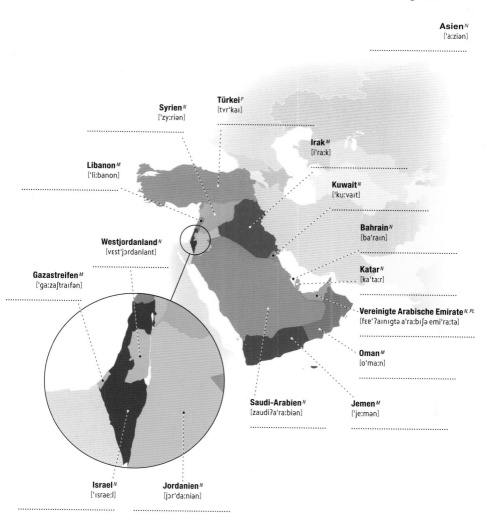

Asien*N*
['a:ziən]

Syrien*N*
['zy:riən]

Türkei*F*
[tvr'kaɪ]

Irak*M*
[i'ra:k]

Libanon*M*
['li:banon]

Kuwait*N*
['ku:vaɪt]

Bahrain*N*
[ba'raɪn]

Westjordanland*N*
[vest'jɔrdanlant]

Katar*N*
[ka'ta:r]

Gazastreifen*M*
['ga:zaʃtraɪfən]

Vereinigte Arabische Emirate*N, PL*
[fɛɐ'ʔaɪnɪgtə a'ra:bɪʃə emi'ra:tə]

Oman*M*
[o'ma:n]

Saudi-Arabien*N*
[zaudi'ʔa'ra:biən]

Jemen*M*
['je:mən]

Israel*N*
['ɪsrae:l]

Jordanien*N*
[jɔr'da:niən]

politische Kartografie^F

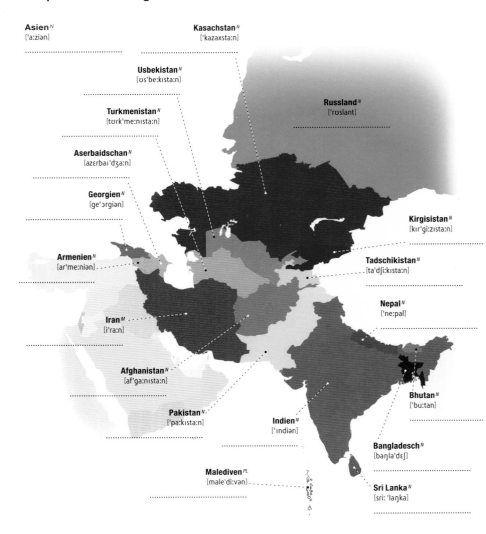

Asien^N
['aːziən]

Kasachstan^N
['kazaxstaːn]

Usbekistan^N
[ʊsˈbeːkistaːn]

Turkmenistan^N
[tʊrkˈmeːnistaːn]

Russland^N
['rʊslant]

Aserbaidschan^N
[azɛrbaɪˈdʒaːn]

Georgien^N
[geˈɔrgiən]

Kirgisistan^N
[kɪrˈgiːzistaːn]

Armenien^N
[arˈmeːniən]

Tadschikistan^N
[taˈdʒiːkistaːn]

Nepal^N
['neːpal]

Iran^M
[iˈraːn]

Afghanistan^N
[afˈgaːnistaːn]

Bhutan^N
['buːtan]

Pakistan^N
['paːkistaːn]

Indien^N
['ɪndiən]

Bangladesch^N
[baŋlaˈdɛʃ]

Malediven^{PL}
[maleˈdiːvən]

Sri Lanka^N
[sriː ˈlaŋka]

politische Kartografie

Asien^N
['aːziən]

....

Russland^N
['rʊslant]

....

Mongolei^F
[mɔŋgoˈlaɪ]

....

Nordkorea^N
[nɔrtkoˈreːa]

....

Südkorea^N
[zyːtkoˈreːa]

....

Myanmar^N
['mianmaːɐ]

....

China^N
['çiːna]

....

Japan^N
['jaːpan]

....

Laos^N
['laːɔs]

....

Vietnam^N
[vɪɛtˈnaːm]

....

Thailand^N
['taɪlant]

....

Philippinen^{PL}
[filɪˈpiːnən]

....

Kambodscha^N
[kamˈbɔdʒa]

....

Brunei^N
[bruːˈnaɪ]

....

Malaysia^N
[maˈlaɪzia]

....

Singapur^N
['zɪŋgapuːɐ]

....

Indonesien^N
[ɪndoˈneːziən]

....

Osttimor^N
[ɔstˈtiːmoːɐ]

....

politische Kartografie^F

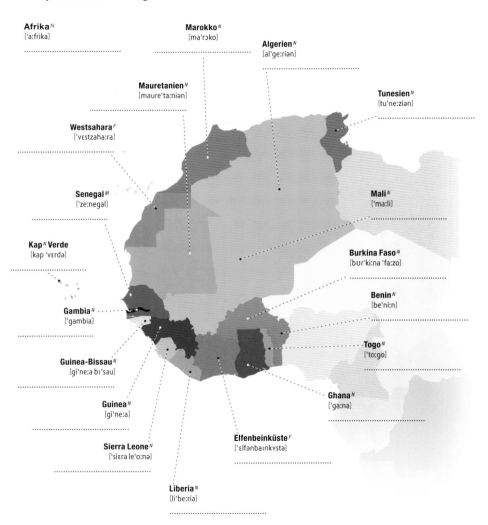

Afrika^N
['a:frika]

....

Marokko^N
[ma'rɔko]

....

Algerien^N
[al'ge:riən]

....

Mauretanien^N
[maure'ta:niən]

....

Tunesien^N
[tu'ne:ziən]

....

Westsahara^F
['vɛstzaha:ra]

....

Senegal^M
['ze:negal]

....

Mali^N
['ma:li]

....

Kap^N **Verde**
[kap 'vɛrdə]

....

Burkina Faso^N
[bʊr'ki:na 'fa:zo]

Benin^N
[be'ni:n]

Gambia^N
['gambia]

....

Togo^N
['to:go]

....

Guinea-Bissau^N
[gi'ne:a bɪ 'sau]

....

Guinea^N
[gi'ne:a]

....

Ghana^N
['ga:na]

....

Sierra Leone^N
['siɛra le'o:nə]

....

Elfenbeinküste^F
['ɛlfənbaɪnkʏstə]

....

Liberia^N
[li'be:ria]

....

politische Kartografie^F

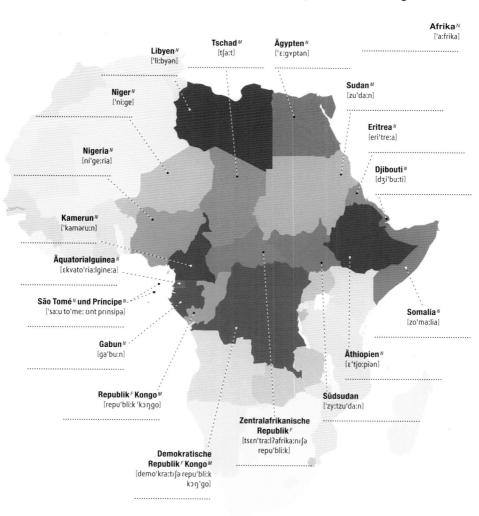

Afrika^N
['aːfrika]

Libyen^N
['liːbyən]

Tschad^M
[tʃaːt]

Ägypten^N
['ɛːɡʏptən]

Sudan^M
[zu'daːn]

Niger^N
['niːɡe]

Eritrea^N
[eri'treːa]

Nigeria^N
[ni'ɡeːria]

Djibouti^N
[dʒi'buːti]

Kamerun^N
['kaməruːn]

Äquatorialguinea^N
[ɛkvato'riːalɡineːa]

São Tomé^N **und Príncipe**^N
['saːu to'meː ʊnt prɪnsipə]

Somalia^N
[zo'maːlia]

Gabun^N
[ɡa'buːn]

Äthiopien^N
[ɛ'tjoːpiən]

Republik^F **Kongo**^M
[repu'bliːk 'kɔŋɡo]

Südsudan^M
['zyːtzu'daːn]

**Zentralafrikanische
Republik**^F
[tsɛn'traːlʔafrikaːnɪʃə
repu'bliːk]

**Demokratische
Republik**^F **Kongo**^M
[demo'kraːtɪʃə repu'bliːk
kɔŋ'ɡo]

politische Kartografie*F*

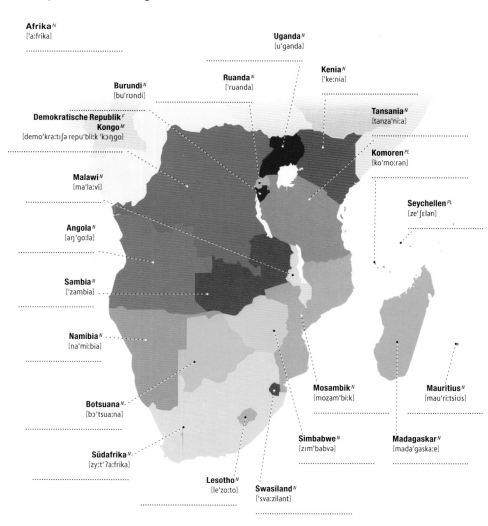

Afrika*N*
['a:frika]
....

Uganda*N*
[u'ganda]

Kenia*N*
['ke:nia]

Burundi*N*
[bu'rʊndi]

Ruanda*N*
['ruanda]

Tansania*N*
[tanza'ni:a]

Demokratische Republik*F*
Kongo*M*
[demo'kra:tɪʃə repu'bli:k 'kɔŋgo]

Komoren*PL*
[ko'mo:rən]

Malawi*N*
[ma'la:vi]

Seychellen*PL*
[ze'ʃɛlən]

Angola*N*
[aŋ'go:la]

Sambia*N*
['zambia]

Namibia*N*
[na'mi:bia]

Mosambik*N*
[mozam'bi:k]

Mauritius*N*
[mau'ri:tsiʊs]

Botsuana*N*
[bɔ'tsua:na]

Simbabwe*N*
[zɪm'babvə]

Madagaskar*N*
[mada'gaska:ɐ]

Südafrika*N*
[zy:t'ʔa:frika]

Lesotho*N*
[le'zo:to]

Swasiland*N*
['sva:zilant]

politische Kartografie*F*

Ozeanien *N*
[otse'a:niən]

Marshallinseln *F, PL*
['marʃal?ınzəln]

Nördliche Marianen *PL* **(US)**
['nœrtlıçə mari'a:nən]

Nauru *N*
[na'u:ru]

Kiribati *N*
[kiri'ba:ti]

Mikronesien *N*
[mikro'ne:ziən]

Vanuatu *N*
[vanu'a:tu:]

Palau *N*
[pa'lau]

Tuvalu *N*
[tuva'lu:]

Papua-Neuguinea *N*
['pa:puanɔygi'ne:a]

Samoa *N*
[za'mo:a]

Neukaledonien *N* **(FR)**
[nɔykale'do:niən]

Tonga *N*
['tɔŋga]

Salomoninseln *F, PL*
['zalomo:n?ınzəln]

Fidschi *N*
['fɪdʒi]

Australien *N*
[aus'tra:liən]

Neuseeland *N*
[nɔy'ze:lant]

Astronomie*F*

Sonnensystem*N*
['zɔnənzyste:m]

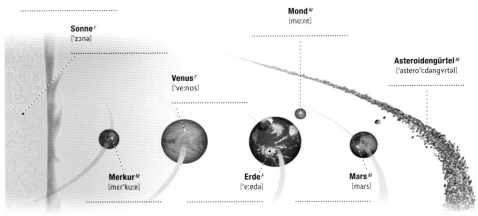

Sonne*F*
['zɔnə]

Mond*M*
[mo:nt]

Venus*F*
['ve:nʊs]

Asteroidengürtel*M*
['astero'i:dəngʏrtəl]

Merkur*M*
[mɛr'ku:ɐ]

Erde*F*
['e:ɐdə]

Mars*M*
[mars]

Vollmond*M*
['fɔlmo:nt]

Neumond*M*
['nɔymo:nt]

Sternschnuppe*F*
['ʃtɛrnʃnʊpə]

Asteroid*M*
[astero'i:t]

Sonnenfinsternis*F*
['zɔnənfɪnstɛrnɪs]

Mondfinsternis*F*
['mo:ntfɪnstɛrnɪs]

Meteorit*M*
[meteo'ri:t]

Krater*M*
['kra:tɐ]

Astronomie*F*

Sonnensystem^N
['zɔnənzyste:m]

Jupiter^M
['juːpɪte]

Neptun^M
['nɛptuːn]

Oortsche Wolke^F
[oˈoːrtʃə ˈvɔlkə]

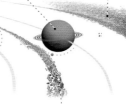

Saturn^M
[zaˈtʊrn]

Uranus^M
['uːranʊs]

Kuiper-Gürtel^M
['kaɪpɐɡʏrtəl]

natürlicher Satellit^M
[naˈtyːɐlɪçe zatɛˈliːt]

Umlaufbahn^F
['ʊmlaufbaːn]

Planet^M
[plaˈneːt]

Stern^M
[ʃtɛrn]

planetarischer Nebel^M
[planeˈtaːrɪʃe 'neːbəl]

Komet^M
[koˈmeːt]

Milchstraße^F
['mɪlçʃtraːsə]

Galaxie^F
[galaˈksiː]

schwarzes Loch^N
['ʃvartsəs 'lɔx]

Astronomie^F

Linsenfernrohr^N
['lɪnzənfɛrnroːɐ]

Spiegelteleskop^N
['ʃpiːɡəlteleskoːp]

Spiegelteleskop^N **im Querschnitt**^M
['ʃpiːɡəlteleskoːp ɪm 'kveːɐʃnɪt]

Okular^N
[okuˈlaːɐ]

Tubus^M
['tuːbʊs]

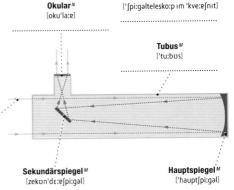

Licht^N
[lɪçt]

Sekundärspiegel^M
[zekʊnˈdɛːɐʃpiːɡəl]

Hauptspiegel^M
['haʊptʃpiːɡəl]

Orbiter^M
['ɔrbite]

Raumsonde^F
['raʊmzɔndə]

Radioteleskop^N
['raːdioteleskoːp]

Weltraumteleskop^N
['vɛltraʊmteleskoːp]

Planetarium^N
[planeˈtaːriʊm]

Sternwarte^F
['ʃtɛrnvartə]

Sternbeobachtung^F ['ʃtɛrnbəˈʔoːbaxtʊŋ]
Fernglas^N ['fɛrnglaːs]
Astronom^M/**Astronomin**^F [astroˈnoːm/astroˈnoːmɪn]
Astronaut^M/**Astronautin**^F ['astroˈnaʊt/astroˈnaʊtɪn]
Universum^N [uniˈvɛrzʊm]
Sonnensturm^M ['zɔnənʃtʊrm]
Lichtjahr^N ['lɪçtjaːɐ]
Gestirn^N [gəˈʃtɪrn]
Mondsichel^F ['moːntzɪçəl]
Schwerkraft^F ['ʃveːɐkraft]
Schwerelosigkeit^F ['ʃveːrəloːzɪçkaɪt]
Tierkreis^M ['tiːɐkraɪs]
Himmelskarte^F ['hɪməlskartə]
Konstellation^F [kɔnstɛlaˈtsjoːn]
Großer Bär^M ['groːsɐ 'bɛːɐ]
Polarstern^M [poˈlaːɐʃtɛrn]
Kreuz^N **des Südens**^M ['krɔyts dəs 'zyːdəns]

➔ 264–266, 271, 319

Astronomie^F

Raumanzug ^M
['raum?antsu:k]

Landemodul ^N
(Viking)
['landəmodu:l ('vıkıŋ)]

hoch verstärkende
Antenne ^F
['ho:x fɛɐ'ʃtɛrkəndə
an'tɛnə]

Kamera ^F
['kaməra]

Landemotor ^M
['landə'mo:to:ɐ]

einfahrbarer Ausleger ^M
['aınfa:ɐba:re 'ausle:gə]

Raumfähre ^F
['raumfɛ:rə]

Trägerrakete ^F
['trɛ:geraketə]

Nutzlast ^F
['nʊtslast]

Flüssigsauerstofftank ^M
['flʏsıçzaueʃtɔftaŋk]

Flüssigwasserstofftank ^M
['flʏsıçvaseʃtɔftaŋk]

Feststoff ^M**-Booster** ^M
['fɛstʃtɔf'bu:ste]

internationale
Raumstation ^F
[ıntenatsjo'na:lə
'raumʃtatsjo:n]

Solarzellengenerator ^M
[zo'la:ɛtsɛlangenə'ra:to:ɐ]

unbemanntes
Versorgungsfahrzeug ^N
['ʊnbəmantəs fɛɐ'zɔrgʊŋsfa:etsɔyk]

Außentank ^M
['ausəntaŋk]

Orbiter ^M
['ɔrbıtɐ]

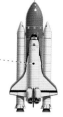

Düse ^F
['dy:zə]

Raketentriebwerk ^N
[ra'ke:təntripvɛrk]

Raumfähre ^F
['raumfɛ:rə]

Zahlen *F, Pl* und Nummern *F, Pl*

0
Null *F*
[nʊl]

1
Eins *F*
[aɪns]

2
Zwei *F*
[tsvaɪ]

3
Drei *F*
[draɪ]

8
Acht *F*
[axt]

9
Neun *F*
[nɔyn]

10
Zehn *F*
[tse:n]

11
Elf *F*
['ɛlf]

Sechzehn *F* ['zɛçtse:n]	**eine Million** *F* ['aɪnə mɪl'jo:n]
Siebzehn *F* ['zi:ptse:n]	**eine Milliarde** *F* ['aɪnə mɪl'ljardə]
Achtzehn *F* ['axtse:n]	**erste(r, s)** ['e:ɐstə (-e, s)]
Neunzehn *F* ['nɔyntse:n]	**zweite(r, s)** ['tsvaɪtə (-e, s)]
Zwanzig *F* ['tsvantsɪç]	**dritte(r, s)** ['drɪtə (-e, s)]
Einundzwanzig *F* ['aɪn?ʊnt'tsvantsɪç]	**vierte(r, s)** ['fi:ɐtə (-e, s)]
Zweiundzwanzig *F* ['tsvaɪ?ʊnt'tsvantsɪç]	**fünfte(r, s)** ['fʏnftə (-e, s)]
Dreißig *F* ['draɪsɪç]	**sechste(r, s)** ['zɛkstə (-e, s)]
Vierzig *F* ['fɪrtsɪç]	**siebte(r, s)** ['zi:ptə (-e, s)]
Fünfzig *F* ['fʏnftsɪç]	**achte(r, s)** ['axtə (-e, s)]
Sechzig *F* ['zɛçtsɪç]	**neunte(r, s)** ['nɔyntə (-e, s)]
Siebzig *F* ['zi:ptsɪç]	**zehnte(r, s)** ['tse:ntə (-e, s)]
Achtzig *F* ['axtsɪç]	**zwanzigste(r, s)** ['tsvantsɪçstə (-e, s)]
Neunzig *F* ['nɔyntsɪç]	**dreißigste(r, s)** ['draɪsɪçstə (-e, s)]
Hundert *F* ['hʊndet]	**vierzigste(r, s)** ['fɪrtsɪçstə (-e, s)]
Fünfhundert *F* [fʏnf'hʊndet]	**hundertste(r, s)** ['hʊndetstə (-e, s)]
Tausend *F* ['tauzənt]	**tausendste(r, s)** ['tauzəndstə (-e, s)]
Zehntausend *F* [tse:n'tauzənt]	**vorletzte(r, s)** ['fo:ɐlɛtstə (-e, s)]
Hunderttausend *F* ['hʊndettauzənt]	**letzte(r, s)** ['lɛtstə (-e, s)]

Zahlen^{F, PL} und Nummern^{F, PL}

4

Vier^F
[fi:ɐ]

5

Fünf^F
[fʏnf]

6

Sechs^F
[zɛks]

7

Sieben^F
['zi:bən]

12

Zwölf^F
[tsvœlf]

13

Dreizehn^F
['draɪtse:n]

14

Vierzehn^F
['fɪrtse:n]

15

Fünfzehn^F
['fʏnftse:n]

Hälfte^F ['hɛlftə]

Drittel^N ['drɪtəl]

zwei Drittel^{N, PL} [tsvaɪ 'drɪtəl]

Quartal^N [kvar'ta:l]

drei Viertel^{N, PL} [draɪ 'fɪrtəl]

einmal ['aɪnma:l]

zweimal ['tsvaɪma:l]

dreimal ['draɪma:l]

mehrfach ['me:efax]

manchmal ['mançma:l]

einfach ['aɪnfax]

doppelt ['dɔpəlt]

Paar^N [pa:ɐ]

dreifach ['draɪfax]

halbes Dutzend^N ['halbəs 'dʊtsənt]

ungefähr zehn ['ʊngəfɛ:ɐ tse:n]

Dutzend^N ['dʊtsənt]

ungefähr zwanzig ['ʊngəfɛ:ɐ 'tsvantsɪç]

ungefähr hundert ['ʊngəfɛ:ɐ 'hʊndet]

jede(r, s) ['je:də (-e, s)]

alle ['alə]

zahlreich ['tsa:lraɪç]

viel [fi:l]

mehrere ['me:rərə]

vielfach ['fi:lfax]

gewisse/einige [gə'vɪsə/'aɪnɪgə]

manche/einige [mançə/'aɪnɪgə]

wenig ['ve:nɪç]

Nummerierung^F [nʊmə'ri:rʊŋ]

römische Ziffer^F ['rø:mɪʃə 'tsɪfe]

arabische Ziffer^F [a'ra:bɪʃə 'tsɪfe]

Bruch^M [brʊx]

ganze Zahl^F ['gantsə 'tsa:l]

positive Zahl^F ['po:ziti:və tsa:l]

negative Zahl^F ['ne:gati:və tsa:l]

gerade Zahl^F [gə'ra:də 'tsa:l]

ungerade Zahl^F ['ʊngəra:də 'tsa:l]

➤ 130-131, 177, 180-183, 198, 210, 265

Zeitmessung^F

Sekunde^F
[ze'kʊndə]

....

Stunde^F
['ʃtʊndə]

....

Uhr^F
['uːɐ]

....

Minute^F
[mi'nuːtə]

....

zwölf Uhr mittags
['tsvœlf uːɐ 'mɪtaːks]

....

zwölf Uhr nachts
['tsvœlf uːɐ 'naxts]

....

ein Uhr
['aɪn 'uːɐ]

....

Viertel nach zwei
['fɪrtəl naːx 'tsvaɪ]

....

halb vier
[halp 'fiːɐ]

....

Viertel vor vier
['fɪrtəl fɔɐ 'fiːɐ]

....

zehn nach zehn [tseːn naːx 'tseːn]	**früh**
zwanzig vor sechs ['tsvantsɪç fɔɐ zɛks]	**spät**
morgens ['mɔrgəns]	**später**
nachmittags ['naːxmɪtaks]	**verspätet**
abends ['aːbənts]	**pünktlich**
Viertelstunde^F [fɪrtəl'ʃtʊndə]	**jetzt**
Dreiviertelstunde^F ['draɪfɪrtəlʃtʊndə]	**sofort**
fünfundzwanzig Minuten ['fynfʔʊnttsvantsɪç mi'nuːtən]	**im Moment**
	jede Minute
halbe Stunde^F ['halbə 'ʃtʊndə]	**die Uhr auf Sommer-/Winterzeit**
Zeitunterschied^M ['tsaɪtʔʊnteʃiːt]	**umstellen**
Uhr^F**/Wanduhr**^F ['uːɐ/'vantʔuːɐ]	**Wann?**
Wecker^M ['vɛke]	**Um wie viel Uhr?**
Uhr^F**/Armbanduhr**^F [uːɐ/'armbantʔuːɐ]	**Wie lange?**
Zifferblatt^N ['tsɪfeblat]	**Können Sie mir sagen, wie spät es ist?**
Zeiger^M ['tsaɪge]	**Ich komme bald an.**
Stoppuhr^F ['ʃtɔpʔuːɐ]	**Ich bin zu früh da.**
Timer^M ['taɪme]	**Ich habe Verspätung.**
Sanduhr^F ['zantʔuːɐ]	**Bis gleich!**

Zeitmessung^F

Sonnenaufgang^M
['zɔnən?aufgaŋ]

Tag^M
[ta:k]

Monat^M
['mo:nat]

Jahr^F
[ja:ɐ]

Woche^F
['vɔxə]

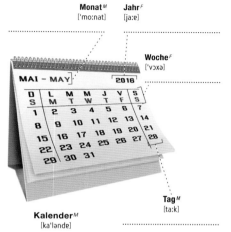

MAI – MAY   2016

D S	L M	M T	M W	J T	V F	S S
1	2	3	4	5	6	7
8	9	10	11	12	13	14
15	16	17	18	19	20	21
22	23	24	25	26	27	28
29	30	31				

Tag^M
[ta:k]

Sonnenuntergang^M
['zɔnən?untegaŋ]

Nacht^F
[naxt]

Kalender^M
[ka'lɛndɐ]

Montag^M ['mo:nta:k]
Dienstag^M ['di:nsta:k]
Mittwoch^M ['mɪtvɔx]
Donnerstag^M ['dɔnesta:k]
Freitag^M ['fraita:k]
Samstag^M ['zamsta:k]
Sonntag^M ['zɔnta:k]
Januar^M ['janua:ɐ]
Februar^M ['fe:brua:ɐ]
März^M [mɛrts]
April^M [a'prɪl]
Mai^M [mai]
Juni^M ['ju:ni]
Juli^M ['ju:li]
August^M [au'gʊst]
September^M [zɛp'tɛmbɐ]
Oktober^M [ɔk'to:bɐ]
November^M [no:'vɛmbɐ]
Dezember^M [de'tsɛmbɐ]

Morgen^M ['mɔrgən]
Nachmittag^M ['na:xmɪta:k]
Abend^M ['a:bənt]
Nacht^F [naxt]
Vorabend^M ['fo:ɐ?a:bənt]
gestern ['gɛstɐn]
vorgestern ['fo:ɐgɛstɐn]
heute ['hɔytə]
morgen ['mɔrgən]
übermorgen ['y:bɐmɔrgən]
täglich ['tɛ:klɪç]
wöchentlich ['vœçəntlɪç]
monatlich ['mo:natlɪç]
jährlich ['jɛ:lɪç]
Welches Datum?
Welches Jahr?
Am vierten Juni 2009 (zweitausendneun).

➜ 12-15, 129, 167, 171, 189, 266, 316-317

Maßeinheiten [F, PL]

Gewicht [N]
[gə'vıçt]

Volumen [N]
[vo'lu:mən]

Temperatur [F]
[tɛmpəra'tu:ɐ]

Entfernung [F]
[ɛnt'fɛrnʊŋ]

Geschwindigkeit [F]
[gə'ʃvındıçkaıt]

Grad [N] **Celsius** [N]
[gra:t 'tsɛlziʊs]

Grad [N] **Fahrenheit** [N]
[gra:t 'fa:rənhaıt]

Waage [F] ['va:gə]

Fläche [F] ['flɛçə]

metrisches System [N] ['me:trıʃəs zʏs'te:m]

Hektar [M/N] ['hɛkta:ɐ]

Kilometer [M] [kilo'me:tɐ]

Meter [M] ['me:tɐ]

Zentimeter [M] ['tsɛntime:tɐ]

Millimeter [M] ['mılime:tɐ]

Quadratmeter [M] [kva'dra:tme:tɐ]

Kubikmeter [M] [ku'bıkme:tɐ]

Liter [M/N] ['li:tɐ]

Zentiliter [M/N] ['tsɛnti'li:tɐ]

Milliliter [M/N] ['mılili:tɐ]

Tonne [F] ['tɔnə]

Kilogramm [N] ['ki:logram]

Gramm [N] [gram]

Zentigramm [N] ['tsɛntıgram]

Milligramm [N] ['mılıgram]

Meile [F] ['maılə]

Fuß [M] [fu:s]

Zoll [M] [tsɔl]

Quadratfuß [M] [kva'dra:tfu:s]

Gallone [F] [ga'lo:nə]

Pinte [F] ['pıntə]

Unze [F] ['ʊntsə]

Tasse [F] ['tasə]

Suppenlöffel [M] ['zʊpənlœfəl]

Teelöffel [M] ['te:lœfəl]

Pfund [N] [pfʊnt]

Umrechnung [F] ['ʊmrɛçnʊŋ]

1 Unze = 30 ml
['aınə 'ʊntsə glaıç 'draısıç 'mılili:tɐ]

1 Pfund = 450 g
['aın 'pfʊnt glaıç 'fi:ɛhʊndetfʏnftsıç gram]

1 Fuß = 30 cm
['aın 'fu:s glaıç 'draısıç 'tsɛntime:tɐ]

1 Meile = 1,6 km
['aınə 'maılə glaıç 'aıns kɔma zɛks kilo'me:tɐ]

60 Meilen/Stunde = 100 km/h

➜ 27, 118, 151, 180-183, 265, 316-317

Deutscher Index